丹心绘锦绣

最美林草科技推广员先进事迹

国家林业和草原局科学技术司 ◎ 编

中国林业出版社
China Forestry Publishing House

图书在版编目（CIP）数据

丹心绘锦绣：最美林草科技推广员先进事迹 / 国家林业和草原局科学技术司编 . -- 北京：中国林业出版社 ,2024.3

ISBN 978-7-5219-2562-3

Ⅰ . ①丹… Ⅱ . ①国… Ⅲ . ①农业科技推广－专业技术人员－先进事迹－中国 Ⅳ . ① K826.3

中国国家版本馆 CIP 数据核字（2024）第 018865 号

责任编辑　何　鹏　于晓文

出版发行　中国林业出版社
　　　　　（100009，北京市西城区刘海胡同 7 号，电话 010-83143543）
电子邮箱　cfphzbs@163.com
网　　址　https://www.cfph.net
印　　刷　三河市双升印务有限公司
版　　次　2024 年 3 月第 1 版
印　　次　2024 年 3 月第 1 次印刷
开　　本　787mm×1092mm　1/16
印　　张　17.5
字　　数　315 千字
定　　价　98.00 元

丹心绘锦绣
最美林草科技推广员先进事迹

丹心绘锦绣

"踏遍青山人未老，风景这边独好。"国家林草局科技司希望我能为《丹心绘锦绣——最美林草科技推广员先进事迹》作序，因此有机会先睹为快，一篇篇朴素的文字，描绘出一个个林草科技推广员鲜活的形象，细细品读深受感动，豁然之间，觉得用毛泽东主席的诗句形容千千万万林草科技推广员天天"上山下乡"、乐在其中的工作状态非常贴切。我自己就是一名林草科技工作者，为了能够给国家供应急需的人工造林良种，带领团队把足迹踏遍落叶松分布区14个省（自治区、直辖市），山高路险也阻挡不住我们服务国家林草事业、助力美丽中国建设的坚定步伐。我也承担过国家林草局科技司组织立项的科技成果推广项目，深刻理解打通科研成果与实际应用之间"最后一公里"的重要性，这就需要从事科技推广的专家付出艰辛的努力。

"十四五"是巩固脱贫攻坚成果、深入实施乡村振兴战略的重要时期，让更多更好的林草科技成果更快地转化为现实生产力，转化为驱动林草事业高质量发展的"核动力"，是时代赋予广大林草科技推广员的神圣职责，任务艰巨、责任重大、使命光荣。

习近平总书记在给中国农业大学科技小院的同学们的回信中寄语，要"自找苦吃"，要厚植爱农情怀，练就兴农本领，在乡村振兴的大舞台上建功立业。一批又一批林草科技推广员挺身而出，迎难而上，踏遍万水千山，用热情和汗水浇灌梦想，用执着和信念铺就道路，怀揣着赤子之心、为民情怀，将自己的光和热都奉献给科技推广事业。

　　国家林草局组织遴选出了活跃在祖国各地林草生产一线的最美林草科技推广员。这些推广员在各自的工作岗位上作出了突出贡献，取得了骄人的成绩。科技司将其中一部分最美推广员代表的事迹挖掘整理编撰成书正式出版，我相信他们的感人事迹和崇高精神将激励广大林草科技工作者，以更大的热情、更大的干劲投身林草事业，培养林草乡土人才，加快生态产业提质增效，服务林农牧民增产增收，为乡村振兴、生态文明和美丽中国建设做出新的更大贡献。

中国工程院院士

2024年1月

前　言

　　为贯彻落实习近平总书记关于科技成果转化的重要指示批示精神，健全林草科技推广体系，选树林草科技推广先进典型，加强乡村振兴人才供给，促进林草科技成果转移转化，国家林草局持续开展"寻找最美林草科技推广员"活动，目前已遴选认定400名"最美林草科技推广员"。

　　这些推广员，有的是兢兢业业工作、默默无闻奉献的"老黄牛"，有的是把"成果写在大地上"的"拓荒牛"，还有的是一辈子为民服务无怨无悔的"孺子牛"。他们用脚步丈量青山、用汗水浇灌苍绿、用科技呵护林草，在历史的苍穹下书写着林草科技推广人的光荣与骄傲。他们是新时代林草事业高质量发展的"指南针"，是林草产业发展行稳致远的"定盘星"，是林农增产增收实现富裕的"助推器"，是亿万林草行业工作者的代表和缩影。

　　为总结宣传先进典型，发挥示范引领作用，更好地调动广大林草科技推广工作者的积极性、主动性和创造性，增强荣誉感、责任感、使命感和归属感，我们在出版《逐梦山水间——最美林草科技推广员先进事迹》的基础上，又从新获评的最美林草科技推广员中遴选出50名先进典型，结集出版本书，希望能用他们艰苦奋斗的创业精神、顽强拼搏的奋发精神、开拓创新的进取精神、无私奉献的大爱精神来激励广大林草科技推广工作者更好地把论文写在大地上，当党和人民需要的真博士、真专家。

　　本书的编撰得到各地林草部门及有关专家的大力支持，特别是第十四届全国人大常委会委员、环境与资源保护委员会委员、中国工程院院士张守攻先生专门作序，在此一并致谢！

本书编委会

2024 年 1 月

目　录

最美林草科技推广员

颜 容

女，1977 年 10 月出生，中共党员，硕士，北京市园林绿化资源保护中心高级工程师。记三等功 1 次，嘉奖 3 次；获"首都绿化美化积极分子""首都绿化美化宣传工作先进个人""北京市园林绿化系统优秀信息工作者"等荣誉称号。组织或参与多项中央财政林业科技推广示范项目、市科学技术委员会重大项目。其中获北京市农业技术推广奖一等奖 1 项，北京市园林绿化科学技术进步奖一等奖 1 项；获专利 2 项；参与编写行业标准 1 项，地方标准 1 项；参与撰写《中国森林病虫（第三版）》等论著 12 本，在《北京林业大学学报》等期刊发表论文 10 余篇。参与编制的《北京市突发林业有害生物应急预案》为 2008 年奥运会期间成功处置突发草地螟事件奠定基础，应急工作也因此受到奥组委表彰。

坚守基层一线，为林木把脉治病

——记北京市园林绿化资源保护中心　颜容

与美国白蛾不期而遇

2005 年，美国白蛾在北京的发生数量进一步增加，发生范围进一步扩大。刚到北京市园林绿化资源保护中心工作不久，颜容就第一时间投身防控美国白蛾的阻击战中。初次参战，颜容每天统计完各区上报的监测数据，就用所学的计算机知识对三代美国白蛾成虫、幼虫发生期及发生高峰期进行统计分析，然后绘制监测对比图，分析总结美国白蛾在北京的发生情况及规律。

如何既防治住美国白蛾又体现"绿色办奥"理念？还要靠科技。

2006 年，北京市园林绿化局立项开展"美国白蛾病毒杀虫剂规模化生产工艺和应用技术研究"。颜容和课题组经过一年多的攻关，建成年产 100 吨生产能力、防治 100 万亩*用量的美国白蛾病毒杀虫剂生产线。2005—2008 年，美国白蛾病毒杀虫剂在北京地区推广应用 64.6 万亩次，实现了对美国白蛾生态控制及对环境无公害的目标。在颜容参与的"美国白蛾防控关键技术研究与推广"项目工作中，颜容每天坐车跑几个区县乡镇，每到一个村庄都要走遍每个角落，杜绝出现防控死角。长年累月的监测调查和总结摸索，让颜容练就了"火眼金睛"。就算乘车途中，她都能发现车窗外匆匆闪过的树木是否有美国白蛾网幕。

据统计，该项目成果在北京市累计推广应用 159.6 万公顷，共挽回经济损失5.16 亿元，确保了美国白蛾在北京不发生灾害，实现了高效率、低投入和少污染的目标。项目于 2009 年、2012 年，分别获北京市农业技术推广奖一等奖和国家三北防护林体系建设工程优秀科技推广项目二等奖。

---

* 1 亩 = 0.067 公顷

与林业有害生物的较量并未停止

枣树是北京家喻户晓的树种。据统计，北京有枣树 4971.3 公顷，主要分布在昌平等 5 个区，枣果收入成为部分山区农民的主要经济来源之一。随着枣树发展面积不断扩大，枣疯病在北京各产地均有不同程度发生，发病重地块的病株率和城区树龄 60~120 年的老枣树发病率在 30% 以上，枣疯病成为制约北京地区枣树发展的首要影响因素。

作为一名林业科技工作者，颜容用行动践行"科技服务民之所需、民之所盼"的诺言。

2008 年，颜容与同事们积极组织实施"枣疯病综合防治技术在北京地区试验推广"项目，引进了河北农业大学中国枣研究中心的枣疯病防治关键技术，并在郊区开展试验示范，建立试验示范区 6 个，示范区枣疯病发病株率最高为 4.7%，比常规果园发病率降低 11%，为枣产业化发展起到了保障作用。该项目累计示范推广 9560.1 公顷，培训专业技术人员 1000 余人次，为果农增收 2700 多万元。此外，项目还对北京已患病的 82 棵古枣树进行有效保护，从古枣树中选出抗枣疯病种质资源 28 份，为今后育种选种提供了宝贵资源。

颜容（左二）在美国白蛾查防志愿活动中为志愿者科普美国白蛾知识（摄影：熊品贞）

林业有害生物防控技术推广也让城区群众受益

枣疯病防治关键技术在北京市东城区和西城区连续开展10多年推广应用。为满足更多市民的需求，城区病枣树治疗从最初仅针对古枣树，调整为面向城区居民院落中所有患枣疯病树，治疗病树由2012年的340棵增加到2023年的1021棵。

东城区93岁的孙祥蓉家的小院里有棵古枣树，因患枣疯病"病入膏肓"，孙奶奶非常着急。得知情况，颜容与同事们组织专家研究防治技术、研讨治疗方案。经过多年治疗，这棵古枣树不仅重焕生机，还结了不少葫芦枣。孙奶奶高兴地挑选了18颗葫芦枣做成爱国手串，作为她献给建党百年的生日礼物，《北京日报》对此还做了专题报道。

加快先进绿色实用技术的推广与应用，必须调动科研院所和社会化服务企业的积极性。

近年来，颜容组织技术力量加大梨小食心虫迷向技术、樱桃主要病虫害绿色防控技术等示范推广应用；组织实施了2019年中央财政林业科技推广项目"农药施用量精准控制技术在北京地区的示范与推广"，为化学农药减量和保护生态环境提供了示范样板。在林业生产一线，她积极参与解决昌平区杏花期因低温导致果实坐果率低，房山区蒲洼、霞云岭等乡镇鹅耳枥大面积失绿，平谷区山区侧柏死亡等多个疑难问题，为群众及时解决"烦心事"。

疫情期间无法开展线下培训，颜容就采取新媒体的方式宣传林业有害生物防控知识，让基层技术人员和广大林果农掌握先进实用技术。

2020年4月，颜容申请了"北京市园林绿化资源保护中心"抖音官方账号，用通俗易懂的文字编写园林有害生物知识介绍、识别特征、防治技术措施，并挑选特征明显的照片，制作小视频发布在抖音。2021年夏天，受降雨偏多、湿度大、温度适宜等因素影响，美国白蛾繁衍加快、危害加剧，颜容在抖音连续发布4条美国白蛾监测预警信息，制作发布《美国白蛾查防要点》等科普培训小视频，为各区及有林单位做好应急防治准备提供服务。

她编辑制作发布园林有害生物监测预警等科普宣传培训小视频170余个，累计点击量73.89万余次，其中，《园林有害生物简介——春尺蠖》点击量高达22.6万余次。她参与筹备的"林保大讲堂"培训直播活动，受到20多个省份学员们的关注，每场直播培训收看近2万人次。2016年以来，颜容还与相关科室紧密协作，组织开展各种类型的技术培训70余期，培训专业技术人员5.3万余人次，有效提高了社会对林业有害生物防控工作的认识。

扎根林业岗位16年的颜容也获得丰厚回报

近年来，颜容组织或参与了多项中央财政林业科技推广示范项目、市科委重大项目。其中，获北京市农业技术推广奖一等奖 1 项、北京市园林绿化科学技术进步奖一等奖 1 项；获专利 2 项。参与撰写《中国森林病虫（第三版）》等论著 12本，在国内核心期刊发表论文 10 余篇；参与编制的《北京市突发林业有害生物应急预案》为 2008 年奥运会期间成功处置突发草地螟事件奠定基础，应急工作也因此受到奥组委表彰。

（撰稿：王辰、楼暨康）

周晓然

　　女，1981年12月出生，中共党员，现任北京市房山区林果科技服务中心生态资源保护站站长。其创作的作品《为百姓解决问题，为林木保驾护航》获全国"森防人与森防事"征文优秀奖；创作的短视频作品《在平凡的岗位上》获创城"二等奖"，短视频作品《树医生的红色情怀》获全国大型短视频"优秀作品奖"，在第四届中国兰花大会中被评为"先进个人"，被国家林业和草原局生物灾害防控中心授予"2022年度国家级林业有害生物中心测报点优秀测报员"称号；在2023年"魅力韩村河"百部影像作品展示中荣获摄影作品类三等奖。

坚守基层一线，护卫绿水青山

——记北京市房山区林果科技服务中心 周晓然

推广美国白蛾综合防控技术，筑牢首都京西南生态安全屏障

"又轴又执着"，这是同事们对周晓然最多的评价。

2006年4月在北京市房山区首次发现全国林业检疫性有害生物美国白蛾。为了弄清美国白蛾是如何传入房山境内的，她和同事们不分昼夜地从城南调查到城北，从平原调查到山区。从4—5月她们马不停蹄地调查，大家早已是筋疲力尽，5月26日，她和同事检查到了山区的佛子庄乡。同事们说："美国白蛾喜欢热闹的城市，这深山老林的，白蛾才不会来呢，我们还是回单位吧。"周晓然却一脸严肃地说："美国白蛾可以以'卵、幼虫、成虫、蛹'等多种形态随任何流通的工具传播扩散。我记得在佛子庄乡北窖村南的半山腰有一个半废弃的煤矿，万一美国白蛾随着拉煤的车进山呢？每一个可能发生的点位我们都不应该放弃调查。"她头也不回地开始向山上爬去，同事嘴上嘟囔着："她怎么这么'轴'呢。"周晓然却一边爬，一边还念叨着如何寻找美国白蛾危害的痕迹，终于爬到了煤矿口，她就围着一株核桃树左边看完、右边看，一会又爬上房顶，对着那棵核桃树看来看去。同事们正说她太"轴"太较真的时候，她喊道："美国白蛾，美国白蛾，这里有美国白蛾，快拿高枝剪来。"她举起高枝剪小心翼翼地把一条全是美国白蛾幼虫网幕的枝条剪了下来。她说："大家看，这就美国白蛾的幼虫，它们三龄前都是在网幕里聚集啃食树叶，到四龄时才破网分散危害，所以说，在三龄前剪除网幕，是最有效的防治措施。"她继续说着："大家想想看，一个网幕里上千条幼虫，如果等到四龄破网而出，以它们的取食速度，别说这一棵核桃树，这片山林也遭殃了。"正因为她的"轴"，填补了山区监测的漏洞，也正是因为她这股子"轴"劲，把美国白蛾"想进

山的愿望"扼杀在萌芽中，保全了房山山区的森林资源。

2008 年北京举办奥运会，北京提出了"绿色奥运、科技奥运、人文奥运"的理念。就在全国人民喜迎奥运之际，美国白蛾在房山地区发生，发生范围不断扩大、发生数量不断上升，形势非常严峻。周晓然根据每日美国白蛾疫情发生情况，绘制了美国白蛾疫情发生分布图和美国白蛾疫点半径 500 米范围内的防治作业图，同时她针对被害树木的种类、疫点周边环境、灯诱和性信息素诱捕对比等做出了统计和分析工作，为迅速在山区平原、公路干线、苗圃林场建立严密的监测系统奠定了坚实的基础。在烈日的午后，在乍暖还寒的黎明，她和同事们严密监测美国白蛾的发生规律，研究制定了《房山区美国白蛾综合防治技术方案》，加强对相关人员的技术培训。为了进一步强化社会舆论，增强全社会的防控意识，周晓然拍摄并制作多个短视频进行科普宣传。通过科学防治终于遏制了美国白蛾对房山绿色景观的危害，确保了全区森林、林木的资源安全。奥运期间，房山没有林木有害生物灾害发生，实现了绿色奥运的承诺。到目前，14 年间推广美国白蛾综合防控技术 34 万多公顷，实现经济效益近 9000 万元，筑牢了首都京西南的生态安全屏障。

推广黄栌病虫害综合防控技术，践行绿水青山就是金山银山理念

坡峰岭黄栌林木占地 2000 余亩，近 20 万余株。2013 年出现了"红叶不红"的现象。为了破解难题，周晓然带领技术服务组，把脉这一片"生病"的黄栌林。

2013 年 10 月，技术服务组进驻周口店镇黄山店坡峰岭。初到山顶的技术服务组被眼前的景象震撼了。这片野生黄栌林本是周口店镇黄山店村发展生态产业、振兴乡村的希望，然而由于缺乏科学养护，目力所及一片衰败，丝毫没有红艳的惊喜。在调查中发现，黄栌叶片上面是一块块白斑和虫洞，"红叶不红"的原因，是因黄栌白粉病导致。由于病虫害严重，树势极度衰弱，再加上枝叶郁闭、山上干旱、土壤贫瘠等多重原因，当时的黄栌林别提观赏价值了，树木能不能存活都是问题。

周晓然带领技术组通过"会诊"，很快制定了防治方案。提高树势最快最有效的技术措施就是通过树木修剪。整枝修剪不仅能让树形美观，还能让营养集中，打薄是为了让树木通风透光，从而消除病菌喜阴喜潮的生存环境。经过一冬的修剪和补充营养，2014 年开春时黄栌有了起色，萌发出许多有活力的新枝条，树势明显提升，叶片增大，"抵抗力"也强了，为防治白粉病打下了良好的基础。

自此，周晓然带领技术组开启了义务指导坡峰岭黄栌病虫害防治的工作，只为守住这山"房山红"。坡峰岭这 20 万株野生黄栌数量大，任何虫害都不能忽视，如

果一棵树上的虫害没有灭杀，没过几天，周围的一大片黄栌都会遭殃，严重时会危及树木生命，造成不可逆的影响。黄栌胫跳甲就是一种危害黄栌的"隐藏大师"。这种虫子聪明又狡猾，善于伪装，从而逃过天敌的捕杀。在幼虫时期，它把自己伪装成一小坨"鸟屎"潜伏在叶片上放肆地啃食，黄栌胫跳甲食量大，不及时灭杀，能啃光整片黄栌林。周晓然带领技术组及工人忙活了整整 5 天才把虫害控制住，好在没影响当年的红叶季。

坡峰岭的黄栌胫跳甲控制住之后，周晓然带领技术组又来到大安山、青龙湖等地调查。为了摸清黄栌胫跳甲在房山本土的发生规律，在关键地区设立 10 块样地，进行系统观察，这为黄栌胫跳甲的治理积累了宝贵经验。第二年，黄栌胫跳甲再次繁衍滋生时，工人按计划防治，林区病虫害治理工作有条不紊，防治面积达 2 万余亩，确保了生态林安然无恙。

目前，周晓然带领技术组已经把坡峰岭防治黄栌白粉病、胫跳甲的经验，输送到了百瑞谷、大安山等地。推广 26 公顷，培训专业技术人员 3000 余人次，践行了绿水青山就是金山银山的理念。

周晓然（左一）指导坡峰岭黄栌病虫害防治工作（摄影：张梦飞）

推广新媒体宣传林业有害生物防控知识，让基层技术人员和广大林果农掌握先进实用技术

周晓然坚持森防文学创作，不仅坚持推广宣传防控新技术，还进一步宣传弘扬"森防精神"。她通过多读、多问、多写、多总结，认真创作编写森防文章和科普信息。在森防宣传报道工作中，大力宣传北京房山及林业有害生物防治的思想理念、做法、措施，引起市民广泛关注，彰显防治工作意义，积极推动房山区生态文明建设。创作文章《夏天来过的一只蝉》《三招阻击"拟态大师"春尺蠖上树》《世界最大水栖昆虫现身房山》发表在《绿化与生活》等刊物上；创作《把情思献给每一片绿叶》获"两学一做"一等奖，《为百姓解决问题，为林木保驾护航》获全国"森防人与森防事"征文优秀奖；同时，她更加注重与时俱进，积极利用新媒体优势大力开展宣传工作，剪辑制作《美国白蛾防控要点》《春尺蠖的一生及防治技术》《美国白蛾发生趋势》等10余部传播高效、内容专业的科普短视频；创作《当心美国白蛾让你成为受罚主体》微视频情景剧宣传森林植物检疫等工作。创新防控工作思路，生态科普宣传常态化。加大房山地区昆虫的普查力度，多次组织开展灯诱普查昆虫活动，整理房山昆虫图册，制作精美昆虫标本上百余盒；积极创新工作方法，在全市基层单位首创制作滴胶水晶标本100余块，并在房山区精神文明建设委员会办公室组织开展"绿色低碳新时尚变废炫宝巧妙招"活动中获二等奖；在单位年度考核中曾多次被评为"优秀工作者"。在她的带领下，房山区生态资源保护站获得"工人先锋号"先进集体荣誉称号。

推广林业有害生物防控技术，服务基层产业发展

2020年5月，佛子庄乡长操核桃产业观光园，本该是一片生机致富增收的核桃林，却不同程度出现核桃树整株死亡和连片病态的现象。放眼望去，漫山的核桃树迎风招展，长势却不理想，许多树叶发黄、叶面上有大量黑斑，尽显病态。原本希望种植核桃脱贫致富，没想到种植没多久，有的核桃树叶子黄了、黑了甚至还有死的。这不仅仅急坏了村民也极大地影响了产业发展。为拯救核桃林，周晓然常年扎根一线，即使是烈日炎炎，她依然对400亩核桃园逐棵调查，并查阅大量资料、多次上山实地勘查、反复研究，研究制定了《核桃黑斑病综合防治技术》，并对核桃林进行一对一科学防治，做到了核桃病虫害防治全覆盖。当年就遏制了病虫害的蔓延扩展，2021年树势逐渐恢复。长操村村委会陈主任说：在晓然专家的指导下我们迎来丰收年，这也让我们干部群众对种植核桃脱贫致富有了坚定的信心和决心。

扎实抓好测报工作，夯实科学防治数据基础

　　林业有害生物监测防治事关首都京西南生态屏障安全。周晓然带领同事们依托国家级、市级、区级三级林业有害生物测报体系，及时开展有害生物监测预报。每年3月下旬，组织测报点召开年度林业有害生物监测工作启动会，部署本年度有害生物监测工作任务。3—10月，执行周巡视制度，做到三个"及时"：及时掌握病虫害的发生发展动态、及时发布病虫防治信息、及时指导面上防治工作。每年共发布30期林果病虫动态信息，为苗圃、果园、公路、公益林等养护单位开展防治提供技术指导。为准确掌握监测预报第一手资料，提高工作决策的科学性，她一直痴心于林业有害生物观察研究，注重专业知识的自学、实践，以野外树林为主战场，投入到昆虫调查研究中。为确保林业有害生物监测预报数据翔实、不留死角，她以身作则，处处干在前面，每天穿行在林间地头。为不错过防治最佳时期，每年她都按时到发生地段进行调查，定期到监测点搞好病虫情测报，回来后当天就进行汇总分析，及时发布监测预报信息，掌握幼虫动态，坚持治早治小的原则，防止有害生物在全区蔓延成灾。

　　多年来，周晓然为获得许多宝贵的第一手资料，她的足迹踏遍了房山的山林绿野；她对有可能发生的林果病虫害熟稔在胸；为保护森林资源、维护生态安全，她不辞辛苦到林间地头为林木把脉问诊；始终坚持以科学研究引领生态资源保护工作，不断推广防治新技术，开展"房山区天敌昆虫防治技术与推广"等多个课题的研究与推广，为科技兴林、林果富民做出贡献，为房山的生态文明建设增光添彩！

（撰稿：王阔昶、张梦飞）

高剑利

女，1973年2月出生，中共党员，承德市林业和草原技术推广总站正高级工程师。曾获科技部政策法规与监督司"万名科学使者进社区"贡献突出先进个人、河北省科技助力精准扶贫先进个人、国家级科技特派员、承德市"三八"红旗手、承德市专业技术拔尖人才、市管优秀专家、河北省"三三三人才工程"第三层次人选、平泉县十二次妇代会代表、承德市林学会秘书长等荣誉。获河北省农业科技推广奖一等奖、三等奖，山区创业二等奖、三等奖等奖项。长期从事林业工程建设、林果栽培技术研究、林果先进技术示范推广工作，先后主持、主研科技项目20余项，取得科技成果24项，制定地方标准7项，专利授权6项，参与编写专著3部，发表专业技术论文20篇，组织举办林果技术培训班80多期，服务林农5.5万人次，引进优良品种46个，推广技术26项，推广面积累计37万亩。

情系科技推广，情洒承德山川

——记承德市林业和草原技术推广总站　高剑利

"为什么我的眼里常含泪水，因为我对这土地爱得深沉。"这是著名诗人艾青写下的一句诗。在河北省承德市林业和草原技术推广总站，有一位专家型技术推广干部，用20多年的行动践行着对承德林果业的眷恋，把事业根植于山林间，用足迹书写着实践成果，用情感将心中的期待变成现实，她就是承德市林业和草原技术推广总站正高级工程师高剑利。

"干啥吆喝啥。"这是她常对自己说的一句话。2015年，在培训中她认识了果农高继新，了解到他家有苹果园100亩，由于不懂经营，缺乏指导，导致果园产量低、家庭生活困难。她立即把自己的联系方式留下来……如今，在高剑利的指导下，高继新的果园成为了远近闻名的示范园，他本人不但取得了"农民高级技师"资格，还建起了家庭农场，成立了"新福源种植专业合作社"，组建了专业技术服务队，带动本村38户走上了脱贫致富奔小康的幸福路。像这样的林果种植大户还有很多。提起高剑利，大家都会为她的帮扶指导赞不绝口。

苹果栽培推广"新"字，创建产业精准管理模式

2015年，正值农村土地流转热潮，平泉县贤来闲去果品专业合作社承包了300亩流转耕地，想建设抗寒苹果现代化园区，向市推广总站请教技术，领导把任务安排给了高剑利。当时她暗暗想，"这副重担能否挑得起来？"因为全市没有建设现代果园的典范。但又一转念："万事开头难，事情总得有人干。"于是，在这片土地上，便有了她忙碌的身影，整地、苗木引进、株行距设计、栽植、铺地布……每一道程序都经过缜密的研究和讨论，她和工人一起克服种种困难。50天过去了，现代化果园终于有了雏形。结合生产实际，她执笔申请中央财政林业科技推广示范项目"抗寒苹果优良品种的引进与示范推广"，在实施过程中引进了5个抗寒苹果品种，通过开沟整地、施底肥、选择3年生带分枝矮化中间砧的优质

苗木建园，培养高纺锤树形，实现栽植第三年结果，平均亩产达 1000 千克，亩产值 1 万元以上，带动周边 100 户农户从事林果生产，还让 10 户贫困户从事寒地苹果产业。创新了"短周期、高效益、省力化"栽培技术，开创了可学可用可推广的林果产业"一地生四金"（租金、薪金、股金、现金）扶贫脱贫模式。这一模式受到国务院扶贫开发小组办公室高度重视，确定为 2018 年企业精准扶贫案例。由于项目的示范引领，昔日贫穷落后的小山村短短三年半时间变成了美丽的"花果小镇"，全镇寒地苹果栽培面积达 1600 亩，入选全国"一村一品"示范村镇。项目组成员韩立金由于技术过硬、业绩突出，获得了"全国优秀新型职业农民"称号。在项目实施期间总计举办集中培训 14 次，现场示范培训 26 次，培训技术骨干 763 人，培训总人数达 2650 人次，发放宣传册 34000 册，并在承德、张家口、内蒙古等地辐射推广抗寒苹果高标准栽植近 2.88 万亩，安置 2000 余名农民就业。

为使寒地苹果产业可持续发展，高剑利与项目团队又对寒地苹果的生产经营模式进行了深度研究，承担了承德国家可持续发展议程创新示范区建设专项"寒地苹果产业'五化'管理技术集成与'四金'模式示范"，选育出契丹早红、契丹香果 2 个寒地苹果新品种，制定寒地苹果节本简易高效栽培技术体系 1 套；总结出幼树促枝成花、营养杯节水延迟栽植育苗、越冬防寒等 5 项寒地苹果栽培新技术，发布地方标准《寒地苹果园生草技术规程》《寒地苹果园越冬防寒技术规程》2 项；并根据冀北山区的立地条件以及现在农村人口结构的变化，从投资及用工的角度统计寒地苹果园正常生产周期的单位用工量，分析单户、不同规模企业建园规模，提出规模适量化：对于单户经营的规模，以 3~10 亩，树种 1 个，品种 1~2 个较为合适。一般家庭式经营的规模，应该在 10~20 亩，树种 1 个，品种 1~2 个较为合适；对于家庭农场式经营规模，应该在 30~50 亩，树种 1 个，品种 2~3 个较为适宜；对于一般中小型公司式经营的模式，应控制在 200 亩左右，树种 1~2 个，品种 3~5 个较为适宜；对于大型公司或者合作社经营的，应该在 500~1000 亩。综上，形成"四金（租金、薪金、股金、现金）+ 五化（管理集约化、规模适量化、技术简易化、投资节省化、产出高效化）"技术管理脱贫发展承德模式，为冀北寒冷地区依托科技产业长久脱贫、乡村振兴提供示范样板。

近年来，高剑利共主持参加寒地苹果项目 5 项，建立示范基地 6 个，编制地方标准 3 项，对指导冀北寒地生态类型区苹果生产意义重大。

山杏栽培推广"丰"字，提高林农积极性

"十年九不收"，是山杏产业存在的普遍问题。承德山杏资源 520 万亩，多数靠天收，果农不重视管理。自 2016 年起，河北积慧德农业科技有限公司在承德引进珍珠油杏，高剑利作为承德市科学技术局批复的"珍珠油杏的引种与栽培技术示范"项目主持人，对研究山杏嫁接珍珠油杏后的丰产技术产生了浓厚的兴趣，她与项目组成员时常在油杏林里研究采用哪种嫁接方法更易成活、愈伤组织形成好等，上午八点钟上山，下午三四点钟下山已经成为日常。凭借着这股子干劲，她们集成创新了珍珠油杏优质丰产栽培技术，使山杏嫁接珍珠油杏第三年即可丰产，经济效益显著。于是组织 4 次全市珍珠油杏产业技术培训会，让更多的人看到山杏资源合理利用，小山杏摇身变成了"金豆豆"。在她的大力推广下，承德珍珠油杏栽培面积由 2016 年的 300 亩，发展到 2022 年的 1 万亩，新增产值 2391 万元。2020 年 7 月，在国家政策的指引下，由珍珠油杏生产企业河北积慧德农业科技有限公司牵头，联合 2 家高校、1 家研究机构、10 家企业、5 家事业单位组建了"承德市珍珠油杏产业技术创新战略联盟"，高剑利任联盟秘书长。

"珍珠油杏是个受到市场热捧的产品，想要丰产丰收，第一个要过的就是气候关，常温保存，最长半个月不变质，果品销售量获得了极大延伸，我们的产品去

高剑利（左三）指导技术人员修剪扁杏（摄影：陈柏华）

年就销售到了石家庄，在超市能卖十七八块钱一斤。"积慧德农业科技有限公司经理陈振华说，油杏树采摘时期是 6 月下旬到 7 月中旬，晚摘口感会更好，但是过多的雨水会让油杏开裂腐烂，导致大面积绝收。为了避免损失，高剑利主动联系气象局帮助分析近几年 4—5 月温度情况，并及时关注天气变化。2021 年 6 月下旬，承德市连降数场大雨。高剑利第一时间将未来一周的天气预报和生产指导意见发给了陈振华，为他的公司挽回了巨额损失，也让群众增收有了保障。让陈振华难忘的还有一次经历，2022 年 4 月 13—14 日，一次强降温过程袭击了正值花期的种植园。由于她与气象局的紧密联系，4 月 8 日提前向企业提供气象信息，指导杏树喷洒冷水和防冻剂，让含苞待放的杏花延迟开放了一个星期，躲过了这场冻害。实况资料显示，在 14 日早晨，当地最低气温降到了零下 3.1 摄氏度。

近 5 年，她主持中央财政林业科技推广示范项目"低质山杏林品种改良及高效栽培技术示范推广"，河北省科学技术厅科技成果转化项目"山杏改接珍珠油杏提质增效技术中试"，承德市科学技术局科技计划项目"成龄仁用杏标准化生产技术集成与示范"，创新"山杏改接珍珠油杏抗晚霜防冻花技术"成果，完成山杏改良面积 3000 亩，辐射技术面积 6.2 万亩，使承德山杏资源发挥了优势。

山楂栽培推广"细"字，创建优质高效技术体系

针对承德山楂存在品种老化、随着树龄增加出现树体衰弱、树冠郁闭、果品品质下降、大小年现象凸显的现状，2012—2019 年，高剑利主持参加中央财政林业科技推广示范项目"山楂低产林降冠复壮提质增效技术示范推广""山楂良种雾灵紫肉繁育及高效栽培技术示范推广"，推广秋金星、雾灵红、雾灵紫肉等山楂优良品种 12 个，以及山楂幼树矮密丰产、大树降冠复壮提质增效系列技术成果，推广总面积 27.68 万亩，实现总产值 19.32 亿元，新增利润达 9.12 亿元，增收效果明显。引领农民成立了 2 家山楂合作社，技术支持 20 家山楂合作社，带动大批人从事山楂产业，有效减轻了城市就业压力，改善了农村生活环境和质量，促进了区域特色山楂产业发展。集成创新了山楂低产林降冠复壮、瘠旱山地山楂矮密丰产、大树渐变提干、高位截干轮替更新、雾灵紫肉山楂高接换优综合配套技术研究等 5 项技术成果，制定了《山楂优良品种雾灵红生产技术规程》《有机食品 山楂生产技术规程》《雾灵紫肉山楂生产技术规程》3 项地方标准，取得雾灵紫肉植物新品种保护权 1 项。

板栗栽培推广"简"字，突出"双减双增"实施效果

承德板栗栽培主要集中在兴隆县和宽城县，面积约130万亩，随着信息化时代的发展以及技术推广工作的深入展开，板栗产业已经成为承德山区经济发展、增加农民收入的重要途径。然而由于多为干旱山地无水源条件，果园密植稀管，郁闭严重，产量低；成龄树连年清膛修剪，内膛光秃，结果表面化，大小年结果现象严重；标准化栽培程度低，果园投入品使用不规范，使用除草剂，造成水土流失，果品品质下降，平均亩产只有150千克。

2022年，由高剑利主持中央财政林业科技推广项目"燕山山地板栗双减双增综合技术示范推广"，在兴隆县建立示范基地500亩，主要推广板栗控大管小交替更新复壮修剪专利技术、园地生草技术。为此，她经常深入兴隆县基地了解情况，严格执行每项技术措施。她主张成立专业技术服务队，修剪与割草应用机械化操作，减少用工成本50%；2023年春夏干旱，在她的创意指导下，基地应用蓄水设备＋发动机＋水管＋喷雾器进行喷施叶面肥、打药，有害生物成灾率控制在4‰以下；实施第一年初步统计结果，示范基地平均亩产板栗183千克，是原平均产量的120%。目前已建立示范区500亩，兴隆县推广应用面积6500亩。通过技术实施，打造"省工、省肥、增收、增效"板栗示范基地，促进栗农增收、带动燕山地区板栗产业高质量发展。

用满腔的热忱对待工作，这是高剑利的态度。"以单位为家"，这是同事们看到她经常加班逗她开心的话。事实也是这样，她一心扑在工作上，心系果农，果农需要什么，她便会记在心上，查资料、做试验，耐心解答问题，这样许多果农有问题就会找她。她用实践表达着对承德热土的深情厚爱，用推广人的情怀助力将乡村振兴的宏伟蓝图变为现实。

（撰稿：刘新、王瑞江）

最美林草科技推广员

程志枫

　　男，1971 年 5 月出生，中共党员，正高级工程师，现任山西省吕梁山国有林管理局有害生物防治检疫站站长。2019 年 12 月被山西省林业和草原局评为林草科技拔尖人才。2011 年 7 月 12 日被全国绿化委员会、国家林业局评为"十一五"期间林业有害生物防控工作先进个人。2014 年 11 月被国家林业局评为"全国生态建设突出贡献奖先进个人"。参与制定的地方标准《华北落叶松鞘蛾性信息素应用技术规程》(DB 14/T 830—2013) 获山西省市场监督管理局第一届山西省标准化创新贡献奖三等奖。参与研发的"山西林业网络医院研发及应用研究"项目科技成果得到北京市园林绿化局大数据中心、山西省林业和草原技术推广总站推广。先后参加两次全国林业有害生物普查、草原有害生物普查、外来入侵物种普查，参与起草地方标准 3 项、行业标准 1 项，发表论文 11 篇，出版专著 1 部。

让林木远离有害生物侵扰

——记吕梁山国有林管理局有害生物防治检疫站　程志枫

程志枫的工作有些"单调"，但他却乐此不疲。

从山西农业大学毕业后，程志枫就扎根林区一线。如今已是山西省吕梁山国有林管理局有害生物防治检疫站站长的他，依然奋战在林草有害生物防治工作一线。

30 年来，程志枫扎实做好林草有害生物监测、检疫、防治和新技术、新成果推广应用工作，为吕梁山林区构建起监测预警、检疫御灾、防治减灾三大体系，提升了林草有害生物综合防控能力，守护着吕梁山国有林区 380 万亩林草资源的安全。

林区里的每棵树都不能轻易放弃

吕梁山国有林区是山西省九大省直国有林区之一，拥有绚丽的自然景观和丰富的生态资源，被誉为"黄土高原上的一颗绿色明珠"，是保护河东大地和黄河生态安全的重要屏障，也是山西生态建设和乡村振兴的主战场，生态地位不言而喻。

但吕梁山区天然林立地条件差，林业有害生物易发，特别是由于这里树种较为单一，病虫鼠害较为严重，威胁着森林的健康生长。

1999 年是天然林资源停止采伐的第一年，也是林区经济发展最困难的一年。当时，还是林业新人的程志枫临危受命，带领干部职工在位于隰县深山的油松种子园扎下根来，开展林业病虫害防治工作。程志枫说："要战胜'敌人'，就要先了解'敌人'。每到防控关键期，大家基本就在林区'安家'了。拉羊粪、平整土地，做高床培育华北落叶松苗木，在山上一住就是 3 个月。"苗木顺利度过脆弱期，可程志枫却病倒了，不得不住进医院进行治疗。住院期间，听说油松种子园无性区母树针叶发黄并出现个别植株死亡现象，程志枫又悄悄出院，深入现场观察研究。经过仔细分析和对比相关资料，他初步判定是油松母树林受到某种小蠹危害所致。程志枫一边采取喷洒农药敌敌畏、树干注射氧化乐果等方法进行防治，一边采挖树根请专家进行鉴定。后经专家鉴定，危害油松母树林的是国内新记录的外来物种——红脂大小蠹。由于防治及时，他们成功阻止了红脂大小蠹蔓延。

近年来，程志枫在强化林业有害生物防治工作中不断加大新技术推广力度，通过积极引进植物源引诱剂开展红脂大小蠹监测和防治，全区每年防治面积超过 2 万亩。目前，吕梁山林区红脂大小蠹发生率保持在低虫口密度，确保了油松林资源安全。

"树有了病虫害，能不着急？林区里的每棵树都像是我的孩子，一棵也不能放弃。"程志枫说。多年的工作经验，让程志枫对吕梁山国有林区林业有害生物种类、发生规律和防治措施了如指掌。哪个林场、哪个作业点如果发生林业病虫害，只要他到现场看了并按他制定的防治方案来实施，林业病虫害就会很快得到治理，同事都称程志枫是吕梁山国有林区林业有害生物的"克星"。

推广林草技术保护森林资源安全

为更好地保护吕梁山国有林区森林资源的安全，程志枫在工作中不断学习和推广林草新技术。

"程站长平时不是学习新的防治技术，就是在为林区寻找新技术。工作中，他对我们年轻人也是倾囊相授，技术上从不保留。"山西省吕梁山国有林管理局有害

程志枫（右）调查华山松木蠹象（摄影：赵杰）

生物防治检疫站工作人员李佳说。

为了引进先进技术开展林草有害生物防治，程志枫几乎走遍全省大大小小科研单位，到处找专家寻技术。随着天然林资源保护工程的深入实施，国有林区造林已经由采伐迹地造林向荒山荒坡造林转变。地类变了，威胁森林资源安全的病虫害种类也发生了变化，新造林地由于鼠兔危害较为严重，对造林成活率、保存率影响很大。为了解决这个问题，程志枫在吕梁山国有林管理局领导的大力支持下，引进了东北林业大学科研成果——树木防啃剂，在小范围试验取得成效后在林区进行了大面积推广使用，有效降低了鼠兔危害。同时，他又引进全国农业技术推广服务中心推广的鼠害无公害施药技术——毒饵站灭鼠技术，有效减少了农药对环境的污染和对有益生物的影响。目前，吕梁山国有林区每年防治鼠兔害面积 3 万亩以上，降低鼠兔为害率超过 15%。

"每次进林区，林农们见到我们林草技术人员说得最多的就是：你们这些专家可算来了，快帮我看看这些树得了啥病。"程志枫说，在基层，林农和苗农们最烦恼的就是，林木得了病虫害没法第一时间找到解决办法。

2012—2016 年，程志枫与山西省林业有害生物防治检疫局专家合作开展了"山西林业网络医院研发及应用研究"项目，该项目经山西省科学技术厅鉴定达到国际先进水平。依托该项科技成果，2022 年，北京市园林绿化局大数据中心、山西省林业和草原技术推广总站实施了中央财政林草科技推广示范项目，进一步提升了吕梁山国有林区乃至全省的林草有害生物防治水平。

当好为林木"疗伤"的医生

2003 年，位于襄汾县境内的山西省林木良种培育中心从外省引进全缘叶栾树，可在卸车时却发现苗木出现大量折断现象。听到消息后，程志枫立即深入实地查看，发现这批全缘叶栾树上出现了山西新记录种——日本双棘长蠹。在程志枫的指导下，省林木良种培育中心采取截干、火烧、喷洒农药、栽植树根重新培养主干等处理方法，及时阻止了日本双棘长蠹的蔓延。

精湛的专业技术让程志枫名声在外，不少单位和林农都请他为林木"把脉施治"。

程志枫多次受邀到临汾市苗圃、街道开展林草有害生物防治调查工作。在一次调查过程中，他发现全缘叶栾树在临汾栽植死亡率很高，由此得出该树死亡主要原因是不适应临汾市立地环境，另外一个原因是受日本双棘长蠹的影响，他及时向有关部门提出临汾市要避免大范围种植全缘叶栾树的建议。该建议得到临汾市园林部门的采纳，及时消除了引种全缘叶栾树可能造成的严重损失。

2019 年 5 月，洪洞县刘家垣镇陈村村民陈占保经朋友推荐找到程志枫，陈占保带来了几段枯萎、断裂的国槐枝条，想请程志枫进行诊断并指导防治办法。程志枫放下手头的工作，经过仔细观察后确定国槐枝条枝干枯萎、断裂主要是受到日本双棘长蠹的危害，他为陈占保详细讲解了防治方法和所用药剂。"程站长这次可真帮了我的大忙，这些苗木总算能保住了。"陈占保激动地说。

长期奋斗在林业有害生物防治和科技推广一线，程志枫也获得了很多肯定。

2011 年程志枫被全国绿化委员会、国家林业局评为"十一五"期间林业有害生物防控工作先进个人，2014 年被国家林业局评为全国生态建设突出贡献奖先进个人。他参与制定的地方标准《华北落叶松鞘蛾性信息素应用技术规程》，获山西省市场监督管理局第一届山西省标准化创新贡献奖三等奖。

面对成绩，程志枫说："大力推广林草先进技术，让林木远离有害生物侵扰，才能更好地保护森林资源安全。作为林草基层一线的工作者，我们需要做的还有很多。"

（撰稿：王辰、孙秀平、楼暨康）

最美林草科技推广员

孙竹青

女，1974 年 11 月出生，中共党员，山西省管涔山国有林管理局林业高级工程师。先后参与了中央财政林业科技推广示范项目"华北落叶松疏林地提质增效技术示范""华北落叶松林分生产力调控技术推广示范""落叶松良种育苗及造林技术示范"等。参与了多项省级科研项目，涉及天然次生林经营技术、低效林改造技术、新技术推广等方向。发表了《管涔林局华北落叶松育苗技术》《浅谈林业科技推广在生态林业建设中的作用与对策》《关于山西行道树树种选择的探讨》等论文，主持编写《山西省国有林区林下资源概况》（管涔林局部分），参与编写《芦芽山常见植物》。参与管涔林局油松、落叶松、云杉、山杏等选育工作。因 2021 年度工作突出被山西省管涔山国有林管理局给予嘉奖。

致力林草科技，不断超越自我

——记山西省管涔山国有林管理局 孙竹青

位于吕梁山脉北端的管涔山林区是山西省九大省直国有林区之一，是我国北方著名的森林旅游风景区。在这片绿染群山、美景怡人的土地上，山西省管涔山国有林管理局科技科科长孙竹青，经常深入林场一线指导植树造林、育苗生产和森林抚育经营等工作，为管涔山的增绿增景和老百姓的增收致富倾情奉献。从参加工作至今，孙竹青已经从林业技术员晋升为林业高级工程师，从事林草科技推广工作近三十年。

天然次生林经营技术、低效林改造技术……这些林草科技名词不断刷新着人们的传统认知。"林区的发展在科技的支撑下变化太大了！"感叹的背后，是管涔山国有林管理局坚持实施科技创新驱动高质量发展战略的成果，也是孙竹青多年工作的真实写照。

以岗为家甘于奉献，立身林草科技推广第一线

单位里经常下乡的就是孙竹青，以至于同事们经常打趣她："孙竹青既是个大忙人，也是个女强人，在推广林草科技工作上爱较真"，她的丈夫也称她是"孙较真"。面对同事和爱人对自己的"批评"，孙竹青一点也不在乎。平时只要不下乡，她总是在办公室里钻研林草科技知识，手机也常被基层技术员的电话咨询"占线"。由于家在外地，一年中她忙于工作。这几年，几乎难得见她回家探亲，总是一心一意扑在林草科技工作上。

她的这股拼劲，是从进入"林家铺子"后就开始显露出来了。1995年，学校毕业后来到林场工作。作为林场唯一女技术员，她整天摸爬滚打，攀山梁、钻山沟编制造林和采伐作业设计、指导工人现场施工，一点也不输男同志。为保质保量完成任务，她常常步行往返于工地和林场驻地之间，指导开展整地造林等施工。饿了啃干粮，渴了喝山泉，有时为减少上厕所带来的不便，她甚至连水也不敢多喝。她

的工作作风和成绩，受到了领导和同事们的一致肯定和赞扬。林场的领导和施工的工人们都说：这个姑娘有股子拼劲，是干林业的好苗子。

2020 年，依托中央财政林业科技推广示范项目营造生态示范林的建设任务中，看着项目地干旱少雨、缺林少绿的现状，她发誓要让这里绿起来。从此一头扎进研究抗旱造林实践中，每天在办公室埋头翻看资料，深入一线反复试验，逢人便说抗旱造林，常常发呆思考，就像中邪了一样。有一天在造林地头看着地面的石块发呆的她，突然大声说道，"我有办法了！"只见她随后拿起石片整齐摆放在新栽植的树苗周围，对大家说，这能起到抗旱保墒作用。第二天，她又早早来到造林地，对覆盖的树苗周围认真翻看，发现明显比其他地方湿润，她高兴地说，"就这么干"。接下来，她要求施工人员整地要生土做埂，栽植要根系舒展，熟土回填后提苗踩实，覆上虚土后再用石片覆盖。就这样栽植，当年造林成活率达 90% 以上。

正是这股拼劲，让孙竹青在长期的实践中，一步一个脚印不断锻炼成长，如今，成为了管涔山国有林区小有名气的"土专家"。

矢志不渝造福群众，争当林草科技推广服务者

林草科技就要服务群众、造福群众，这是孙竹青经常说的一句话，也是她站在科技服务人民的高度践行一个林草科技推广者的使命职责。在管涔山国有林区，基层林场和林区群众都是她的林草科技推广服务对象。

2021 年，基层林场在油松育苗过程中，出现苗木发黄和大面积死亡现象，林场人员急忙给孙竹青打电话。她当天就和科室人员到达苗圃，详细询问和仔细察看苗木发黄死亡的情况。当她发现苗圃紧靠河流，排水不好，再加上重茬培育油松，枯死苗木根部都呈现红褐色时，肯定地说道，"这是典型的立枯病，需要用甲基托布津和硫酸亚铁对油松苗木和土壤进行喷洒消毒。"在随后的几天里，她一直蹲在苗圃地指导技术人员按照她的方法进行处理，使得林场的苗木枯死现象得到控制。

"孙科长，我想栽植经济林，你看该种点啥？""孙科长，我家的苗圃树苗长势不好，你有时间给看看"。像这样的情景很多，都是林区当地的群众向孙竹青的咨询。每当在这个时候，她总是一口答应下来，抽时间去给老乡指导服务。

特别是这几年，在国有林区与当地政府开展的合作造林中，为了促进农民增收，推进乡村振兴，在能栽植经济林的地方都尽可能地发展经济林。面对晋西北高寒干旱的气候特点和沙化瘠薄的困难立地条件，孙竹青带领技术人员因地制宜选择抗旱能力强的山桃、山杏等阔叶树种，一方面有效扩大了造林混交比例，另一方面

有效增加了农民收入。在合作造林施工的过程中，她与村里合作社成员组成的施工队员，面对面地传授栽植技术，跟踪指导服务施工队造林，从起苗灌水到容器脱杯再到栽植，她都严格把关。同时，应用径流集水整地、使用保水剂、植物蒸腾抑制剂等科技措施，极大地提高了造林保存率，增强了当地群众造林积极性。当地的群众都称她为造林的"好把式"。

在合作造林中开展林草科技服务是成功打通林草科技推广"最后一公里"的生动实践。孙竹青作为合作造林的技术指导者和服务者，用自己的辛苦换来了基层群众的便利和认可，她对此感到非常自豪和满足。她信心坚定地说，"在合作造林中开展林草科技服务是一件很有意义的事情，只要林区的生态环境能改善、林区的群众能受益，自己苦点累点没关系"。

传授技术培育人才，甘为林草科技推广铺路

为提升林草经营水平，让管涔山绿起来、美起来、富起来，孙竹青把自己的人生坐标定位在林草科技上，坚持以自己学到的技术服务林农作为人生目标，结合单

孙竹青在苗圃查看苗木生长情况（摄影：贾晓刚）

位实际，通过举办科技下乡活动进村现场指导、开办技术培训班、编印实用技术资料等措施，为基层一线解决林草生产中遇到的技术难题。

科技是第一生产力，孙竹青对此深信不疑。多年来，她先后参与中央财政林业科技推广资金示范项目"华北落叶松疏林地提质增效技术示范"等研究，在指导林草科技示范项目中，通过传帮带培养了一大批"徒弟"，如今，许多基层林场年轻技术人员亲切地称她为师傅。同时，她还积极撰写林草科技论文和编写林草科普书籍，参与编写了《山西省国有林区林下资源概况》《芦芽山常见植物》等科普书籍。

她在开展油松、落叶松、云杉、山杏选育工作中，坚持蹲守在一线记录实验数据，在实施"华北落叶松林分生产力调控推广示范"项目时，经常不顾山路泥泞上山踏查，多次与省林业科学研究院技术人员沟通，研究项目实施的必要性，查找资料对比省内外的研究现状，最终确定项目的实施方法。在项目实施过程中，她经常与基层技术员一起上山，进行项目单元的布设，从抚育前调查到抚育强度确定，从目标树到辅助树、干扰树的确定，精准把握项目实施的每一个细节，以确保项目顺利实施。

她在致力于培养年轻林草科技人才队伍同时，也为推进管涔山国有林区的科技工作高质量发展留下了宝贵的资料和数据。她的人生就是林草科技的人生，是为管涔山林草科技倾情奉献的人生。

近30年的努力与付出，让孙竹青在林草科技实践中成长为素质过硬的技术骨干和业务尖子。近30年的研究与服务，让她更加坚定了为林草科技推广事业倾力奉献的信心和决心。长期以来，她扎根林草基层一线、潜心研究林草技术、一腔热情奉献给了林草科技推广工作，用平凡的行动诠释了不平凡的工作业绩，用无私的奉献展现了林草人的光辉形象。

她就是最美林草科技推广员——孙竹青。她始终在努力学习、在创新探索、在超越自我，在林草科技推广的道路上砥砺前行……

（撰稿：贾向前）

张艳青

　　女，蒙古族，1968年11月出生，中共党员，林业高级工程师，现任突泉县国有林场事务服务中心主任。曾获全国绿化奖章、自治区"巾帼建功"标兵、自治区"五一女职工奖章"、兴安盟"三八红旗手"、兴安盟劳动模范、兴安盟优秀科技工作者、兴安盟优秀科普工作者、"兴安英才"等荣誉；主持完成"山杏嫁接优良仁用杏技术推广应用"项目和"果树抗旱丰产栽培技术推广应用"项目并分别获自治区农牧业丰收奖一等奖、二等奖。曾任自治区第九次、第十次妇女代表大会代表，自治区第十次党代会代表。从事林业科技推广工作34年，推广应用果树丰产栽培技术6万亩，适地适树引进推广果树经济林新品种36个，推广栽培面积3万亩。引种推广新苹4号大苹果、设施油桃、设施大樱桃栽培，并参与编著《图说甜樱桃栽培关键技术》。

用科技推广助推林果产业发展

——记内蒙古兴安盟突泉县国有林场事务服务中心主任 张艳青

内蒙古兴安盟突泉县位于大兴安岭南麓，科尔沁沙地北缘，属丘陵山区，气候干旱少雨，夏季炎热，冬季严寒，地理位置及气候条件适合发展寒温带果树生产。张艳青自 1989 年参加工作以来，始终奋战在林业科技推广工作一线，为林农提供技术指导、技术培训，以高度的工作热情，踏实的工作作风，娴熟的业务技能，优质的服务水平，突出的工作业绩赢得了领导、同事的好评和农民群众的认可及社会的尊重，在平凡的岗位上实现着自己的人生价值。如今她已成为兴安盟林果业专家服务团队的专家，先后 3 次参加了"自治区科普专家百日行活动"。工作中她忠于职守、爱岗敬业、吃苦耐劳、业务精湛、无怨无悔，能够把新品种、新技术推广应用于林果业发展之中，并与脱贫攻坚、乡村振兴有机结合起来，用全方位的技术指导和技术服务助推农民开辟产业富民之路。

推广新品种新技术，提高林果生产科技含量

针对突泉县干旱缺雨、造林成活率低的实际，自 1998 年开始，张艳青率先在全县推广应用地膜覆盖、深沟（坑）整地、坐水造林、容器移植育苗及应用 ABT 生根粉、抗旱保水剂、蓄水渗膜、果树滴灌等多项抗旱节水技术，并取得了明显的效果，造林成活率显著提高；推广高光效整形修剪实用技术，大大提高了丰产稳产性能及果品性价比。

在大力推广乡土优良树种品种基础上，经考察论证，适地适树引进推广金红、龙丰、鸡心果及大苹果新苹 4 号、新帅等新品种果树及寒香蜜、无核白鸡心、乍那、玫瑰香等 26 个葡萄新品种，推进了全县林果产业化进程。尤其近几年推广大苹果新苹 4 号及优良小苹果锦绣海棠、龙丰等 10 个果树新品种 3000 余亩；引进推广并指导温室油桃、甜樱桃栽培 500 亩，填补了突泉县大苹果及油桃生产的空白。

三十年来，她推广应用果树优良新品种达 3 万亩，推广应用果树经济林抗旱丰

产栽培技术 6 万亩，提高了林果生产科技含量，使林果产业由传统的粗放经营向集约化管理转变，并产生了很好的经济效益和社会效益，目前已有约 2 万亩果树进入结果期，年均生产鲜果约 2.6 万吨，增收 6000 万元以上，受益农户达 500 余户。

退耕还林工程于 2002 年在突泉县实施，时任县林业工作站站长的张艳青，带领队员全程参与了退耕还林工程的规划设计、造林技术指导、县级自查验收等工作。针对农民耕地退出之后除了享受国家政策再无收益的情况，她潜心研究对策，鼓励引导农民积极发展退耕还林后续产业，提升林地附加值，促进农民增收，2009—2012 年利用立地条件较好的退耕还林地引导农户并跟踪指导栽培果树经济林 2 万亩、嫁接大扁杏 2 万亩，变退耕地生态型林种为生态经济型林种，助推林果产业发展，使农户在退耕还林地上获得了可观的经济效益。2008 年、2012 年她主持的"山杏嫁接优良仁用杏技术推广应用"和"果树经济林抗旱丰产栽培技术的推广应用"项目分别获自治区农牧业丰收奖一等奖和二等奖。

把诊问脉，解果农之所难

依靠科技，强化服务，是实现林果业"两高一优"的保障。她始终坚持把生产一线作为自己开展科技推广工作的主战场，通过技术承包建立并打造精品经济林地

张艳青（右一）对生长期果树经营管理进行技术指导（供图：张艳青）

块 50 多处，其中 500 亩以上的达 6 处。多年来，她带领技术员采取包乡、包重点村屯重点户，技术指导适时到位。根据林果生物学特性，适时把握时机，深入一线对其栽培管理进行科学指导，开展整地、栽植、肥水管理、整形修剪、病虫害防治等各项技术服务。30 多年来，张艳青的足迹遍布全县各个乡镇、村屯，走到哪里，哪里就是办公室，哪里就是她的小课堂。

为方便沟通并及时解决果农生产经营技术所需，她建立了专家与果农共享的"突泉县果业联盟"微信平台，目前已纳入果农 180 余人，及时答疑解问，方便快捷，深受果农欢迎，在群里对果农提出的问题她总能在第一时间解答回应，果农亲切地称她为"张老师"。不仅如此，她还经常主动深入各个果园，针对果农因果园经营管理不善、产量低、品质差等问题把脉问诊，对症下药，帮助果农解决了很多实际问题。

强化技术培训，解果农之所需

本着"实际、实用、实效"原则，张艳青积极向农民群众传播林果生产技能和造林实用技术。利用农闲时节送科技下乡，通过发放技术资料、技术咨询、实用技术讲座、座谈交流、现地操作、参观典型等形式对农民进行林业实用技术培训，多年来累计培训农民技术员 2 万余人次，培树林果示范典型 100 多户，如今在全县各乡镇村屯都有几个懂技术、会经营、有经验的林农或果农技术员，他们在科学营林中获得了可观的经济效益，对推动全县林果业科学发展起到了辐射带头作用。此外，她还利用农民夜校平台开展实用技术讲座，通过媒体实现林果培训全覆盖。

业余时间，她深入研究，开展科学实验，善于总结，并撰写《山樱桃种源试验与选择研究》《山杏等灌木树种生物特性及染色体特征比较分析》《杨柴等灌木树种种源试验与选择研究》等论文；参与编写韩凤珠主编的《图说甜樱桃栽培关键技术》一书。

从先进实用技术普及推广到林果产业发展的思考与展望，张艳青始终站在创新发展的最前沿，推动更多科技成果在突泉县落地生根，始终为突泉林果产业高质量发展甘洒汗水、无私奉献，书写着一名优秀共产党员、科技工作者的人生答卷。

（撰稿：白思涵）

最美林草科技推广员

金 鑫

男，回族，1982年1月出生，中共党员，正高级工程师，现任辽宁省森林经营研究所实验示范基地办公室主任。曾获国家林业和草原局"最美林草科技推广员""辽宁省林业厅先进工作者""丹东市先进科技工作者""丹东市优秀共产党员""丹东市最美科技工作者"及辽宁省科学技术进步奖、梁希林业科学技术奖、辽宁省林业科学技术奖等荣誉和奖项。主持或参与中央财政林业科技推广示范项目10项，建立各类示范林2万余亩，审定省级良种1个，制定地方标准7项，主持或发表论文30余篇。

让林下经济科技成果走进寻常百姓家

——记辽宁省森林经营研究所　金鑫

在辽宁林农圈子里，提起金鑫大伙儿都倍感亲切。年长者会亲切地称呼他"小金"，年轻人则会规规矩矩叫他一声"金书记"，然而经过他手把手技术培训的一万多老乡会亲切地叫他一声"金老师"。丹东宽甸的老郭依然清晰记得，十多年前金鑫第一次给他们做技术培训的场景。那时的金鑫刚参加工作不久，书生气十足，但是精神饱满、激情高涨，跟老乡们讲起刺龙牙的栽培技术来，双眼闪着自信坚定的光芒。老郭一开始对金鑫讲的新技术不感兴趣，但是被金鑫的激情感染了，后来学习并引入了这项技术，最终产量明显提高，收入也增加了很多。然而，老郭以及其他得到新技术实惠的林农哪里知道，金鑫以及团队为这项技术突破，付出了怎样的艰辛。

寻"龙"山野间，出没"林"海里

十八年前，金鑫走出沈阳农业大学时，就立志为这方水土的人民做点力所能及的贡献。林学专业毕业的他在学校里积累了丰富的理论知识，迫不及待地想用之于实践。在单位前辈的带领下，他走进山区，与林农沟通交流，了解他们的需求。也正是在这些实际调查中他发现，林农迫切需要新技术、新品种，对增产、增收有强烈的渴望。研究实用技术，把成果用到老百姓身上，便成了金鑫最重要的使命。

经过调研后，金鑫锁定了多个技术领域进行研究和突破，其中对林农影响最大的是关于刺龙牙的技术创新。当时刺龙牙嫩芽市场需求旺盛，但人工栽植品种稀缺，这严重制约了规模化发展。研究方向立项后，金鑫开始了辽宁野外的"寻龙"之旅。要想总结刺龙牙的栽培技术，就必须走进刺龙牙野外的生长环境，分析其分布规律。无数个日夜，他走进田间地头，翻山越岭，寻找野外的刺龙牙群落。无论寒暑，除了科研设备外，金鑫包里只装两样东西：面包和水。同事们每次听说老金要上山了，就会戏称他为"两件套先生"。

　　为了研究刺龙牙冬季的生境，他带头踏过积雪，在狂风中做笔记、拍照片、记录数据，做基础分析。每次有了新的发现或突破，他总会与同事们席地而坐探讨，甚至忘记时间，忘记饥渴。他这种忘我的工作精神感染了很多人。功夫不负有心人，在刺龙牙栽培技术方面，金鑫团队取得了很多重大突破。金鑫和团队人员共采集优树 3000 余株，收集种质资源近百份，拍摄照片万余张，建立辽宁省第一个刺龙牙种质资源库。金鑫团队选育了辽宁省第一个刺龙牙良种'棉龙'，提出了刺龙牙林地栽培和配套技术，为全省刺龙牙产业和林下经济发展做出了贡献。每次有人聊起这些成绩，金鑫都会憨厚地笑着说，这是团队的功劳。其实大家心里都清楚，他为这项突破付出了无比的艰辛。

推广新技术，手把手培训林农

　　金鑫团队的技术进步与应用推广是同步进行的。每次有了新的技术突破，金鑫就会第一个走进田间地头，与林农交谈，说服林农采用新技术。这项工作看似简单，其实充满了挑战。为了推广新技术，金鑫经常到各乡镇、村屯宣传新技术，很

金鑫（左）在红松果林试验地研究红松结实情况（摄影：王聪）

多林农像老郭一样一开始对他充满抵触情绪。在没有看到实际利益的情况下，很多林农没有足够的动力学习和革新。金鑫在做刺龙牙修剪技术培训时，很多林农只是笑嘻嘻地看热闹，根本不上前学习，也不参与任何培训实践。

金鑫为了说服林农采用新技术，不得不对一部分思想保守的林农挨个做思想工作。培训结束后，他会走进林农家里，用林农能够听懂的语言，反复讲述技术是什么样的，有哪些好处。如，可以减少人工成本，每亩增产25%，增收350元左右等。金鑫用翔实的数据，不断强调新技术的可行性，并且彻底说服了对此抱有疑虑的林农。经过几次实践后，金鑫推广的技术真的给林农带来了实际效果。越来越多的林农主动参加培训，渴望新技术，这给金鑫的科研工作与推广工作带来了很大的便利。

眼看新技术推广取得了效果，更多林农有了学习需求，金鑫开始举办线上线下技术讲座、现场科技咨询，也会到乡村里发放技术手册等，尽量让更多人了解新技术。同事回忆说，技术推广的关键期，在林间、山沟、林农的房前屋后，总能看到金鑫的身影。林农评价说，金老师经常耐心地进行现场指导，面对面将技术传授给大家。为方便与林农沟通交流，他主动添加各地林农的联系方式，不管多忙都会抽空给林农答疑解惑。本溪县的林农老徐，曾因为刺龙牙的栽培、管理和采收等问题多次联系金鑫，为了更直观地了解问题和存在的技术难点，金鑫也多次利用业余时间前往老徐的种植地，细致深入探讨问题所在，给出因地制宜的解决方案，而老徐也时常在丰收的时候与金鑫分享喜悦，每每遇到林农报喜的时候，金鑫会深感自豪，同时也会感觉责任重大。

着力打造特色农业品牌，助力乡村振兴

金秋时节正是软枣猕猴桃成熟的季节，在郁郁葱葱的枝叶下，一串串饱满的软枣猕猴桃挂满枝头，果农们正忙着采摘，一片忙碌景象。"我这个龙城2号品种个大饱满，口感软糯香甜，含糖量将近20。"林农曹建波说起自己的软枣猕猴桃满脸骄傲。

高官镇新农村作为辽宁省森林经营研究所合作村镇，计划打造千亩软枣猕猴桃种植基地。金鑫第一时间与村负责人联系，提前考察种植地水源、土壤墒情等栽培环境，评估后选定'龙城2号'和部分野生资源作为栽培品种，并制定翔实的种植方案。种植的过程中，他每周定期到基地对土壤改良、树体养护、病虫防控等环节进行全方位技术指导。在生长发育关键时期，金鑫担心果农因经验不足，错过软枣

猕猴桃的最佳技术干预期，便"驻扎"基地，每天"巡视"果园，指导果农通过控制栽培间距、修剪枝蔓增加透光度、调节水肥供应等措施使果实品相更饱满、甜度更高。"如今，新农村软枣猕猴桃产业发展如火如荼，我们将乘势而上，把软枣猕猴桃基地打造成为集产业种植、培育基地、休闲观光于一体的休闲农业文化园区。"高官镇新农村书记郭涛说道。

继续技术创新，铺就山区林农致富路

金鑫深知，一两项技术创新不足以彻底解决林农从脱贫走向致富的问题。已经脱贫是阶段性目标，真正的终极目标是实现林农致富，让老百姓真正地持续过上好日子。金鑫发现，实现乡村振兴和建设新农村，必须在林下经济领域做一些突破。要发展栽培品种的多样性，充分利用林下珍稀野生资源。在这些思路的指引下，"一村一品"的研发工作应运而生。2013年以来，金鑫开始研究荙葱、北乌头等育苗及林下栽培技术，积极与林农以及合作社联合进行示范推广，形成"研究机构＋合作社（林农）＋网上电商"的新型合作模式，发展荙葱和北乌头面积3万亩，创建示范基地29个，惠及农户2000余户，林下经济产业带动相关产业形成新的经济增长点。

在技术创新方面，金鑫主持辽宁省农业领域青年科技攻关项目"刺龙牙良种选育及丰产栽培技术研究"和应用基础研究"辽东山区刺龙牙资源利用技术研究与示范"等科研项目；承担了"辽东山区林地刺龙牙复合栽培模式及配套技术推广""北乌头人工育苗和林下栽培技术推广"等5项；获得实用新型专利8项，软件著作6项。特别是在红松阔叶混交林培育方面和林下经济植物栽培技术有所突破。在技术创新方面，金鑫团队硕果累累。这些技术方面的成果也很快就用到了林农的实际生产活动中，成果喜人。

在技术培训与实验、实践方面，金鑫也取得了很大的成就。2013年以来，开展线上和线下林业技术推广培训班40余次，现场技术指导60余次，培训林农万余人次，发放技术资料近8000余份，建立林下经济植物示范区5处，推广与应用成果8项，建立各类示范林20000余亩，辐射推广面积150000余亩，增加林业产业收入1.2亿元，农民人均纯收入增加300元，为山区农民脱贫致富做出了一定贡献。金鑫十多年如一日的努力，取得显著经济、生态和社会效益。近几年结合大连和丹东距离日韩较近的地理优势和气候特点，金鑫大力推广荙葱，利用丹东地区主要森林类型，提出3种栽植模式，不仅保护了野生资源，也发掘了新的林下经济植物。种种突破给林农带来了实际的好处，也为山区林农走向致富路奠定了坚实的技术基础。

从事林草技术推广将近 20 年了，金鑫从一个朝气蓬勃的少年，也已经变成了成熟稳重的中年人。他已经脱去往昔的稚气，眼神里装满了智慧。在林草技术推广方面，他始终激情饱满。如今，少了年少时的冲动，多了不惑之年的理性。更重要的是，他积累了丰富的技术经验与实践经验，在林草技术创新和技术推广方面，还有创造奇迹的巨大空间。平生无悔下基层，壮志半生赴林农。林草技术推广之路依然漫漫，金鑫与团队还将满怀激情地上下求索。

（撰稿：于洪亮）

刘玉波

　　男，1971 年 2 月出生，中共党员，正高级工程师，现任吉林市林业科学研究院副院长，兼任吉林市林学会秘书长，吉林省林学会林业科技推广专业委员会主任、林下经济分会理事长。参加工作以来一直在林业科技第一线，在工作实践中注重知识积累与更新，具有森林植物学专长。牢固树立服务意识，将长白山区植物产业研究作为乡村振兴和全方位振兴的主攻方向。被吉林省人力资源和社会保障厅评为 D 类人才；被国家林业和草原局评为全国"最美林草科技推广员"。获吉林省政府人才开发专项资金 1 项；主持吉林省科学技术厅科研项目 2 项；主持中央财政科技推广项目 2 项。在《中国绿色时报》发表 19 篇"树木传奇"专题文章，弘扬了森林文化。大力普及中草药、山野菜知识，先后建成北药种植、山野菜种植 2 个科普示范基地。

扎根乡村推广林业科技，只为药用植物花更香

—— 吉林市林业科学研究院（吉林市林业技术推广站）　刘玉波

药用植物成熟季节，长白山地区的农民们一边忙着收割地里的中药材，一边心里乐滋滋地算着这些药材能卖多少钱……吉林省吉林市林业科学研究院副院长刘玉波最享受这样的场景。

长白山药用植物不仅在保护生态方面发挥重要作用，还具有突出的医药、食品、工业原料等经济价值。长期专注长白山药用植物开发与高效利用研究的刘玉波一直心心念念的，就是推广长白山药用植物种植技术，让林业科技在基层释放更大能量，为农民增收添砖加瓦，也更好地为乡村振兴和林草事业发展服务。

推广优化技术带动农民增收

长白山是中国三大中药材基因库之一。作为国家生态省建设试点省，吉林拥有以长白山为主产区的丰富的药用植物资源。

有资源优势，也有发展短板。

吉林省中药材生产多以农民为主体，分散种植经营的方式，让种植技术落后、良种意识欠缺、品种单一、产量低且质量得不到保证等问题长期成为拦在种植中药材的农民面前的"拦路虎"。

永吉县黄榆乡中草药种植大户周纲对此深有体会。

2014年，周纲成立了永吉县缘通种植农民专业合作社，主要种植黄芪、苍术、赤芍等30余种中药材。周纲深有感触地说："很多乡亲既不了解中药材的价值，也不懂市场需求。种什么和怎么种，是困扰农民发展中药材种植的主要问题。"

如何将药用植物资源转化为经济效益、社会效益，成为刘玉波在林业科研与林业科技推广工作中的重要课题。刘玉波说，面对竞争愈发激烈的市场，中药材种植需要规模化、集约化发展，否则，资源就难以高效转化为经济效益。农民群众投入

多年的积蓄种植中药材，他们的付出理应得到更好的回报。

解决问题就要"对症下药"。

为此，刘玉波和团队为黄榆乡"北药"种植设计了一套优化方案。他们将分散种植的地块统一收归并由中药材企业基地化生产管理，企业派出专业技术人员对农民进行中药材种植技术指导，监控整个"北药"生产全过程。就此建立的长白山区"北药"规范化生产体系，有效提高了中药材生产技术水平。同时，企业运用生物技术等现代科技手段培育的优质中药材良种，还为生产无公害、高质量的中药材提供了坚实的技术支撑。

刘玉波和团队推广的中药材种植优化方案，真正让农民们受了益。

据统计，吉林省北药种植科普示范基地辐射带动 46 户农户，发展中草药种植面积 300 公顷，年产中草药 800 多吨。其中，在黄榆乡建设的 50 公顷中草药种植园区，种植了苍术、赤芍、桔梗等 20 多个中药材品种，带动 17 户低收入种植户增收。

科研成果面向市场落地生"金"

关防风是东北道地药材，药用价值较高，应用范围广泛。据不完全统计，我国生产的 300 余种中药中都含有关防风成分，大陆市场对关防风的需求量越来越大，香港、澳门、台湾市场连年从内地大量进货，国际市场对我国关防风的需求量同样在不断增长。

但是，由于关防风种植后 2~3 年才能采收，时间长、见效慢、难成规模、质量参差不齐等因素，直接影响人工种植关防风的经济效益。

只有解决了难题，旺盛的市场需求才能转化为农民可观的经济收入。

于是，刘玉波决定从种子来源、播种量、移栽技术等方面，开展优良种群选择和规范化种植技术研究。创新研究需投入大量的时间和精力，实验失败，就要推翻所有数据结果重新开始。他已不记得熬过多少夜，为观察种子的一个小小变化，饭菜热了几次都忘了吃。经过反复研究试验，他确定了黑龙江大庆、吉林白城等地区为关防风优良种群区，研发了密植直播、根茎移栽、玉米地直播套种 3 种种植技术模式。

关防风研究成果很快落地推广。

刘玉波在永吉县丰满区二道沟村、黄榆乡头道川村、蛟河天北镇、吉林市龙潭区、白城瞻榆林场、伊通县范家村等地进行关防风推广种植，目前已累计推广 125

公顷，带动农户 200 户以上。特别是丰满区二道沟村种植的关防风，产量比之前提高 1 倍、成分含量提高 5 倍。

林业科技人员就要沉到基层

为做好基层林业科技推广工作，刘玉波做了很多接地气的事。

刘玉波在推广工作中发现，等着农民找上门来学习林业技术，不如把"课堂"建在他们的身边。于是，他决定在永吉县黄榆乡建立北药种植示范基地，面向农民和农村青少年，以讲座、展览、培训、示范、咨询等方式进行技术推广和科学普及。基地建立至今，辐射中药材种植面积 200 公顷以上，带动农户 100 户以上。同时，基地还吸引了丰满区政府、黄榆乡政府、吉林医药学院等政府及单位组织科技扶贫团队、专业合作社、种植大户、学生、农民等来基地参观、考察、学习，吉林艺术学院、北华大学等高校组织学生在基地开展实训，林业科普知识宣传效果得到一致好评。

2019 年，吉林市中医药协会联合吉林国安药业有限公司举办"首届药王谷周边野生中药资源普查"活动，刘玉波以林业科技特派员身份对活动进行现场指导。

刘玉波（左）向林农讲授药材种植技术（供图：刘玉波）

吉林国安药业有限公司总经理王卫社说："活动中，刘老师不仅为农民兄弟解决中药材种植技术的问题，还为企业和农民之间建立合作牵线搭桥。"

刘玉波连续两次受聘吉林省林业和草原局"林业科技特派员"，积极参加指导道地药材、优质乡土观赏苗木选育和推广工作，参加"走基层送科技助发展""送科技下乡"等系列活动，每年专项下基层10余次。

刘玉波迎来大显身手的新机遇。

2022年，吉林省人民政府办公厅印发《吉林省中医药发展"十四五"规划》，可以预见，药用植物生态种植不仅将在乡村振兴中大放异彩，还为林业科研与成果推广提供了更大的施展身手的舞台。刘玉波说："这既是机遇也是挑战。林业科研和推广如何更好地为农民增收助力？这个问题，作为林业科技人员，一定要比别人想得更多、跑得更快。"

（撰稿：王辰、楼暨康）

最美林草科技推广员 **马晓伟**

　　男，1978年4月出生，中共党员，高级工程师，自然教育师，现任吉林省东丰县林业技术推广站站长，东丰县林业产业协会副会长。曾获吉林省林木种苗先进个人、吉林省林学会先进工作者、吉林省林学会2021年度学术年会优秀论文二等奖等多项荣誉，发明"一种苗木移栽装置"获国家发明专利。多年来累计推广林业实用技术10多项，推广面积5万余亩，举办培训班200多期，培训林农1万余人次。先后在《吉林林业科技》和《农民致富之友》等期刊发表技术推广论文10多篇。作为技术负责人多年来先后参加了东丰县重点生态造林工程的作业设计与施工，累计完成造林10万余亩，参与编制《东丰县2021年森林经营方案》和《东丰县森林草原防火规划》，引种驯化苗木50余万株。

科技兴林的践行者，扶贫富农的追梦人

—— 记吉林省东丰县林业技术推广站站长　马晓伟

在林场春季造林的第一线，在林业科技推广的讲堂上，在特色林产品培植的大棚里，在林农栽培苗木的林间地头，人们总是看到这样一个忙碌的身影。他为技术人员认真讲解技术规程，严把技术关，他手把手教授林农科学栽培技术，耐心地答疑解惑……群众都亲切地称呼他"我们的小马哥"。在他和他带领的东丰科技推广队伍的努力下，东丰林业的科技推广事业蓬勃发展，屡创佳绩。他就是东丰科技兴林的践行者、扶贫富农的追梦人——东丰县林业技术推广站站长马晓伟。

出身林业世家的他，对林业怀有深厚的感情，参加工作二十余年来，一直默默扎根在基层一线，带领全县科技推广人员不辞辛苦，任劳任怨地从事林业技术推广工作，为家乡林业的科技振兴做出了突出贡献，先后荣获吉林省林学会先进工作者、吉林省林木种苗先进个人、东丰县绿化委员会先进工作者、东丰县林学会先进工作者等多项荣誉。

扎根基层践行科技兴林

作为自小就生活在林区的林二代，多年来林业发展的变迁让他明白科学技术就是第一生产力的道理，从粗放发展到精细规模化，科学技术是保障。林业局下属的仁合林场苗圃占地广、土壤条件和地理条件都很好，但多年来由于发展观念滞后，常规苗木销量不佳，苗圃常年处于亏损状态。不能守着聚宝盆要饭吃，他带领技术推广站和仁合林场的骨干技术人员深入市场调研、去别的城市参观考察，发现培育刺嫩芽产业前景非常好，群众认可度和经济价值都很高。2014年，他向局领导提议并获得局党组一致同意，决定在仁合林场设立基地，研究刺嫩芽反季培育开发与实用技术。同年利用国家林业发展资金项目投资50万元，在仁合林场新建温室大棚两栋，反季节培育刺嫩芽。从大棚的搭建到棚内水池的修建再到芽体的采培采摘，每个阶段他都全程跟进，和技术人员一同起早贪黑不辞辛劳奋战在第一线，忙时就搭个临时床铺住在大棚里。培育过程中他严格落实技术要求，严把湿度、温度、水质、时间等技术关，不容一丝差错，2014年年底终于成功培育出第一批反季刺嫩芽。春节期间翠绿鲜嫩、包装精美的刺嫩芽一经上市即被抢售一空，为林场创造了可观的经济效益。2015年该反季刺嫩芽申请获得中国绿色驰名商标"仁合林源"。经过这些年的发展和他的技术支持，刺嫩芽项目每年都能为林场创造效益100多万元，带动就业人数50多人，慕名而来参观学习的人员络绎不绝。为更好地推广这项技术，他撰写了论文《东北山野菜刺嫩芽反季培育开发与使用技术》发表在《农民致富之友》上，受到了广泛好评。

2022年马晓伟参加省市培训班，学习红松嫁接技术，在东丰县成功推广国有林场红松幼林地嫁接红松良种接穗，现已完成嫁接20公顷，成效显著，个别苗木已经结实，预计三年后，每年经济效益能达到40万元。

科技兴林是硬道理。马晓伟先后组织开展了金枝柳和金叶榆嫁接繁殖、不同烟剂防治松沫禅成虫试验等26项科学实验，推广了果尔在育苗除草中的应用技术、高效吸水剂浸根造林技术等10项技术，在国有林场建立了采伐迹地间种刺

马晓伟（右）深入温室大棚与技术人员交流刺嫩芽培育技术（摄影：李锐）

嫩芽、容器育苗雨季造林等 6 个科技示范点，为东丰林业健康发展做出了突出贡献。

深入群众施行科技助农

东丰县是一个典型的半山区，森林资源丰富，非常适合发展林下经济。2019年，马晓伟亲自带队，带领国有林场 5 名技术骨干参加吉林省森林休憩保育研究会举办的人参分会成立大会暨长白山珍稀物种野生人参扩繁研学推介会议，重点学习林下参培育技术。为把所学到的知识运用到林业生产实际，他带领技术人员通过深入村屯及利用网络等形式大力宣传推广林下参种植技术，2022 年春成功招商一户企业投资 200 万元在东丰县横道河林场栽植林下参 40 公顷，他和推广站人员无偿为该企业提供技术支持。该项目的施行解决当地老百姓常年就业人员 100 余人，为林区社会和谐稳定起到了积极的作用。

东丰县二龙山乡永合村是林业局定点帮扶对象，怎样让林业科技在扶贫助农事业上发挥作用？马晓伟向局党组提出建议：在永合村推广大榛子栽植技术。经局党组研究决定，由马晓伟带头成立大榛子栽培技术推广小组，专门负责永合村的大榛子栽植技术指导。2016 年起，永合村相继建立了 1.2 公顷的大榛子苗圃基地和 3 公顷的大榛子园，带动当地贫困农民发家致富。林业科技推广面对的是千家万户的农民群众，只有深入基层俯下身子才能真正把实用技术送到林农手中。作为一名有着丰富实践经验的林业技术干部，马晓伟走到哪个村就把技术传授到哪个村。每次下乡入户，他的背包里总装着修枝剪、嫁接刀等工具和苗木培育技术手册。正是这样诚恳热情的工作态度，让贫困户把他当亲人一样看待。一些贫困户主动和他互留了电话等联络方式，哪家果树生虫了染病了就拍个照片、发个微信给他，他便会不厌其烦地讲解防治方法，林农都亲切地称呼他"我们的小马哥"。

授人以鱼不如授人以渔，多年来他带领广大林业技术人员对现有林业实用技术进行筛选、集成，编写成简明扼要、通俗易懂的实用技术资料，每年春秋两季组织广大林农和林业技术骨干举办培训班，邀请知名专家教授技术培训、现场指导，系统讲解林业专业知识和技术创新成果，讲解林改、育苗、造林、果树、病虫害防治等知识。他带领技术人员深入全县 14 个乡镇先后印发了《林参间作造林技术指南》《清收林地造林技术指南》《造林地间种刺嫩芽技术指导》《大榛子栽培技术》等 8000 余册，帮助农民发展绿化苗圃和林下经济，促进增收致富，深受广大林农的欢迎。配合辽源市林业局组织东丰林农参加大榛子技术培训班，参加人数达 600

余人次，并到铁岭、开原等大榛子种植基地实地参观、学习，受惠群众千余人。

勤学苦练增强业务能力

打铁还需自身硬。科技发展日新月异，他深知不学习就落后的道理，利用业余时间刻苦学习，潜心钻研，并着力将科技成果转化为林业生产力。他发明的"一种苗木移栽装置"荣获国家发明专利，多年来累计推广林业实用技术10多项，推广面积5万余亩，培训林农1万余人次。他先后在《吉林林业科技》《农民致富之友》等国家核心期刊发表论文多篇，撰写《浅谈发展林下经济刺嫩芽实用栽培技术》《东北山野菜刺嫩芽反季培育开发与实用技术》《营造林技术优化措施提升总结分析》《松树种植特征及主要技术流程的分析研究》《林业营造林技术与效益》等学术论文。作为技术负责人他参与编制《东丰县2021年森林经营方案》和各个年度的迹地更新、造林补助、封山育林、森林抚育等工程的作业设计等工作，引种驯化苗木50余万株。

"替家乡妆成锦绣，把东丰绘成丹青"，一直是他的座右铭。

多年来他深深扎根基层，奋战在科技推广第一线，不忘初心、牢记使命，科技助兴林，丹心绘碧卷，为东丰林业科技推广和绿化美化事业做出了突出的贡献，不愧是新时代林业科技推广的楷模。

（撰稿：苏立军、隋金生）

刘昭明

男，汉族，1973年12月出生，中共党员，农业技术推广研究员，现任黑龙江省草原站副站长。曾获西藏自治区"第八批优秀援藏干部人才"，黑龙江省"2019感动龙江"年度人物，国家林业和草原局"最美林草科技推广员""林草生态综合监测工作贡献突出个人"等荣誉称号。享受国务院政府特殊津贴。发表专业论文27篇；取得实用新型专利5项，参与制定国家农业行业标准2项、地方标准8项；获省科学技术进步奖二等奖3项，农业部农牧渔业丰收奖二等奖2项，厅级科学技术奖项和成果推广奖项16项；成功引进和选育牧草新品种4个；主持和参与编写专业书籍20余部。

科技赋能，倾情助绿青藏高原

——记黑龙江省草原站副站长　刘昭明

　　二十年如一日奔走在龙江的草地上，研发盐碱地治理模式、改进播种机械、引进和培育牧草新品种、开发乡土草种、推动黑龙江省草品种审定工作步入正轨……在草业产业发展、草原生态治理和农牧民脱贫致富工作中起到了积极的推动作用。2016年响应党中央号召，义无反顾踏上青藏高原，三年援藏，让日喀则草业产业迈上了新台阶。他，就是黑龙江省草原站农业技术推广研究员——刘昭明。

　　初上高原，面对陌生的环境和巨大的文化差异，援藏干什么？怎么干？成为了他思考的主要问题。当迈进日喀则市草原工作站大门的那一刻，他就让自己的大脑立刻放下"海拔只有200多米的松嫩平原"，以最快的速度向"海拔4000多米的高寒草地"转换。为尽快进入角色，他坚持向书本求知，用最短的时间阅读了大量关于高原牧草生产技术研究的学术资料，查阅当地牧草生产技术文献；了解当地牧草产业发展的目标和方向；没有办法时他就下乡。"坐在办公室碰到的都是问题，下去调研看到的全是办法"，向实践取经，向群众请教，通过深入田间地头的调研掌握当地牧草实际生产水平和生产状况，补齐自己的知识"短板"；通过与科学理论和实际生产情况的对比主动去发现需要解决的问题。不断优化自己的知识结构、提升工作能力，确保制定的工作思路、采取的工作措施，既满足当前日喀则提速跨越的需要，又着眼各族人民的长远利益，不断提升藏族同胞草业生产技术水平。

　　日喀则牧业产值在全区虽然排在第二位，但饲草生产水平依然很低，按平均水平计算，所有的牛羊全年只能吃到七分饱。饲草供应严重不足。全市从2015年开始大面积垦荒种草，种草面积提升速度很快，但由于种植和管理技术不到位，饲草产量明显偏低，人工草地保留面积占全区的34.3%，但干草总产量仅占15.7%，产量甚至没有达到全区生产水平的一半。要让地方群众"不离乡不离土靠种草能致富"的朴实愿望早日实现任务依然艰巨。根据地方产业发展需求，他主动出击，谋划"一菊一草一青稞，魅力无限日喀则"四大产业，他作为援藏队唯一的草业工作者，主动承担起了草业产业化发展的重任。压力就是动力，"我们从来都是在压力和挑战中前进的，也一定能在压力和挑战中不断前进"，在习近平总书记讲话精神的鼓舞下，凭借着"缺氧不缺精神，艰苦不怕吃苦"工作毅力，圆满完成了援藏使命。

深入实地调查研究，推广宣传科学种草技术

没有调查，就没有发言权。两年多的时间里，刘昭明跑遍了日喀则 17 个县区，近二十万亩人工种草地块，对人工草地种植情况进行了深入和详细的了解。为能按时提供翔实的数据，亲自带队起早贪黑、风雨无阻，甚至放弃了节假日休息，经历了似火的骄阳、领略了刺骨的寒风，也曾在暴雨、冰雹中瑟瑟发抖，在泥石流中险象环生，割草测样方对一个草业工作者来说是家常便饭，但在海拔近 4700 米的高原顶风冒雨开展这项工作的确是个挑战，为选择合适的取样地点每天都要气喘吁吁的步行十几千米，晴天一身土，雨天一身泥，几天下来在得到一手数据的同时还有的就是晒疼的皮肤和干裂发紫的嘴唇，同事们在抱怨他工作节奏太快的同时也被他的敬业精神所感动，虽有抱怨但也坚持风雨同舟。尤其是 2018 年秋季，在草地调研的同时调研队还肩负着宣传工作，把两年来试验示范工作取得的科技成果，一个县一个县、一块地一块地地传播出去。萨嘎县还专门发布"实地调研知情况，科学指导促发展"新闻，对调研工作给予高度评价。

引进优质牧草品种，提供草地种植科学依据

日喀则人工种草工作刚刚起步，种什么？怎么种？困扰着广大农牧民和当地主管部门，因引进的品种不适用造成大面积减产、一味靠增加种子播量和化肥用量来提高产量加重经济负担，刘昭明组织开展了牧草引种种植试验示范工作，从青海、甘肃、四川、黑龙江等省份和正道、克劳沃等大型草业公司引进种植了燕麦、小黑麦、黑麦、披碱草、紫花苜蓿、箭筈豌豆、毛苕子等 50 个牧草品种，在南木林县艾玛乡和康马县涅如堆乡种植 302 个试验示范小区和 200 亩示范田。通过对不同品种、播量、密度、施肥量等种植管理指标的设定，筛选出适宜当地种植的一年生牧草品种和种植管理模式。2019 年，援藏即将结束的时刻，他依然活跃在主要种草县区，开展示范种植工作，"嘴说千遍不如实际看一看"，现场示范、就地推广，把牧草种植管理技术送到种植户家门口，让群众了解如何科学种植和管理，切身感受各项科学技术措施对饲草生长的作用，直观地看到哪个品种长势好、产量高。

在康马县示范种植过程中，刘昭明采用了针对当地土壤中石块较多状况而自主

研发的高原镇压器，首开康马县种草镇压先河。在种植过程中，无论是雇来帮忙的群众，还是周边看热闹的群众一直用藏语在窃窃私语。经过询问草原站藏族同胞才了解到，他们在说这些人根本不会种草，把草地压成打谷场了还能出苗吗？土地所有者甚至出面说"早知道你们这样种，我就不该把草地交给你们"。最后他承诺，如果秋季减产承担全部损失才得以顺利实施。通过采用科学种植管理措施，示范种植的燕麦品种普遍增产 20% 以上，最高增产 49%。用播种量减少 5 千克产量提高近 50% 的结论，打破了黑麦最适合日喀则种植、播量小无法保证产量的思维定式。通过示范效果的展示作用，提出的"量水而行""播后镇压""因地制宜"等技术理念已深入人心，尤其是让群众了解到了播后镇压对土壤保墒和促进根系生长的重要作用。为地方优质牧草品种引进提供了科学依据，拓宽了人工草地建植牧草品种选择范围，也为当地今后牧草种植起到了积极的示范带动作用。

开展野生品种选育，深入发掘宝贵种质资源

针对海拔高、灌溉不便、水土流失严重地块，缺乏适宜草地改良牧草品种的难题，刘昭明提出充分发挥当地野生牧草适应能力强的特性，将其发展为草原改良的主要品种，并成功申报了西藏重大草业科技项目"日喀则野生牧草品种选育与繁育技术研究"，两年来申请项目资金合计 60 万元，从课题申报到项目实施，一直是身先士卒。他三次带队翻山越岭经历了从海拔 2800 米到 5200 多米的跨度，采

刘昭明（左）交流牧草生产经验技术（摄影：吴海艳）

集了 50 份野生牧草种子，种植多年生牧草试验小区 200 个。为地方野生牧草品种的选育迈出了坚实的一步，沉睡的宝贵种质资源将在不远的将来承担起高原草地生态治理的光荣使命。同时引进多年生牧草品种 20 多个，并将黑龙江省牧草品种龙牧 801 紫花苜蓿引入日喀则，试验成果被珠峰投资公司写进日喀则种草方案。

开展测土配方施肥，减少肥料浪费提高产量

通过调研，刘昭明发现，群众在饲草种植过程中对肥料的利用存在盲目性，在桑珠孜区纳尔乡纳杂村群众种草的时候发现他们只施用硫酸钾，就说了一句"只施用钾肥不能满足燕麦生长需求"，群众直接来了一句"我们就说没见过这样的肥料，原来乡里发给我们的是钾肥"。群众在肥料种类选择和施用数量没有科学依据，随意性较大，对肥料的功效了解不多。从整体情况来看，群众施用二铵和尿素比较普遍，但对钾肥和有机质的补充严重不足。针对这一情况，刘昭明在全市典型种草地块收集了 46 份土样，集中进行检测化验，推行"测土施肥"，根据化验结果指导群众科学施肥，合理提高有机肥、复合肥的施用比例，减少肥料浪费，有效提高饲草产量和品质。由于西藏土壤较硬，石块较多，为了保证取样的质量，需要将土钻砸入 25 厘米深的土里，由于取样数量多，钢制土钻都被砸断了。

开展草业技术培训，拓宽示范成果服务范围

针对全市草业生产科技支撑乏力，科技队伍薄弱的问题，刘昭明通过举办培训班、现场指导和带队开展试验示范工作等多种途径不遗余力地开展技术培训工作，充分利用自己掌握的专业知识，理论联系实际地讲解了人工草地种植、饲草收获加工中的关键技术措施，将调研工作中发现的问题和解决措施直观地展现出来，曾一人包揽了整个培训班课程。累计培训专业技术人员、草业生产人员及管理人员近千人次，拓宽了他们的知识视野，阐明了技术操作的科学原理，并建立了"日喀则市草业技术交流"微信群，在及时解决牧草生产过程中遇到问题的同时，增强了县域间的横向交流，打破了单打独斗、闭门造车和只有外来和尚会念经的传统局面；向草原站捐赠了《苜蓿生产技术手册》《饲草高产栽培技术手册》《饲草加工机械化生产技术》《西藏草地植物彩色图谱》等业务书籍，供站内技术人员学习。并带领市草原站技术人员参加了全国草业大会，通过走出去的方式使专业人员见识到更广阔的技术天地，为全市草业发展培养了一支乡土专业技术队伍。他见缝插针，在试验示范区建设的同时向周边群众、雇佣的劳务人员、合作社技术人员介绍种草知识；

专门将南木林艾玛牧草合作社技术人员邀请到自己的试验地，对照试验结果分析合作社饲草产量低、经济效益低的具体原因；到桑珠孜区人大包村点上指导牧草种植和田间管理，为满足群众的需求，刘昭明带队冒雨蹚河走进了群众的燕麦地里，满足群众种草技术需求。

总结科学研究成果，把种草技术留在高原上

结合调查研究和试验示范结果，刘昭明编写了《日喀则市人工草地种植技术规范》，用以规范地方牧草生产；编写了一万五千多字的《日喀则市 2018 年人工饲草生产情况调研报告》，通过试验数据与实际测产数据比较，针对全市草业生产情况客观地提出了人工种草发展应"量地而行""量水而动"、提高种植管理和经营水平、积极推动科学化种植的八项发展建议。报告得到了自治区农业农村厅、市农牧局和牧草种植县区的一致好评，农业农村厅领导回函"报告具有前瞻性、科学性和导向性"，建议下发各县，针对问题照方抓药。康马县涅如堆乡人民政府在正式文件中说："黑龙江省第六批援藏工作队用双手和智慧带领本乡走好致富之路，更好地营造良好的社会氛围。"

为更好地示范科学种草技术模式，援藏期间刘昭明带领单位同事和队友自主研发了适于高原多石地块专用的多功能镇压器、药剂注射式除草工具，小区追肥和灭鼠投饵专用的多功能投料器，申报了马铃薯复种燕麦技术发明专利，发表了《康马县人工草地发展建议》《日喀则市不同燕麦品种对比试验研究》等 10 篇专业论文，编写了《中国草种管理》等 10 部书籍，其中《日喀则市牧草科学生产技术手册》已经成为将经过实践检验的有效技术在全市推广的主要工具，在草业产业生产中起到了良好的指导作用，获得了市、县、乡、村的一致好评，并被展放在全国援藏展览馆；出版的《日喀则市饲草科学生产实用技术》也已成为深受日喀则市草业生产技术人员喜爱的专业书籍。

"功成不必在我，功成必定有我"。刘昭明不断优化技术人员知识结构、提升工作能力，制定出符合地方从业发展的工作思路，采取既满足当前日喀则提速跨越的需要，又着眼各族人民的长远利益，既发挥"输血"的作用，更增强"造血"功能的工作措施，用众多的科研成果培养了一批专业技术人员，有效提高了西藏自治区科学种草技术水平，为今后草业产业化发展埋下了科技的种子。

（撰稿：郭朝霞）

吴亚萍

　　女，汉族，1973年4月出生，中共党员，正高级工程师，现任江苏省东台市林业中心副主任。曾获江苏省农业技术推广奖一等奖、二等奖，盐城市生态文明建设示范区创建先进个人，东台市劳动模范等荣誉和奖项。先后发表论文10余篇，主持和参与省级推广项目6项，参与制定市级行业标准2项，主持盐城市级企会合作项目获三等奖，获发明专利1项，实用新型专利2项。

林海行吟映滩红

——记江苏省东台市林业中心副主任 吴亚萍

在江苏东台广袤的滩涂上，顽强生长着一种红蒿草，历经风霜盐碱洗涤，盛开时，热烈似火、如霞，得名"映滩红"。东台市林业中心副主任吴亚萍恰如"映滩红"，年复一年，用心用情守护辽阔海疆上的绿色长廊；大胆尝试，科学造林，在盐碱荒滩上续写"黄海林工"敢教荒滩变绿洲的绿色传奇。

丹心向党 为产业高质量发展"添砖加瓦"

"一棵树"是东台四个特色农业之一。遍布大地的水杉、意杨、紫薇、银杏等，成为乡村振兴战略异军突起的"轻骑兵"，是农民致富增收的支柱产业、逸享生活的"绿色银行"。苗木不仅鼓足了百姓钱袋子，更给东台这个江苏省地域面积最大的县级市披上了绿毯，塑造了得天独厚的生态优势。万鸟翔集、鹿鸣浅滩、林海呼啸、天高云淡是这里的常态，成功获评国家园林城市和中国优秀旅游城市。

小时在家乡的林间，吴亚萍抬头仰望过星空，在树脚下埋下过梦想，立志为绿色家乡贡献力量。进入林业系统以来，吴亚萍始终坚守父辈传承的"莫问前程、只顾潜行"林农家学理念，实干争先、走在前列，为东台林业奉献汗水，助力东台林业高质量发展。

疫情影响 3 年，吴亚萍的工作并没有因此停下。她率先全省在东台开展林业种苗及林下经济产业调查，以摸清区域内林木种苗及林下经济的真实情况，为后续调优苗木结构、助力林业产业高质量发展夯实基础。两个月时间，她冒着感染风险，带领调查人员跑遍全市的各个角落，每天的微信运动步数超过 3 万步，调查出林下养殖点 88 个，养殖面积 3191 亩；林下种植点 74 个，种植面积 8925 亩；林木种苗 27539 个点，种植面积 114232 亩；林果 69 个点，面积 4190 亩，预估经济总产值达 4.3 亿元，全面掌握东台苗木构成情况。

东台依托优良生态环境，启动国家森林城市创建，以探索城市生态建设城乡一体化发展路径。在做好创森之际，吴亚萍大力宣传林业科普知识，提升百姓植绿守绿护绿的意识，共同助力生态文明建设。利用大型电影院映前广告，宣传创森视频和图片，普及创森知识，累计惠及 10 万人次；组织市内知名书法家开展与创森主题有关的书画展，进一步宣传东台优良生态及持续植树造林的成果。据不完全统计，她先后牵头组织申报"森林校园""森林厂区""森林人家""森林机关""森林社区"等五项创建 100 多家，累计发放标认牌 100 余块，交出了令人满意的林业事业高质量答卷。

她用心负责，助力黄海森林公园成功申报全国森林康养基地、国家级生态旅游度假区，近 5 年累计为黄海森林公园申报林业贴息贷款、林业补助资金共计 1200 余万元，指导创建 2 家市级林下经济发展示范基地，均入选 2021 年全国林下经济发展典型案例，持续擦亮东台"平原森林"金名片。

她勤于学习，善于总结，积极宣传东台造林成果。近年来，她采写总结的林业系统的先进做法、经验，被各类林业专刊采用 100 多篇。仅 2022 年，她先后撰写、编辑创建国家森林城市活动短信 40 多条，累计覆盖宣传人数 3 万多人。

吴亚萍（右二）对枯树的复壮进行技术指导（供图：吴亚萍）

用心观察　探索林业检疫检验"智能化"

新街镇是东台市的苗木重点镇，每天进出苗木市场的各类树木达数百辆车，最高峰时，当地苗木年销售额达 30 亿元。林业检疫是林木安全交易的头道关口。之前，市林业中心常年安排专人到新街驻点现场办公，开展人工检验，不仅费人、费钱、费时间，可能还存在"人情检疫"廉政风险的漏洞。一次偶然的机会，吴亚萍发现局系统开展的"智慧国土"高清监控探头，用于监控土地资源。她灵机一动，设想着可以用同样方式开展林业检疫检验工作。

说干就干，她找到负责高清探头安装的局信息中心负责人，了解清楚高清探头的系数、成像比、使用的可行性等内容后，立即撰写报告，建议在新街镇先行开展智慧检疫试点。她积极主动到新街选址，经实地调研、丈量，根据现状，设计符合货车进出的通道，对摄像头的参数，安装的角度、高度，以及诱惑美国白蛾器等辅助设施的架设，逐一提出建议，并形成了可行性方案。经专家论证，认为此智慧检疫设施切实可行、操作性强、节省人工和费用，建议东台市推出多处智慧检疫新模式。

如今，东台在琼港镇、三仓镇、市林场等苗木重点生产场所都安装了智慧检疫系统，彻底改变了"人工投入大、检疫时间长、精度不够准"的传统模式弊端，该模式得到了省林业局的高度肯定，正总结经验拟在全省推广应用，为检疫工作提质增效。

创新突破　科学谱写盐碱地造林新图景

党的十八大以来，江苏沿海地区大规模开展国土绿化，沿海防护林已初步建成沿海滩涂防护林、沿海基干林带和纵深林网组成的体系。但随着耕地"非农化""非粮化"政策的出台，沿海农田造林已不可能，盐碱地上拓空间成为沿海造林的首选，做好沿海滩涂重盐碱地的防护林建设，也是提升林木覆盖率、抵御自然灾害的充分保障。

吴亚萍对这片土地爱得深层，她主动请缨，积极参与中央财政推广示范项目"江苏沿海困难地造林关键技术与推广"实施，主持了省级项目"苏北沿海盐碱地生态防护林营建技术"推广，成功归纳总结出盐碱土壤改良技术、沿海困难地造林技术，构建沿海中度以上盐碱地绿化造林模式。

项目实施之初，困难重重。过去三年，受疫情影响，工人难流通，植树造林期间人手不足。好几次，外调的苗木运到现场，吴亚萍亲自上阵，肩扛手抬协助卸车，现场工人被她的精神感染，鼓足干劲，加班加点快速栽植。为了测试出不同 pH 值的土壤理化数据，她带上铁锹，独自一人行走在莽莽滩涂地上，走一处挖一处，把泥土当宝贝一样查看、涮洗，测数值，每每看见刚栽植的树苗被盐碱地"烧"死，她心里都不是滋味，恨不得立刻找到办法，解决盐碱地树苗难存活的问题。功夫不负有心人，经反复试种、验证，她和同伴总结归纳出适用盐碱地的规模化繁育技术、盐碱地降盐改土技术及中高度盐碱地生态防护林营建技术，为后续盐碱地大面积造林提供了科学支撑。

日夜兼程，披荆斩浪。5 年来，吴亚萍和同伴们利用新技术、新品种实现沿海新造林 5.82 万亩。造林期间，她抢抓时间节点，充分利用最佳季节和气候，现场指导、现场督查，并编写工作通讯 50 多期，组织培训骨干技术人员 2100 多人次，及时总结经验得失，为全市面上绿化工作的推进起到了催化剂的作用，受到领导和林农们的一致肯定。

风在水上写诗，云在天空舞蹈，而吴亚萍却选择在林间行吟。此生选定林业事业，她就抱定吃苦精神，投身绿化建设，始终把林业科学技术与推广作为使命，用辛勤的汗水浇灌滩涂大地，用心演绎新时代最美林草人的激情，使自己成为了江苏沿海滩涂上那一株最火红亮丽的映滩红。

近年来，她参加或主持省部级以上的项目课题 7 个，其中 3 个分别获江苏省农业技术推广奖一等奖、二等奖和江苏省科学技术进步奖三等奖。主持盐城市级项目 1 个，获三等奖；参与中国科学院南京分院东台滩涂研究院、南京农业大学、江苏琵琶景观有限公司等单位联合开展的白及种子液体悬浮培养原球茎方法的研究工作，获得发明专利 1 项；先后获实用新型专利 2 项；撰写坡面方胸小蠹防治技术规程、沿海盐碱地生态防护林建设技术规程等 2 个盐城市级技术规程。近三年独著或以第一作者在省级以上刊物发表论文 5 篇；先后获东台市十佳科技标兵、东台市劳动模范、盐城生态文明建设示范区创建先进个人和盐城市优秀科技工作者等称号。

（撰稿：叶海慧）

吴英俊

　　男，1972年5月出生，中共党员，高级工程师，现任遂昌县生态林业发展中心党组成员、副主任。参加工作以来，积极引进优良品种，推广应用先进科学技术，发展高效富民林业。近年来，在他的带领下，全县新建油茶良种基地3.4万亩、低产改造4.2万亩；建设香榧良种母本园和示范基地2.4万亩；实施国家农业标准化项目，建成国家林下中药材示范基地，发展林下仿野生中药材基地0.48万亩。据统计，因发展高效林业共为林农增收近1.5亿元，成为农民致富的"贴心人"。先后荣获浙江省绿化奖章、浙江省成绩突出科技特派员、"乡村振兴·丽水先行"百名年度贡献人物和遂昌县科技新秀等荣誉称号。

借力林草技术，助力林农增收

——记浙江省遂昌县生态林业发展中心副主任 吴英俊

近年来，浙江省遂昌县通过大力发展木本油料、竹产业、林下经济等特色林业产业，帮助林农增收近 1.5 亿元。

这个数据让吴英俊非常自豪。

这个数据也离不开吴英俊的辛苦付出。

现任浙江省丽水市遂昌县生态林业发展中心副主任的吴英俊，已经在林业基层一线工作了 30 多年，他大力推广林业先进实用技术，积极引进林木优良品种，有力地促进了全县林业产业的发展。

引进优良品种 提升综合效益

遂昌山地面积 22.6 万公顷，占土地面积的 88.8%，林业是山区农民收入的主要来源。吴英俊深知发展林业产业对山区林农增收的重要性。

金竹镇是遂昌县革命老区乡镇，受气候、交通等条件限制，经济发展较慢，田坑自然村许多人还住着土坯房。

但金竹镇也有栽培油茶历史悠久的优势。为发展油茶，吴英俊连续 6 年扎根金竹镇。油茶种植户涂志光说："过去我们的油茶平均亩产 10~12 千克，老吴教给我们低产林改造技术后，目前油茶亩产平均 20~25 千克，最高的近 80 千克。"

受益的不仅仅是金山镇的林农。据统计，通过科学管理，遂昌县 6 年生油茶良种示范基地亩年产茶油约 35 千克，实现增产 80% 以上，而且还具有矮化等便于管理、节约成本的优势，显著提升了综合效益。

金竹镇山茶油美名远扬后，吴英俊又盯上了市场价格不断走高的香榧。金竹镇的海拔、土壤和气候都适合种植香榧，如果让香榧在这里扎根，又可以为林农找到一条增收致富的渠道。

　　吴英俊摸清县内 2000 多株野生榧树资源的情况，编制了县域香榧产业发展规划，并积极对接中国林业科学研究院亚热带林业研究所、浙江农林大学开展技术合作，实施浙江省木本油料产业提升项目和香榧南扩项目，为遂昌发展香榧夯实了基础。

　　同时，他还推动林业产业基地建设，解决了毛竹林退化、板栗效益低等一系列制约林农增收的问题。

　　如今，遂昌新建香榧基地 2.4 万亩、油茶良种基地 3.4 万亩、毛竹"一竹三笋"高效基地 5 万亩、油茶低产改造 4.2 万亩，涌现出新路湾镇风车口村潘寿松种植香榧亩产值超 1.3 万元的典型。

推广标准管理技术　创新发展模式

　　近年来，吴英俊积极推广林业标准化技术，极大地推动了全县林业科技水平的提高。

　　"我们通过完善基础设施建设，新建了喷灌设施和道路，大大降低了生产成本。同时，通过基地松土、施有机肥和修剪管理，全县油茶亩产普遍从 10 千克提高到 25 千克，每亩增收 2000 多元。"吴英俊说。

吴英俊（右三）现场指导开展病虫害科学防治工作（摄影：李大标）

为进一步促进农民增收，吴英俊积极推动发展油茶林下仿野生栽培中药材项目，建设油茶林下仿野生栽培三叶青和七叶一枝花等名贵中药材400余亩。该项目与农户实现互利共赢，中药材收入的10%归农户所有。

"林下套种三叶青，可以利用油茶林的天然遮阴减少种植成本。在生产管理中，我们对油茶林适度修剪、施肥、除草等，可明显提高油茶林单位面积产量和产值，实现了优势互补，是一项具有广泛发展空间和产业提升前景的经营模式。"吴英俊说。

在带动农民共同致富的同时，吴英俊还引进了5个三叶青品种，以不同基质开展了5个模式的技术攻关，其中"无纺布袋套袋栽培方法"获国家发明专利。此外，吴英俊还主持或参与制定地方标准《油茶林下仿野生栽培三叶青生产技术规程》《毛竹林下三叶青袋式栽培生产技术规程》《三叶青栽培技术规范》，其中"技术专利化、专利标准化、标准产业化"遂昌工作模式，成为浙江省首个标准化工作白皮书唯一入选的农业领域典型案例。

由吴英俊主持建设的遂昌县油茶林下仿野生中药材栽培区被认定为国家农业标准化示范区，其中遂昌叶村山茶油专业合作社中药材基地被国家林业和草原局评为第四批国家林下经济示范基地。在吴英俊的大力推广下，遂昌县建成油茶林下套种中药材、香榧高效栽培、毛竹一竹三笋、林下套种山稻等高质量基地4个。

目前，遂昌县林下仿野生中药材栽培面积7000亩，年产值超过3000万元，实现了"近期得利、长期得林、以短养长"的良性循环。

加强宣传培训　普及林业技术

"大家回去一定要按照我们教的方法，好好检查香榧种得牢不牢。上次来，我就发现有些香榧苗用手一拎就出来了，这怎么行？有什么问题，你们随时给我打电话。"作为遂昌县经济林首席推广专家和业务分管领导，吴英俊每次下基层都会"找茬"。

吴英俊深知，林农增收离不开科学技术。为此，他邀请相关专家教授开办专题技术讲座，为基层林业技术人员和林农提供实用技术培训，每年组织各类培训班、宣传活动10余期，培训林业科技人员及林农800余人次。目前，遂昌县林业系统已有4名教授级高工、40多名高级工程师和一支20人的乡土专家队伍。其中，由他帮扶指导的徐胡德被国家林业和草原局聘为乡土专家。

"一棵大香榧树的收成，抵得过山区一个农民全年的收入。香榧树病虫害少、易管理，可以活几十年甚至几百年，只要技术到位，很适合山区农民种植。"吴英俊介绍，现在，遂昌山区乡镇的低收入农户或老人纷纷把香榧树当成"养老树"种植。

为进一步提高老党员和脱贫户的生活水平，近年来，吴英俊采取赠送香榧、油茶、中药材种苗和肥料并进行上门指导的形式开展服务，新建党建示范基地 14 个，帮扶老党员和脱贫户 165 户，预期户均增收 1.2 万元。

从事林业技术工作 30 多年来，吴英俊指导过的林农不计其数，最令他欣慰的是，通过他和团队的技术指导，林农们掌握了林业技术，增加了收益。吴英俊说："林农们的收入提高了，生活改善了，还有什么比这更值得高兴的呢？"

（撰稿：王辰、张科、冯博杰）

　　男，汉族，1970 年 6 月出生，农业推广硕士，民革党员，浙江省乐清市林业技术推广站正高级工程师，温州市政协委员。先后主持或参与中央财政林业科技推广示范资金项目 4 项和多项省、市、县级林业课题研究和推广项目，主持的"雁荡山铁皮石斛产业化关键技术研究与应用"获梁希林业科学技术奖二等奖，主持完成的"浙南沿海防护林树种选择、繁育关键技术研究及应用示范"获省科学技术奖三等奖，获省科技兴林奖一等奖、二等奖、三等奖多项，出版著作 2 部，发表科研论文多篇。曾获国家林业和草原局"最美林草科技推广员"、浙江省"最美林草科技推广员"、浙江省森林资源管理先进个人、温州市林业科技先进个人等荣誉称号。

让铁皮石斛造福林农

——记浙江省乐清市林业技术推广站 孔强

浙江省乐清市围绕特色、生态、高效目标，大力扶持特色优势产业，铁皮石斛产业不断发展壮大。目前，全市铁皮石斛种植面积超过 1.2 万亩，产值达 31 亿元。乐清已成为全国铁皮石斛主产区，人工栽培和产品初加工规模全国最大，先后被授予"中国铁皮石斛之乡""中国铁皮枫斗加工之乡"和"国家铁皮石斛生物产业基地"。铁皮石斛产业成为当地农民增收的重要渠道，乐清成为铁皮石斛产业向全国辐射的支点，有一个人功不可没，他就是乐清市林业技术推广站站长孔强。

孔强 1992 年参加工作，长期扎根林业一线，秉承将科技知识与生产实践紧密结合的理念，不断组织开展新技术、新品种示范推广和林业科技研究，提升了乐清林业科技水平和产业发展水平。

乐清市铁皮石斛产业发展并非一帆风顺。发展之初，由于大量占用农田，铁皮石斛虽有很好的经济效益，却难以发展壮大。如何破解铁皮石斛产业的发展困境？孔强把目光投向了广阔的林下空间。

他以中央财政林业科技推广示范资金项目为抓手，积极实施"铁皮石斛标准化生产推广示范""铁皮石斛活树附生技术示范推广""铁皮石斛与经济林复合经营示范推广"等项目，创新铁皮石斛栽培模式，推行铁皮石斛生产技术标准化，成为乐清市铁皮石斛产业发展的一大亮点。

为解决铁皮石斛生产过程中经营粗放、种苗退化等问题，孔强主持了"雁荡山铁皮石斛产业化关键技术研究与应用""铁皮石斛种质资源收集与遗传多样性研究"等课题，参与建立了浙江省唯一的铁皮石斛种质资源库，解决了铁皮石斛仿生栽培品种抗逆性、优质化等问题。他主持的"雁荡山铁皮石斛产业化关键技术研究与应用"项目获得梁希林业科学技术奖二等奖、浙江省科技兴林一等奖；申请的"一种具有防渗水结构的铁皮石斛的栽培室"等专利，有效防止了石斛生长中烂根和病虫侵害。

作为一名林业科技推广工作者，孔强深知发展林业产业对富裕山区林农的重要性。"铁皮石斛在乐清一定能发展壮大，我要把这些新品种、新技术推广到林间地头，让林农们知道铁皮石斛到底该咋种。"孔强说。

以乐清市实施"一亩山万元钱"行动为契机，孔强组织实施了"铁皮石斛活树附生""铁皮石斛立体栽培"等项目。浙江聚优品生物科技股份有限公司铁皮石斛基地是当地林下生态种植的标杆，从建设开始孔强就全身心投入，石斛谷林下铁皮石斛基地也是如此，他前去指导不下百次。

孔强说，只有把生产基地打造成样板，才会对产业起到示范带动作用。近年来，他组织实施了中央财政林业科技推广示范项目4个、省级推广示范项目3个，推广"一亩山万元钱"铁皮石斛林下示范基地1800余亩，他技术负责的乐清市大荆铁皮石斛林下经济示范区和省林业产业发展重大项目"雁荡山铁皮石斛林下生态休闲谷示范区"成为科技富民示范样板基地。在他的指导和推广下，乐清市石斛产量产值双提高，全市石斛平均亩产值达41562元，年产值超2000万的石斛生产企业达15家，带动农户3.5万人。

孔强还优化了林业技术服务体系，落实科技结对帮扶机制，组建林业技术推广专家队伍为农民传经送宝。采取技术培训、科技下乡等方式，开展林下经济种植、林业标准化生产、铁皮石斛森林认证、食用林产品质量安全等林业知识宣传和培

孔强在查看林下铁皮石斛生长情况（供图：孔强）

训，并邀请专家教授开办专题技术讲座、现场培训。

在推广林业技术的同时，孔强十分注重推广队伍的培养。在他的传、帮、带下，乐清市涌现出一批林业产业技术骨干，成了林业科技结对帮扶的技术指导专家。近几年，孔强每年组织各类培训班 3~4 期、宣传活动 2~3 次，培训林业科技人员及林农 300 余人次，发放各种林业科技宣传资料 5000 余份。在推广林业技术过程中，孔强经常和推广站工作人员深入山头、村头、田头，在基地建设、良种引进、栽培管理等各个环节指导生产企业和林农，一些做大做强的石斛企业已辐射到云南、广西、贵州等省份。

在乐清，铁皮石斛从农田走向森林，从大棚回归自然，铁皮石斛仿野生林下栽培和规范化种植迎来更为广阔的天地，'晶品一号'、雁荡山本地'芝麻红'等良种或品系得到大面积应用推广。如今，乐清市铁皮石斛林下种植面积超过 3400 亩，显著的经济效益引领着山区林农走向共同富裕。

（撰稿：李娜、楼暨康）

方明刚

男，汉族，1965 年 1 月出生，广德市林业发展中心正高级工程师，曾获国家林业和草原局"最美林草科技推广员"、中国林学会第七届梁希科普人物奖、"全国绿化奖章"、安徽省第六届优秀青年科技创新奖、安徽省五一劳动奖章、安徽省政府授予"第四批省学术和技术带头人"称号，享受省政府特殊津贴，被评为"典赞 2023 科普安徽"年度科普人物。先后取得科技成果 20 余项，获省科技强林奖一等奖 1 项、省科学技术进步奖三等奖 2 项；参与制定国家标准 1 项、林业行业标准 4 项、安徽省地方标准 5 项；发表学术论文 30 余篇，获国家、省、市优秀学术论文奖 10 余篇。

用林草科技服务林农

——记安徽省广德市林业发展中心 方明刚

方明刚有些"犟"。

从原黄山林校毕业，方明刚到安徽省原广德县林业局森防站当了一名技术员，有人对他说："整天与林农、林木打交道，今后能有啥出息？"

围着林农和林木转，方明刚不仅转了40多年，还转出了精彩：作为广德市林业发展中心二级正高级工程师，他在基层林草科技推广一线，大力促进技术成果转化及新技术、新方法推广应用，用林草科技服务民生。近年来，他被安徽省政府授予"第四批省学术和技术带头人"称号，享受省政府特殊津贴，先后取得科技成果20余项，获省科技强林奖一等奖、省科学技术进步奖三等奖。

林农身边的"林先生"

广德市森林资源丰富，其中竹子、板栗等经济林种植面积大，有"竹海栗乡"之称，是"中国竹子之乡""中国板栗之乡"。由于当地群众经营粗放，板栗、竹子等经济林基本是"靠天收"，当林业有害生物发生后，板栗、竹子长势差、效益低。经济收入的降低，挫伤了林农造林育林的积极性。

为防控被喻为"不冒烟的火灾"的林业有害生物，方明刚从摸清全市林业有害生物种类的家底入手。他和同事翻山越岭开展实地调查和试验，并对危害性大的林业有害生物进行专题研究，先后采集制作各种林木病虫及天敌标本4402号、1105种，最后建立了广德林业有害生物实物标本室。

要让林业有害生物防控工作落地见效，必须让林农懂技术。方明刚和同事决定要当好林农身边的"林先生"。他们利用实物标本和研究成果举办技术培训班，向林农传授林业有害生物防控技术。不少林农在培训前认为，板栗、竹子是喝露水长大的，不需要进行病虫害防治。为改变林农的老观念、旧做法，方明刚用防治与不防治的效果与明显收益之间的对比，让林农认识到了林木病虫害防治的重要性。他耐心讲解板栗、竹子等经济林容易得哪些病、症状有哪些、如何防治等。几年来，方明刚先后讲课 200 余次，听课人数超过 3 万人次，较好地解决了林农不懂病虫害防治技术和盲目使用化学农药等问题，有效增强了林农防治有害生物的意识和水平。

未雨绸缪才能占据主动。为做好林木有害生物预测预报工作，方明刚重点指导抓好每年越冬期虫情调查及活动期复查工作，及时准确向林农发布病虫情报，提前做好防控准备。为适应新形势下林业有害生物防控工作需要，他创办了安徽省首家"森林植物医院"，林农遇到防治难题，他会随时解答、随叫随到，为林农提供贴心的技术服务。2007 年，方明刚负责的广德县森防站被评为"全国先进森防站"。

林农心中的"及时雨"

"方老师快来吧，要不板栗树就全完了。"一位林农在电话中焦急地说。1990年春季，一场突如其来的板栗球蚜虫害在广德发生，板栗树叶被虫子吃得光秃秃的。当地称这种现象为"出水痘"，林农干着急，就是没有任何办法。

方明刚赶到现场告诉林农，这种害虫叫板栗球蚜，然后手把手地教他们配比农

方明刚观察竹织叶野螟危害情况（摄影：王建国）

药，紧急喷雾防治。由于喷药防治及时，不久栗树就萌发出新叶并结出了栗子，转悲为喜的林农们都称方明刚是"及时雨"。

能为林农挽回经济损失，方明刚感到十分欣慰。从那个时候开始，他就将板栗球蚧作为重点研究对象。他年复一年地到驻点新杭镇涧东村林农王志宏家，蹲守在栗园跟踪观察板栗球蚧卵、若虫、成虫的生长过程，找出板栗球蚧在生长中的薄弱环节，采取对环境、对人友好的无公害防控措施，取得了理想的防控效果。

做好大面积经济林有害生物防控工作对林农增收致富至关重要。方明刚近年来将此项工作作为科学研究与技术推广的重点。在他的主持参与下，团队先后取得 20 余项科技成果，其中"特色经济竹种抗逆性基础与应用研究"获省科技强林奖一等奖，应用推广面积 4.8 万亩，林农增收 9.5 亿元；"板栗膏药病发生规律与无公害防治技术研究""板栗球蚧的危害和防治技术研究"获省科学技术进步奖三等奖，累计示范推广 351.5 万亩次，为林农增收 4.3 亿多元；"板栗主要病虫害综合防治技术研究""经济林资源及其病虫害研究""板栗剪枝象鼻虫危害及防治研究" 3个项目成果推广示范 80.7 万亩次，为栗农挽回经济损失 2846 万元。

产业发展的"智多星"

竹产业是广德经济的支柱产业和山区农民收入的主要来源之一，是落实"一地六县"长三角生态优先绿色发展产业集中合作区规划建设的关键举措之一。如何突破竹产业发展瓶颈问题，成为推动广德竹产业高质量发展的关键。

2020 年 11 月，方明刚就竹产业创新发展开展专题调研，他先后到广德全部竹产区及浙江、江西、贵州、福建、广东的部分竹产区实地调研，形成的专题调研报告不仅为广德市相关部门领导决策提供了参考，还为竹产业科技创新与技术成果推广奠定了坚实基础。此后，广德市先后完成实施科技推广项目、科技部星火项目"竹林高效经营关键技术研发与推广"等多个项目，推广面积超过 6 万亩，将竹资源优势转化为经济效益，实现年亩均产值超过 1 万元。

2023 年夏季，方明刚一直在位于笄山村的"十三五"国家重点研发计划项目"竹资源高效培育关键技术"广德实验基地忙碌着，这里也是他被遴选为安徽省、宣城市、广德市科技特派员开展科技服务的示范基地，他期望在竹资源高效培育和利用方面取得有效突破。

"2021 年 8 月，召开了'笋 – 竹生长发育机制与生长性状评价'课题现场查定会，研究团队拿到了科技成果证书。"方明刚说，"这为我们实现定向竹资源培育提供了科学依据，可显著提高竹材出材率，满足对竹节长度有特殊需要的竹材加工需求。"方明刚简单地算了一笔账：该成果推广后，通过提高竹材品质和产量，预计每年每亩可增收 5000 元以上。

2023 年春季启动实施的"毛竹林水肥一体化技术推广项目"，也是方明刚积极争取的安徽省林业科技推广项目，该项目还被宣城市科学技术局确定为"市级科技特派员创新创业示范基地"。方明刚介绍说，项目采用重力自压将山泉水和肥液通过管道系统进行灌溉及施肥，利用"笋—竹智能监测物联网关键技术研究成果"的互联网远程控制系统，实现了全程智能化、精准化管理，改变了过去浇水、施肥人挑肩扛的传统劳作模式，极大地减轻了林农的劳动强度，提高了水肥使用效率。

"在基层一线工作 40 多年，也许有的人认为没出息，但作为一名基层林草科技工作者，能用林草技术为林草产业发展和林农致富服务，我感到欣慰和自豪。"方明刚说。

（撰稿：王辰、张婷婷、楼暨康）

最美林草科技推广员

陈发军

　　男，1970 年 10 月出生，中共党员，高级工程师，全椒县林业局党组成员、县林业科技推广中心主任、县薄壳山核桃研究所所长，国家林业产业联合会薄壳山核桃产业分会专家组成员。从事林业工作 30 多年，在国土绿化和科技兴林工作上深耕不倦，为全椒国土绿化和林业科技进步做出了重大贡献。先后获安徽省优秀选派干部　、全省林业系统先进工作者、安徽省林业厅林业科学技术进步奖三等奖、全椒县人民政府十佳科技人物、滁州市最美科技工作者、全国生态建设突出贡献先进个人、全国最美林草科技推广员、安徽省优秀共产党员等荣誉称号。

扎根基层一线的科技兴林带头人

——记安徽省全椒县林业科技推广中心主任　陈发军

2017 年，荣获"全国生态建设突出贡献先进个人""安徽省林业系统先进工作者"称号，2021 年被评为安徽省优秀共产党员……参加工作 32 年来，安徽省全椒县林业科技推广中心主任陈发军在科技兴林工作中勤耕不辍：用科技服务林农，带领大家增收致富，被誉为林农的"贴心人"；为全县绿化跋山涉水、精心规划，被称为绿色生态的"倡导者"；发扬工匠精神，潜心钻研，人们称他是薄壳山核桃"土专家"。

扎根基层，他是服务林农的"贴心人"

"室外温度超过 37 摄氏度，现在保持土壤水分最重要。记住要早上 9 点前或晚上 6 点后浇水，现在地温太高，浇水容易伤到树根。"像这样指导林业企业、造林大户、林农开展薄壳山核桃栽后抚育管理，是陈发军工作中的常态。

1990 年，从安徽农学院毕业后，陈发军被分配到全椒县马厂区林业站，他还先后在二郎口林业中心站、全椒县林业局科技推广中心、造林绿化股工作。扎根基层一线 32 年，陈发军积极开展林业科学试验和科技推广，不断解决林业生产实践中的技术难题。

全椒是林业大县，如何让林子变票子、带动群众致富是陈发军最关心的。工作中，陈发军潜心板栗密植丰产栽培技术研究，通过栽植密度、修剪方式、施肥量等比较试验，让板栗可提前两年进入丰产期，亩均年产量提高 32%。他参与的研究成果"蜜蜂球板栗密植栽培技术研究"获安徽省林业科学技术进步奖三等奖。

无论酷暑寒冬，陈发军每周都会下乡手把手教农户板栗管理技术。看着整天忙碌的陈发军，有的同事就劝他："老陈，你干这么多，又不比别人多拿一分工资，还不歇歇？"陈发军总是说："企业和大户投入这么多钱发展林业，我不看着心里就不踏实。"

植树造林，他是"绿色全椒"建设的"倡导者"

2013 年，正值安徽省实施"千万亩森林增长工程"，全椒县造林任务十分繁重。为挖掘造林空间，陈发军走遍全椒县的田间地头，将了解的情况及时反馈给乡镇。为选好造林树种发展全县林业产业，他和县林业局领导多次到原省林业厅和科研院所，向上级领导和国内知名专家咨询，最终确定薄壳山核桃为全县林业重点发展树种。此外，陈发军主持编制了全椒县森林增长工程总体规划、森林城市创建实施方案、森林城镇规划、森林村庄规划，参与编制了长防林等工程项目并指导实施。

工程实施期间，全椒县累计完成新增造林 14.6 万亩，林木绿化率达 40.5%，净增 9 个百分点。全县完成省级森林城镇创建 9 个、森林村庄 76 个、森林长廊示范段建设 300 余千米；建立国家林下经济示范基地 1 个、省级林业产业化龙头企业 13 家、省级现代林业示范区 1 个、市级现代林业示范区 11 个。2015 年，全椒县成功创建为省级森林城市。

面对这些成绩，陈发军说："我只是在本职岗位干了应该干的事。作为一名林业科技人员，把技术传授给林农，推进林业高质量发展，助力乡村振兴，我感到非常自豪。"

陈发军（左一）指导夏季苗木管理（供图：陈发军）

潜心钻研，他是薄壳山核桃的"土专家"

近年来，全椒大力推广种植薄壳山核桃，全县发展面积 7.7 万亩，成为全省最大的薄壳山核桃基地。目前，全椒县建立了国家林业和草原局山核桃工程技术研究中心试验示范基地 7 个、国内外新品种区域试验基地 3 个、薄壳山核桃研究博士后工作站 1 个。

这些沉甸甸的成绩离不开陈发军的付出。

近年来，陈发军认真研究薄壳山核桃种植技术，主持编写了《长山核桃幼树栽培管理技术》，参与编写了《全椒县薄壳山核桃》，参与的"薄壳山核桃林下生态种养复合经营模式研究"还获得安徽省科学技术研究成果奖。

通过几年的实践，陈发军总结出一套薄壳山核桃栽培经验并在全县推广应用。在幼树复壮技术研究方面，陈发军在六镇镇华兴林场、襄河镇绿兴园公司和棵达公司取得的试验成果，不仅解决了薄壳山核桃栽植的缓苗问题，提高了生长量，还有效减少了整形修剪的用工成本，该试验成果得到了业内专家的认可。

"多亏陈主任的指导，我的 13 亩薄壳山核桃现在都挂果了。2021 年我收了 75 公斤薄壳山核桃，收入 5000 多元。"石沛镇白庙村脱贫户计成军激动地说。

为让村民更好地掌握薄壳山核桃种植技术，陈发军每年组织举办技术培训 8~10 次，邀请安徽省薄壳山核桃首席专家龚明现场指导，年培训 800 人次。他还当起科技传播的"二传手"，将学到的技术原原本本地向企业和林农传授，并坚持每周到 3~4 个企业和大户基地现场指导，解决生产技术难题。

多年来，在陈发军的潜心钻研和推动下，全椒县薄壳山核桃产业步入了发展快车道。

2020 年，全椒县获得"中国碧根果之都"称号，并被认定为"全椒碧根果安徽特色农产品优势区"。2021 年 2 月，全椒县被国家林业和草原局批准认定为第二批"国家林业产业示范园区"；同年 3 月，"全椒碧根果"被国家知识产权局核准为国家地理标志证明商标，获得地理标志产品保护。

（撰稿：曹任波、楼暨康）

最美林草科技推广员

方扬辉

　　男，汉族，1984 年 7 月出生，中共党员，硕士，福建省林业信息中心正高级工程师，福建省科技特派员。获国家林业和草原局"最美林草科技推广员"称号，援疆 3 年，被选为中共新疆维吾尔自治区第十次代表大会代表，被新疆维吾尔自治区党委、政府评为"第十批省市优秀援疆干部人才"，记功一次。主要从事杉木、鹅掌楸、福建山樱花等选育研究与推广，主持和参加科研推广项目 15 项，发表论文 12 篇，参与制定技术规程（标准）3 项、规划 2 项，选育良种 2 个。

扎根基层，送科技进农家

——记福建省林业信息中心 方扬辉

从良种选育到造林营林，从森林保护再到林下经济研究和技术推广——扎根基层13年来，福建省航空护林总站航护业务科副科长、新疆维吾尔自治区昌吉回族自治州林业和草原局副局长、福建援疆干部方扬辉，用行动诠释了林草人爱岗敬业、勇于创新、甘于奉献的决心。

刻苦钻研　辛勤付出

从参加工作至今，方扬辉先后辗转了几个岗位，但对科技工作的热情从未减退。

在福建省洋口国有林场工作期间，方扬辉负责共约5000亩杉木基因库、杂交鹅掌楸子代测定林、福建山樱花试验林等基地的营建管理、科研档案室和组培室管理等工作。

杉木一般在春节期间开花。为做好杉木杂交育种工作，在南京林业大学遗传育种前辈施季森的带领下，方扬辉与林场科研团队放弃春节假期，上山采集不同品种的杉木雄花，然后用炭火烘烤至花粉喷洒出来。为防止雄花因烘烤温度过高丧失活性，他和科研人员日夜轮流值守，温度高了就在炭上洒炭灰，温度低了就增加木炭，一刻也不敢大意。

杉木杂交育种工作一旦开始，短时间内无法停下来。因为山上试验林中的杉木的雌花要在雄花洒粉前完成套袋，然后要用收集的花粉按杂交设计方案逐个授粉。当授粉工作完成时，方扬辉和科研人员才发现元宵节已过完了。《福建日报》2013年5月13日刊登通讯《春节他们在深山度过》，对方扬辉等人在杉木良种选育工作中的辛勤付出做了报道。

在福建，福建山樱花的主要品种一般在春节至元宵节期间盛开，因此备受市民青睐，而且在江苏、湖北等地也有不俗的开花效果，其中就有方扬辉团队的贡献。

通过努力钻研，方扬辉参与选育的福建山樱花2个无性系品种'丹红''丹妃’，获得福建省林木品种审定委员会认定通过。这两个品种的樱花，先开花后长叶，花径更大，观赏性更强，主要用于城市园林绿化美化，适合国内大面积推广应用，目前已推广种植超百万株。

学以致用　推陈出新

方扬辉在科技工作中的执着钻研，一次次为林农带来可观的经济效益。

杉木是福建的主要造林树种之一，但大部分林分管理较为粗放。为提高杉木林分效益，方扬辉向多名森林经营管理专家请教，申报并积极实施杉木大径材定向培育技术推广示范项目和杉木无节材定向培育技术推广示范项目。此后，建成的杉木大径材和无节材定向培育技术推广示范林，成为全国木材战略储备基地建设现场会重点参观点。

在参与建设杉木3代种子园时，方扬辉大力提倡推广在授粉季节通过风力灭火器吹风促进杉木授粉来提高种子园产量的技术。目前，通过该技术的应用，5000亩种子园可年产杉木种子2.5万千克，可生产苗木约2亿株、造林约100万亩。与未改良杉木品种造林相比，这些林分成熟后，将为林农至少增收20亿元。

工作中，方扬辉只要发现好的研究成果，就会学习并推广转化，让更多林农从中受益。

在一次调研时，方扬辉了解到：林下栽培的灵芝（赤芝）中的三萜和多糖等抗癌物质含量比田间栽培的高3倍左右。而且，林下栽培灵芝的技术并不复杂，只要有适宜的气候温度条件、林分郁闭度和无污染的林地及水源，灵芝就能很好地生长。

方扬辉决定抓住这个能让林农增收的机会。于是，他辗转多地了解适合林下栽培的赤芝品种，到考察点学习栽培技术，寻找适宜栽培推广的林地，积极实施灵芝菌棒生产与林下栽培管理技术推广示范项目。这个被方扬辉抓住的机会，不仅为栽培灵芝的林农获得可观的经济效益，还拓宽了福建林农的增收渠道。

推广技术　助农增收

面对挑战，方扬辉总是选择迎难而上。

当得知有援疆的机会后，身为福建省航空护林总站直升机观察员的他主动报名，成为一名新疆昌吉回族自治州福建援疆干部，担任昌吉回族自治州林业技术推广中心副主任。他想通过推广林业科学技术为当地林业生态建设助力。

方扬辉（右一）在新疆昌吉州葡萄基地开展培训（摄影：赵挺）

　　援疆期间，他提出的福建援疆林建设项目被列入福建援疆"十四五"规划。该项目将义务植树造林与园林景观设计相结合，凸显了八闽文化多元性和海洋性的特点。根据设计，该项目栽植树木后形成特色鲜明的植物群落景观，不仅能让游客充分了解八闽文化，还能对福建援疆成效有一个直观的感受。

　　2020 年，方扬辉组织新疆天山北麓葡萄酒产业联盟专家团赴昌吉回族自治州为当地林农提供葡萄种植管理技术服务。其间，他和专家团举办 213 场培训，6811 位林农参加培训，有效提升了昌吉林农种植和管理葡萄的水平。

　　在昌吉回族自治州开展技术服务时，方扬辉了解到：2020 年，因干旱导致木垒县的小麦大部分绝收，部分果树绝收或干死，但文冠果长势良好。调研后他得知，文冠果成熟后采摘方便，不受劳动力短缺制约，5 年生未改良品种的文冠果年亩收入可达 1500 元。于是，方扬辉及时向木垒县建议，通过选育或引进耐旱的文冠果良种，为林农增收开辟新的增长点。

　　如何让更多林农不出家门就能解决林业发展中遇到的技术难题？

　　针对林农急需掌握的杉木培育技术，方扬辉撰写了《杉木优良无性系用材林培育技术研究》，对林地选择、造林密度、土壤检测等进行分析总结，围绕高效培育杉木无性系人工林的措施、方法等进行详细讲解……近年来，他将林农急需的好经验和做法进行了总结，先后撰写论文12篇，开展讲座3场，通过互联网、报纸、电视等媒体，将林业科技知识送进千万林农家。

（撰稿：王辰、楼暨康）

最美林草科技推广员

马丽珍

　　女，汉族，1963年9月出生，中共党员，建瓯市林业科技推广中心教授级高级工程师。曾荣获国家林业和草原局"最美林草科技推广员"、福建省"优秀党务工作者""建瓯市第一批优秀人才""南平市最美巾帼科技特派员""南平市三八红旗手""南平市高层次D类人才"等称号，40年来坚守林业科研与推广工作岗位，致力于乡土阔叶造林树种的培育及林产品开发研究推广，潜心研究木荷林木良种育种、天然林下正红菇基因保护与增产技术应用、鄂西红豆种质选择与繁育技术以及锥栗种质资源保护技术。主持或参加实施了国家、省、地（市）级林业科研与推广项目30余项，取得科研成果及验收项目22项，获福建省科学技术进步奖二、三等奖各1项、梁希林业科学技术奖二等奖1项，获国家发明专利授权2项，发表论文11篇。

展现巾帼风采，耕耘科技推广

——记福建省建瓯市林业技术推广中心 马丽珍

坐落在福建省建瓯市黄华山下的林业技术推广中心，是使用世行贷款建立起来的全国 10 个林业技术推广示范机构之一，多年来组织实施 40 多项国家、省、地（市）的林业科技与技术推广项目，营造试验林示范基地近万亩，辐射推广面积 10 余万亩，社会效益受到了林区群众广泛称道，得到了国家和省地林业部门的认可，特别是对木荷、赤皮青冈、鄂西红豆、沉水樟等优良乡土阔叶树种的种质资源收集、优良品种选育和高效培育技术研究推广等方面成效显著。创造这些业绩的领头羊就是建瓯市林业技术推广中心教授级高级工程师马丽珍。

马丽珍，40 年来坚守林业科研与推广工作岗位，始终活跃在林区的大小山峦。山地留下她寒来暑往的美丽身影、汗水。林业科研和推广是她当之无愧的光荣使命，也是她的神圣追求。

坚守岗位 守望初心

马丽珍长期在林业科研与推广一线岗位，致力于乡土阔叶造林树种的培育及林产品开发研究推广。在建瓯大地上研究推广营造一片片木荷、闽楠、鄂西红豆、赤皮青冈等珍贵阔叶树造林试验林，有的已郁郁葱葱成林、有的已长成参天大树，为大森林绿色画卷增添着点点绿色，给历史留下了最好印记。

——在木荷速生优质高抗种源、家系选育和良种选育技术研究上，自 2002 年以来，种源、家系子代测定林、种子园等逐片试验林营建，都是她亲自上山选点、样地设计、排列直至指导林农科学造林抚育，面对繁重的林木生长因子测定调查任务，她不顾山高陡坡、进山入林、认真细致确保每一调查数据翔实，在深山里常常是喝山水、啃干粮。多年来对木荷种质资源调查、收集保存和高效培育进行大量研究与示范，所研究的成果在木荷资源收集和核心育种群体构建、繁育基地建设技术上有创新，营建了木荷 1 代无性系种子园 50 亩。"木荷优良种源选择与应用技术研究"获福建省科学技术奖三等奖，"木荷育种体系构建和良种选育"获梁希林业科学技术奖二等奖，获木荷母树林良种审定和木荷无性系种子园种子认定，主持的2016年中央财政林业科技推广示范项目"木荷速生优质人工林培育技术示范推广"以高分通过验收，正在实施的2项中央财政林业科技推广示范项目"木荷良种丰产及应用示范推广""木荷和赤皮青冈珍贵硬木高效培育技术示范推广"，作为技术总负责人，以严谨的作风和态度，根据项目合同及实施方案，逐项完成合同任务。2016年5月在福建省农村实用技术远程培训现场直播"木荷速生人工林培育技术"授课，收视率为8.2万人次。

——在天然林下正红菇保护地增产技术推广示范项目建设中，她冒着酷暑、严寒，不辞辛劳，跋山涉水，足迹遍及了1000亩的示范基地。她进入深山老林为菇农现场传授增产菌接种、菇山林地管理措施等技术；出于对天然林下正红菇的保护情怀，她开展了天然林下正红菇基因资源保护与开发、设施保育促繁技术应用研究，分别在顺阳乡江墩村、徐墩镇汉良村、小桥镇阳泽村等300亩正红菇保护地增设喷雾滴灌设施建设，研究正红菇资源保护及其与改变生境关系，提出正红菇高效增产与配套的保育促繁栽培技术。她总结实践经验编印了广大林农通俗易懂的正红菇增产技术手册，面向林农举办10期技术培训班，受训人数260人次，经常收到全省各地林农、同行来电咨询，得到了广泛认可。主持的2013年中央财政林业科技推广跨区域示范项目"天然林下正红菇保护地增产技术推广示范"于2016年通过高分验收。

——在鄂西红豆种质选择与繁育方面，在苗圃地种苗繁育、山场营造试验林，她吃苦耐劳、精心负责地完成科研任务，筛选保存优良单株、种质，高标准营建试验林175亩，"珍贵用材红豆树优良种质选择与无性繁殖技术研究"获2013年福建省科学技术进步奖二等奖，近年来，累计在建瓯市推广种植鄂西红豆珍贵阔叶树混交林560亩。

——在锥栗种质资源保护与开发方面，作为施工监理技术负责人的她，经常深入边远偏僻山场，指导新品种苗木繁育、丰产栽培及老低产林改造（改劣换优）技术推广示范林的建设，直接为示范户进行新品种的修剪、施肥、病虫害综合防控等技术示范，营建良种繁育、丰产栽培示范基地700多亩，辐射推广面积达10万亩以上。完成锥栗种质资源收集保存与信息化项目，建设锥栗品种资源收集库和优良品种培育基地150亩，建瓯市锥栗种质资源库为福建省第一批省级林木种质资源库。

科技特派　情系三农

马丽珍，20多年科技特派员，为全国林业科技特派员，省、地、市级科技特派员，在建瓯所属的各乡镇村许多山场都留有她科技下乡服务足迹，她踏遍村镇乡村调研，按照各地特点送科技下乡。她穿行于建瓯的大山之中，遇到山高路远、狂风骤雨、骄阳暴晒是常事，在田头、在无处躲藏的山顶被骤然降落的大雨淋得浑身湿透是常事。她不厌其烦解答林农的疑惑，她为推广林业科技和服务林区林农，付出多少心血和汗水，只有青山可作证。正是她的这种与林区山里人心连心的精神，赢得林农的喜爱，人们亲切称她为"马特派"。

——送科技、助增效。天然林下的正红菇难以人工繁育，为了能使林下的正红菇增产，她推广了正红菇增产菌菌根增产技术，深入深山老林中手把手地教菇农如何辨别菌根系、接种方法以及林下光湿度调节技术，建蓄水池、喷灌设施等材料选用、施工设计都逐一技术把关，增产示范面积1500亩，正红菇产量提高30%以上。2012年她组建了林业科技特派员团队，在东峰镇长溪村推广阔叶树轻基质容器苗培育技术，她带队到外省调研学习，大胆地摸索尝试，从圃地平整、遮阳大棚

马丽珍（左）在建瓯市木荷无性系种子园进行杂交育种人工授粉试验（供图：马丽珍）

设计安装、圃地排水透气，小到滴灌小喷头安装都是她都亲临现场指导完成，探索选择适宜各种阔叶树生长的轻基质配方，在种苗选择、育苗、苗期管理等方面提供技术指导，圃地里留下了她的辛勤劳动成果，该苗圃成为了集科研、推广、生产于一体的优良、珍稀树种苗木培育苗圃，实现建瓯培育轻基质容器苗木从无到有，全市现在培育阔叶树轻基质容器苗能力达 300 万株以上，提升绿化造林水平。组建的"针阔混交林高效培育技术"省级科技特派员团队，指导林勇林业专业合作社建立杉木、闽楠针阔混交林高效培育示范基地 1800 亩，推广针阔混交林种植、修剪、防治等技术，采用无人机喷施叶面肥，有效地增加水分及叶面营养，预防病虫害，成效显著。

——培训林农、提升素质。她长期以扎实的技术知识和实践经验，用热情的态度真心帮扶林农，及时解决林农在生产上存在的技术难题，经常是利用周末和晚上时间到乡村为林农授课。组织举办乡土和珍贵树种造林、林下经济（中草药）、松材线虫防治、竹林培育、锥栗生态栽培等实用技术培训，编印并无偿发放各类林业技术小册子资料。在帮扶过程中还培养了一大批锥栗、毛竹、正红菇林木培育、育苗生产等林农专业能手，也挖掘培养和造就一批乡土林业科技人才。

马丽珍，她以对林区的热爱，以自己的林业科技专长奉献于林业，汗水洒山区，无数次被林农称道；她以爱岗敬业，吃苦耐劳，踏实肯干精神，可靠可亲可信的道德品行赢得同行们的尊敬，展现了一个林业科技战线的巾帼风采。

（撰稿：廖鹏辉）

最美林草科技推广员　王海霞

　　女，1981年3月出生，中共党员，硕士，研究员，现任江西省林业科学院竹类创新中心主任、竹类科技创新团队负责人，长期从事竹类植物保护及开发利用研究、技术推广工作。先后主持"黄泥雷竹笋高效培育关键技术研究"等省部级以上项目30余项，主持项目获江西省科学技术进步奖三等奖、江西林业科学技术奖一等奖多项，建成江西唯一国家竹类林木种质资源库，发表竹类植物新种1个，获国际、国内新品种各1项、专利8项，编制地方标准7项，发表学术论文近70篇、出版专著1部。荣获国家林业和草原局"最美林草科技推广员"、科技部"大美科技特派员"、江西省优秀科技特派员等称号。在特色笋用竹种高效经营方面创新了多项技术，培育中国雷竹之乡等10余处、国家级重点龙头企业7家，将笋竹产业发展成乡村振兴的绿色产业。

江西笋竹科技推广的践行者

——记江西省林业科学院 王海霞

小竹笋，大价值。

近年来，江西省雷竹种植面积从 2 万亩发展到 20 余万亩、亩产值超过 3 万元，累计助农增收近 52.5 亿元，带动 2.09 万贫困人口脱贫致富、户均增收 4.39 万元……

这与王海霞长期奋战在笋用林高效培育技术推广服务一线密不可分。作为江西省林业科学院竹类创新中心主任、中国林学会竹子分会常委，王海霞主要从事竹类植物研究和推广工作。多年来，她致力于把笋竹产业变成竹产业高质量发展、乡村振兴的绿色产业，为江西竹产业发展付出了大量心血。

瞄准问题开展笋竹科技创新与示范推广

江西是竹业大省，近年来，随着世界经济形势下滑，竹材产品市场萎缩，产业发展受到巨大挑战。为此，王海霞深入生产一线调研，提出将江西竹业市场由国际转向国内、资源培育由竹材生产向笋材生产兼顾方向转变的全新定位和规划，并获得有关部门的认可。此后，她立即投入到笋竹培育新技术、新方法的研究和推广中，希望用科技推动产业进步，促进林农增收和乡村特色产业发展。

江西省竹林面积 1567 万亩，笋用林比例不足 10%。近年来，随着竹笋需求量日益攀升，春节期间的竹笋价格居高不下，群众经营竹笋的积极性空前高涨。但因为缺乏技术，毛竹冬笋亩产量不足 50 千克，远远满足不了市场需求。此外，由于雷竹出笋较早，赣东北地区群众争相种植雷竹，但因为过量施肥、覆盖物清理不及时等情况严重，极易产生竹林退化，导致竹笋产量、质量参差不齐、产品供应不稳定等问题，直接影响了经济效益和产业发展。

为此，王海霞将科研团队与科技推广服务有机整合，积极开展毛竹冬笋、雷竹笋高产培育技术的研究与示范推广，先后在弋阳、婺源、东乡、分宜等地实施一大批科技项目，开展技术研究，建立高效培育技术体系，营建大面积高效培育技术示范林，充分借助江西省林业局"百团千人送科技下乡"活动平台，累计举办笋用竹技术培训班 23 期、培训 2980 人次，编发技术资料近 2 万份，录制"雷竹覆盖技术""毛竹覆盖冬笋培育技术"等关键生产技术教学视频 5 部在"江西林技通"等平台广泛传播，点击量超 45 万次，有效普及了笋用林立竹结构调整、养分调节、林地覆盖等高效培育技术。

创新模式带动农民增收致富

推广林草技术就是让农民群众科学营林并在林业经济发展中受益。为此，王海霞将科技项目实施与精准帮扶工作紧密结合。

在弋阳县旭光林场，王海霞以毛竹冬笋高产培育技术示范基地、江西省林业局林业科技帮扶示范基地为核心，采取"项目基地＋贫困户"经营模式，鼓励贫困户通过参与毛竹冬笋生产获取报酬，激发了农户增收致富的内生动力，有效地推动了区域产业发展。

刘兴友是铁沙林场的迁入户，因家属病残致贫，膝下还有两个年幼的孩子。王海霞和笋竹产业团队将他吸纳为示范基地长期劳务人员，每月为其提供劳务收入

王海霞在培训现场指导助农识别丛枝病（供图：王海霞）

2000 余元，3 年共获劳务收入超 6 万元。刘兴友提供劳务的 50 亩林地，培育目标为自然生产冬笋。自 2017 年冬天开始，王海霞亲自指导他采挖冬笋，使他得到了 50 亩林地的冬笋收益。3 年来，刘兴友掌握了冬笋采挖技术，每天可挖冬笋 100 千克以上，每年冬季获益超过 2 万元。2020 年，刘兴友推倒破瓦房新建成了 2 层小楼。自此，他的妻子、年幼的孩子再也不用担心刮风下雨了，全家人脸上挂着幸福的笑容。

在婺源县岭西村，王海霞积极探索推行"专业合作社 + 农户"产业链发展模式，引导婺源基地周边群众成立竹业专业合作社并参与到项目中来，不仅有效促进了周边 3 万余亩毛竹林的毛竹冬笋培育和春笋生产，还带动了岭西村发展竹林生态旅游。2018—2019 年，岭西村竹林旅游每年接待游客超 2 万人次，基地周边贫困户因此户均增收 52.12%。

科技助力企业农民实现双赢

雷竹经营周期较长，造林后一般在第六年才能进行覆盖生产，且前期投入较大。同时，雷竹覆盖生产冬笋是劳动密集型生产，若大面积投产，存在劳动力短缺和管理困难等问题。

为此，王海霞及团队以企业为经营主体，探索"企业 + 农户"产业模式，由企业完成前期投资造林、抚育等工作，待林分可投产时交农户覆盖生产。2015 年，弋阳县农民汪清生联合 5 户亲戚朋友承担 18 亩竹林覆盖生产，当年产值近 60 万元，净收益 30 余万元，每户收益 6 万余元。尝到甜头后，他们又在 2016 年追加了 31 亩竹林覆盖生产。

这种"利益共享、风险共担"的生产经营模式，充分调动了农户发展生产的积极性。据统计，截至 2020 年年底，弋阳县雷竹种植面积从 2 万亩增至 10.8 万余亩，雷竹产值从 2014 年 2.8 亿元提高到 2020 年 17 亿元，有力推动了以弋阳县为中心的赣东北笋竹重点产业区的建成。

企业在产业发展中也不断壮大。目前，王海霞已成功培育国家林业重点龙头企业 2 家、省级林业龙头企业 2 家、市级农业龙头企业 2 家，她建设的试验示范基地的雷竹笋、毛竹冬笋亩产量分别提高到 3100 千克、1000 千克以上。

（撰稿：王辰、楼暨康）

朱 恒

　　男，1966年10月出生，中共党员，农业推广硕士，教授级高级工程师，上饶市林业科学研究所所长。先后主持或参与国家、省、市级项目30余项，获得国家、省、市级奖励近20项，主编论著1部，发表论文20多篇。主持制定林业行业标准1项，获国家发明专利1项，主持或参与制定地方标准6项。先后获全国生态建设突出贡献先进个人、第四届中国林业产业创新奖先进个人、第十二届梁希林业科学技术奖二等奖等荣誉，是江西省林木品种审定委员会专家，上饶市政府特殊津贴专家"饶城英才"科技创新类领军人才。

为了心中那片绿

——记江西省上饶市林业科学研究所所长　朱恒

朱恒，一个来自农村的林业正高级工程师，为了心中那片绿，一干就是 35 年，一奋斗就是一辈子。他来自鄱阳湖边的田畈街农村，他深情地说起了家乡，说起了他童年的梦想。他说："我的家乡有着肥美的农田，可却靠天吃饭，自然灾害太多了。我从小就立志报效那片土地，让农民们满怀希望、实现梦想。"

为了心中的理想，他改名为"恒"，并以优异的成绩于 1984 年考上江西农业大学，毕业后一直在上饶市林业科学研究所，长期从事阔叶树开发与利用技术研究和示范推广工作，先后主持并参与各类科研与推广项目 70 余项，取得 20 余项科研成果。编写出版科普著作 3 部，发表科技论文 30 余篇。

哪里要绿去哪里

为了了解上饶农林现状，朱恒深入到上饶每一片山林地块，几乎爬遍了上饶辖区所有山头，研究上饶林草资源，做了大量的科学研究和技术推广。

20 世纪 80 年代，万年县大黄乡是全省有名的马尾松毛虫窝，冬季来临，松针被松毛虫啃噬殆尽，森林像火烧一片，松毛虫遍地都是，还爬上村民的锅台，老百姓深受其害。朱恒大学毕业就参加了松毛虫综合治理项目，要完成林相改造面积 1 万亩，补植枫香、木荷、板栗、樟树等乔木和胡枝子等灌木几百万株，任务非常艰巨。朱恒等人踏遍万年大黄、石镇、湖云等乡镇的山山水水，走村串户，历时八年，终于完成了林相改造任务。如今，万年的山变青了，水变绿了，生态环境变好了，老百姓都说，林相改造让他们村好事连连。

1992 年，弋阳县三门岭林场，荒山较多，水土流失严重。为了保护信江一江清水，作为荒山绿化生态模式示范基地试验点，要完成 3300 余亩乱石岗造林任务，时间紧，任务重，朱恒和同事们一道，吃住在林场，睡的是林场的地铺，白天上山指导造林整地，晚上整理科研材料，一待就是一个多月。祖母去世，都没能回老家送老人家最后一程。直到大年三十，才从基地回到单位。如今，林场的山绿了，林木变都变成参天大树，为林场带来了丰厚的经济生态收益。

作为省科技特派员，朱恒任务十分繁重，他常年要指导省科技攻关项目，指导验收省科技对外合作项目，还要对接服务8个乡镇，以及3个合作社。上饶是油茶大市，为了解决油茶种植、加工上的关键技术相关问题，他指导营建示范基地12个，指导油茶低改面积5000余亩，直接、间接服务8000余农户。

在朱恒和他的团队努力下，许多边远的农民有了自己的油茶园，有了稳定的收入。德兴某红花茶油基地老叶逢人就说："我的30亩茶油林，就是我家的'绿色银行'，非常感谢朱所长等科技人员。"

在科技的推动下，婺源佑美制药、德兴荣兴苗木、天海药业、源森油茶等多家林业企业都取得了很好的经济效益，就近解决上千农民就业、致富。德兴是覆盆子原产地。为了覆盆子入药，他指导天海药业收集了掌叶覆盆子种质资源250多份，建立种质资源库50余亩，丰产栽培技术示范林100余亩，为企业原材料供应提供了物质保障。

为了更多边远山区人民致富，朱恒在婺源、德兴、万年等地指导建立山蜡梅、红豆树、华南厚皮香、闽楠等造林示范基地5000余亩，不仅带动了当地林农增收，

朱恒（右二）在现场帮助解决伯乐树育苗问题（摄影：于宏）

还起到了很好的推广示范效果。为破解华南厚皮香、红豆树、蓝果树、丝栗栲、猴欢喜等珍贵树种造林成活率不高问题，他从苗木选择、造林地选择、造林密度、施肥、修剪、造林模式等方面开展了一系列技术研究和试验，总结一整套成熟的造林关键技术，大大提高了这些树种的造林成活率，并指导推广应用造林面积1.2万余亩。

学习研究不止步

在林业科技创新路上，朱恒笃信科技驱动人生，不断在变局中育新机，坚实的脚步越来越稳，越来越快。

朱恒是个爱学习会思考的人，他脚底沾泥，手不释卷。他根据实践撰写了大量的学术论著和技术文件，主编的《江西木本及珍稀植物图志》荣获2016年度上饶市科学技术奖一等奖，2017年度江西林业科学技术奖二等奖；参与编写的《南方红豆杉多元化培育与利用》荣获2021年度梁希林业科学技术奖二等奖。此外，还编有《赣东北珍稀濒危树种资源》《上饶生态旅游》《林业实用技术手册丛书》《常用阔叶树栽培技术》《林药类栽培技术》《竹类丰产培育技术》等论著。

朱恒常说："没有比脚更长的路，没有比人更高的山。"他看准野生乡土阔叶树种的巨大开发潜力，自2002年起，就组织申报并实施了华南厚皮香系列科研项目，潜心挖掘、研究并成功开发推广了赣东北乡土珍贵树种——华南厚皮香。先后编制完成了《华南厚皮香苗木繁育技术规程》《华南厚皮香造林技术规程》两项江西省林业地方标准。2011年牵头组织起草《华南厚皮香大苗培育技术规程》林业行业标准，并于当年7月通过专家评审。系列研究成果填补了国内华南厚皮香的研究空白，达到了国内领先水平。主持完成"华南厚皮香、伯乐树种质资源库建设"项目，于2022年通过省林业局验收，为全国该树种的首个种质资源库项目。

当林业科学研究所缺少林业科研实验基地，很多科研项目难以开展时，朱恒带领全所职工，在万年、婺源、德兴等地建立起属于林业科学研究所自己的基地2000余亩，种植珍贵阔叶树几十万株，不仅完成了科技推广项目的任务，也大幅提高了上饶市林业科学研究所的综合实力。

心若似海绿自来

朱恒重视集体作用，善于团结人，他任上饶市林业科学研究所所长后将打造学习型、研究型队伍放到了首位。他说："要想上饶绿起来，美起来，一定要培养一大批心怀农民的科技人才。"

在工作中，朱恒总会替年轻人考虑，告诉大家要实学实干，脚踏实地。让科研人员根据自己的兴趣，选择自己喜欢的研究方向，用所里自有资金鼓励科研人员进行前期相关基础研究，为后期申报项目打基础。对所里项目进行总体把关，参与项目实施，在德兴市种质资源调查项目和江西婺源森林鸟类国家级自然保护区固定样地调查等项目中，他亲自带队进行项目调查，衣服经常是干了湿、湿了干，早出晚归，白天调查，中午饿了就啃冷馒头。在年轻的科研人员遇到瓶颈时，他就与他们一起去试验地，运用自己的专业技术知识和实践经验，为年轻人解惑答疑。

人才只有在实践中才能更好成长。在上饶林业科学研究所，人们常常见到的是年轻的科技人员担担子、挑大梁，主持各类项目。于宏是个八零后，对山蜡梅情有独钟，在朱恒关心下，她用 8 年跑遍了江西、浙江、福建等多个省、市、县的山蜡梅原生地 50 余处，累计行程 1 万余千米，终于建立了山蜡梅播种、扦插繁育体系，有效解决了山蜡梅苗木需求与企业原材料供给的"瓶颈"问题，带动 100 余户林农致富，得到了省、市林业系统专家的一致肯定和赞许。在上饶市林业科学研究所像于宏同志这样的年青科技工作者还有许多。

朱恒组织所里先后承担中央财政推广项目多项，以及省市送科技下乡，科技特派团及科技帮扶等活动，培训林农 4000 余人次，积极申报林业技术推广站能力建设项目。

他还建立与工作业绩紧密联系、激励干部干事创业的分配制度，逐步形成责权利相统一的氛围。改善工作条件和福利待遇，充分调动大家的创造性和积极性。使一切有利于发展的创造劳动得到尊重，创造活动得到支持，创造价值得到体现。真正做到用事业留人、待遇留人、感情留人、政策留人。为上饶培养、留住了一大批肯干事、能干事的科技人才队伍。

上饶在变美，朱恒也获得了荣誉。他获得了全国生态建设突出贡献先进个人称号、江西省绿化奖章、上饶市"饶城英才"科技创新领军人才、上饶市政府特殊津贴专家，获得了梁希林业科学技术奖二等奖、中国林业产业创新奖等荣誉和奖项。

（撰稿：彭勇、游晓庆）

曹国玉

　　男，汉族，1967年9月出生，中共党员，正高级工程师，现任烟台市森林资源监测保护服务中心副主任。主要从事林业科学技术研究和科技推广工作，先后共主持、参与了中央财政林业科技推广示范项目8项，推广良种13个，创建茶树、核桃、板栗、榛子、楸树等名优特经济林示范园2000余亩，推广新技术、新品种10多万亩，累计培训林农上万人次，取得科研成果近20项，编著发表论文20多（部）篇，发明专利3项。先后被烟台市委、市政府授予"创建全国绿化模范城市先进个人""烟台市有突出贡献的中青年专家"，被山东省林业厅授予"山东省林业科技工作先进个人"，被国家林业和草原局授予"全国生态建设突出贡献先进个人""最美林草科技推广员"等荣誉称号。

行走在乡间的"曹三牛"

——记山东省烟台市森林资源监测保护服务中心副主任　曹国玉

20世纪80年代，风华正茂的曹国玉响应"绿化祖国"伟大号召，积极报考林业院校，投身林草建设。30多年来，他发扬"为民服务孺子牛、创新发展拓荒牛、艰苦奋斗老黄牛"精神，结合自身所学、所思，全力研究和推广林草新技术、新成果，走出了一条科技推广的"三牛"之路。

渐去的是青春芳华，不变的是"初心使命"

参加工作伊始，时为乡镇林业站长的老父亲语重心长地告诉他，要"感党恩、听党话、做好人、干好事""作为务林人要俯下身子、吃得了苦、耐得着寂寞"。日与既往、齿月年轮，他牢牢坚守和践行着父亲的谆谆教导，始终把"强化党性修养、严守党的政治纪律和政治规矩"，作为一切工作的出发点和立足点，他始终把"全心全意为人民"服务，作为做人做事的根本，全力推动生态增绿、产业增效、农民增收。2013年，他和团队培育出'烟茶1号'，极大改善茶农生产加工技术，打造出示范样板园1000多亩，实现经济效益1000余万元；2020年，他和团队组织开展"文冠果良种推广"项目，引进良种苗木1.8万株，项目带动22家农户发展文冠果产业，取得很大经济效益。此外，他还和同事在烟台市创建板栗、茶树、榛子、文冠果、楸树等经济林示范基地10余处，打造示范林3000多亩，辐射农户261户。2015年至今，他累计参与送科技下乡100余次、举办科技培训班40多场次，培训技术人员和林农5000余次，发放科技资料上万册，以实际行动践行了共产党人的初心和使命。

沉淀的是硕果累累，不变的是"开拓进取"

随着时间的沉淀和工作经验积累，曹国玉深刻认识到，良种普及率低，是困扰林草产业发展的"拦路虎"和"绊脚石"。对此，他把林果业科技创新作为自己工作的重要内容。2018 年，他带领团队组织开展"油用核桃新品种选育"研究，多次到泰安、河北、辽宁等地考察学习，引进'清香''香玲''辽核 1 号''元林''绿香'等 7 个良种，通过多次试验观察、测定，最终筛选出适合烟台种植的 3 个油用核桃'清香''香玲''元林'良种；在此基础上，他以"清香"核桃良种为抓手，在烟台大力发展油用核桃生产及加工产业，建设丰产示范林 400 亩，打造推广生产基地 3 处，在烟台推广油用核桃 2000 余亩。项目的实施极大带动了烟台市核桃产业链的发展，并从根本上解决了核桃种植中出现的产量过剩滞销问题，为烟台核桃产业发展提供了新的方向。

招远茶树推广项目示范园建设中，他依据"早芽、抗寒、丰产、优质"原则，选用本地筛选"萌芽早、营养物质丰富，抗寒、抗病虫害能力强"的良种'烟茶 1 号'，科学规划，从茶园选择到苗木繁育、栽种、管理，再到采茶、炒茶，他都亲自指导，并针对茶农炒茶技术落后问题，手把手指导，让茶农生产加工技术有了很大提高，并打造示范样板园 300 余亩，前来参观的人络绎不绝，从此，样板园成了人们观光旅游打卡地，不仅带动消费，同时也带动当地旅游业发展。

2013 年以来，曹国玉共主持、参与了 8 项中央财政林业科技推广示范项目，推广良种 13 个，创建茶树、核桃、板栗、榛子、楸树等名优特经济林示范园 2000 余亩、构建育苗基地 300 余亩，带动烟台及周边地区发展茶树、核桃、榛子、楸树、泡桐等经济产业林 5 万余亩，多个项目获山东省林业科技推广奖。

坚守的是幕天席地，不变的是"责任担当"

烟台地处山东半岛东北部，以低山丘陵为主，经济林主要以苹果、大樱桃、梨为主。种植这些果业虽然利润可观，但对丘陵土壤、肥力、水分要求比较高，地力条件较差、瘠薄，没有灌溉条件的山岭坡地基本无法实现种植收益。为此，曹国玉先后 200 余次奔赴海阳、莱阳、招远等山地丘陵多的地区实地勘查和调研，与 3000 余名群众面对面沟通交流，基本走遍烟台的山丘和河流，累计里程多达 11 万千米，同时，他还多次到省经济林站、山东农业大学、山东省农业科学院等地，对推广的新品种适生性、效益及发展前景进行调研，并多次和有关专家论证，最终筛选出适合烟台山岭坡地发展的干杂果良种，根据不同品种的适生性，他制定出不同山岭坡地经济林发展规划，逐步推动了林业新技术、新成果在烟台的发展进程。

为研究和推广茶树良种栽培技术，他和同事 2 年多几乎没有休息过，周末和节假日基本都在项目的一线，先后推广出'烟茶 1 号''烟茶 2 号''烟茶 3 号'和

'富硒茶'等成果，有效解决了南茶北种苗木驯化和冻害问题，以及茶叶加工技术落后等问题。为了推广干杂果经济林，他和果农干在一起、住在一起，群众亲切地称他为"裤腿带泥的专家"；为在烟台大力推广国家重点用材林，培育名优特大径材经济树种，在"鲁楸1号等楸树良种及栽培示范""四倍体泡桐良种""无絮杨良种"项目实施中，他潜心研究，利用2年时间研究出"挖沟埋根法提高四倍体泡桐育苗成活率""起垄扦插育苗提高杨树苗木质量"等苗木高效繁育技术方法，使泡桐、杨树育苗成活率提高近20个百分点，极大提高苗木在烟台市繁殖速度，优化了苗木质量，对推动烟台市优质大径材树种的发展发挥了积极推动作用。

　　为带动贫困户脱贫致富，他和他的技术团队把技术服务的触角逐步向田间地头和农户延伸，将贫困村作为重点扶持对象。牟平打磨子村是当年的贫困村，有一家农户承包了榛子园，不知如何管理；曹国玉得知后，每年10余次深入该村，从榛子建园、苗木栽植、修剪到肥水管理、病虫害防治等方面给予技术指导，还对当地低山丘陵林果发展前景献计献策，他的手机也变成林农咨询的热线电话。2022年5月，刚下班回家的他接到海阳松树夼村村民电话，称种植的板栗突然出现叶片畸

曹国玉（左）在指导板栗嫁接（摄影：徐杰）

形、枝条细弱，个别枝突然枯死。放下电话后，他立即组织森保专家前往栗园查看树体、确定病因，并提出解决办法，有效控制住了板栗虫灾。这一年，他连续9次走进海阳板栗产业园，除了为板栗改造提升、病虫害防治出谋划策外，还邀请省级专家来现场指导技术，目前该村3500亩板栗长势喜人，亩产量保持在250多千克，年年丰收在望，成为当地百姓的摇钱树。

时光荏苒、岁月如梭，如今他已年过半百、满头华发。带着对林业的那份爱，他把他的儿子也送进了北京林业大学，博士毕业后加入了林业战线。一家三代都成为了务林人，这在当地传为佳话。曹国玉说："成为一名林业人，是他最大的骄傲"。鉴于曹国玉的优异表现，国家、省、市先后多次给予表彰，荣获了"全国生态建设突出贡献先进个人""山东省林业科技工作先进个人""创建全国绿化模范城市先进个人""市有突出贡献的中青年专家"等称号。

（撰稿：初旭、马旭升）

周桃龙

男，汉族，1976年8月出生，林业高级工程师，现任河南省淅川县林业局总工程师，县第九届政协委员。先后获得省科学技术进步奖二等奖1项、省科学技术厅一等奖1项、市科学技术进步奖二等奖3项、参与培育新品种2个，制定省级标准1个，在省以上刊物发表专业论文28篇，林业宣传稿件800多篇。先后被评为全国最美林草科技推广员、河南省绿化奖章、南阳市劳动模范、南阳市学术技术带头人、南阳市拔尖人才、南阳市青年科技奖、淅川县农业元勋、淅川县"拔尖人才"等荣誉30多项。组织开展杏李、核桃、石榴等丰产管理等技术培训班近40期，培养新型林农近8000人，引进美国薄壳核桃、突尼斯软籽石榴等新品种10余个，推广薄膜覆盖造林等新技术6项。

发挥技术特长，助力渠首生态建设

——记河南省淅川县林业局总工程师　周桃龙

千里调水，始于淅川。

河南中原腹地，丹江水蜿蜒流淌。四周千山披翠，万木葱茏，这里便是举世瞩目的南水北调中线工程渠首所在地和核心水源区——河南省淅川县。在这里，有位异乡人用青春和汗水默默浇灌着这片土地上的绿色。他就是淅川县林业局总工程师、全县最年轻的林业高级工程师周桃龙。

周桃龙毕业于原中南林学院（现中南林业科技大学）。得知南水北调中线工程渠首所在地——淅川县缺乏林业技术人才，他放弃留在大城市工作的机会，毅然告别了年迈的父母，义无反顾投身淅川县林业生态建设中。

"合同造林"发起人

淅川是山区县，土地石漠化严重，岩石裸露，土壤瘠薄，造林难度大。在这样的立地条件下造林，苗木成活率不高，造林要花费更多的人力、物力和财力。如何破解造林立地条件差的问题？如何降低造林成本？如何保证苗木成活率和保存率？

"来这里，我就要扎扎实实工作，实实在在干些事。"为了兑现自己的承诺，在时间紧张的造林季节，周桃龙主动请缨，带领技术人员与造林一线的技术施工人员同吃、同住，现场指导和解决造林中存在的问题，不断尝试加大新技术推广力度。经过不懈地努力，终于创立了一套适应本土的造林技术和造林模式。他提出以侧柏、松树和栎树等乡土树种为主要造林树种，采取市场化运作的合同化造林模式，实行造林者自购种苗造林，省级检查验收合格后，根据成活率分期兑现劳务费的设想。他大力推行飞播、直播、植苗、"针阔混交"和"乔灌混交"等多种方式相结合的造林模式，减少林木病虫害发生，提高了林业生态防护能力；他引进和推广应用了 ABT 生根粉、抗旱保湿剂等造林技术 5 项，有效提高了造林成活率和保存率。"合同造林"模式在河南省大面积推广，吸引了全省、市、县林业部门相继前往观摩学习。

"科技发展"的践行者

淅川县作为南水北调中线工程渠首所在地和重要水源区，生态区位尤为特殊。但由于地处中原之腹，信息闭塞，林业科技发展相对滞后。

"我们既要低头拉车，还要抬头看路。现实就摆在面前，我们必须创新求变，要走出去，更要请进来。"周桃龙说。在反复踏察和科学论证的基础上，周桃龙围绕共建"南水北调中线渠首水源地高效林业生态示范区"，制定了相关科技发展规划，并多次到中国林业科学研究院和省、市相关部门沟通协调。经过不懈努力，淅川县与中国林业科学研究院达成了4个方面的科技合作，建成了河南丹江森林生态省级定位观测研究站和大石桥中国林业科学研究院荒漠化生态观测定位研究站，通过不定期监测 $PM_{2.5}$、负氧离子含量等要素，为南水北调生态效益监测提供科学依据。

为破解淅川林业科技发展难题，周桃龙还积极向相关部门呼吁，使该县先后与河南农业大学、河南理工大学、河南省林业科学研究院等科研单位和高校开展院（校）县合作，为促进科技兴林夯实了坚定基础。

"富民强林"的领头雁

"周工，自从你帮扶我们发展林果种植，今年林果收入估计有5万多元，生活有奔头呀！"上集镇竹园村村民王灵华高兴地说。

周桃龙（中）在马蹬镇张竹园村指导林农三叶木通生产（摄影：孙君策）

　　依托河南省林业科学研究院核桃"四优四化"科技推广项目，周桃龙在寺湾镇大坪村建立核桃示范基地，栽植'豫丰''哈特利'等新品种80亩；在大华山等村实施核桃低产林改造，高接换'优彼特罗''哈特利'等优质品种2.2万株，通过高标准管理实现当年见成效，示范带动全县核桃产业发展，800多名贫困群众依靠核桃走上致富路。

　　为使山区群众致富增收，提高林果管理水平，周桃龙组织村民代表先后到陕西杨凌、山东菏泽、河南洛阳等地学习先进的种植管理经验。他举办杏李、核桃、石榴等丰产管理等技术培训近40期，培养新型林农近8000人，引进美国薄壳核桃、突尼斯软籽石榴等新品种10余个，推广薄膜覆盖造林等新技术6项，使3万多名贫困群众端上"绿饭碗"。

　　"大家要先拉后剪，把果树枝条固定后再把背上枝、背下枝、平行枝剪掉，顺序一定不能搞错！"在林果管理关键时节，因为疫情防控的需要，人员不能聚集太多，只能一个村组一个村组开展培训，一天下来，周桃龙嗓子干得像冒烟一样。他用了整整一个月的时间，克服了重重困难，愣是将全县120个林果重点村都培训了一遍。

　　从一名普通的技术员逐步成为林业系统的技术骨干，投身林业生态建设20多年来，周桃龙始终奋战在基层一线，将自己的心血和才智无私奉献给了绿色事业，发挥自己的技术特长，助力渠首生态建设。近年来，他先后获得河南省绿化奖章、南阳市学术技术带头人、淅川县"拔尖人才"等荣誉30多项。

（撰稿：张一诺、楼暨康）

樊孝萍

　　女，1971年5月出生，中共党员，硕士，林业高级工程师，现任湖北省林业科学研究院石首杨树研究所副所长。曾获"最美林草科技推广员""全国绿化奖章""全国生态建设突出贡献先进个人""湖北省突出贡献中青年专家""湖北省林业科技工作先进个人"等荣誉。先后主持国家科技富民强县专项项目"华石1号杨树新品种的选育开发与示范"、省林业厅重大科技项目"杨树优良无性系选育及丰产栽培技术研究"等，参与国家"十二五"科技支撑课题、国家林业局"948"项目、湖北省科技创新重大专项等10余个课题研究。选育出6个杨树良种、3个楸树良种；编写湖北省地方标准7个；登记为湖北省科技成果7项；获得湖北省科学技术进步奖及推广奖3项；举办科技培训20场次，累计培训科技人员及林农达1000人次。

培育推广林木良种，助力杨树产业发展

——记湖北省林业科学研究院石首杨树研究所　樊孝萍

樊孝萍把她的工作比作爬梯子，不管多难，都要一步步向上爬，没有捷径可走。

正是秉持这样的理念，参加工作 20 多年来，湖北省林业科学研究院石首杨树研究所副所长樊孝萍带领科研团队，以脚踏实地的精神不断探索，用一项项林木良种选育成果，为石首林业生态建设和林业产业发展增添了浓墨重彩的一笔。

在林木良种选育领域钻研探索

杨树是重要的绿化树种之一。种杨树能帮助部分农村劳动力就业，通过上游带动还能进一步完善杨树产业链条，促进湖北杨树加工产业健康发展。

正因如此，为能选育出更多杨树和楸树等用材林良种，樊孝萍一干就是 10 多年。早春，樊孝萍顶着寒风爬上 10 多米高的杂交塔进行人工杂交工作、观测种子成熟度。本就恐高的她，每次上下杂交塔都会双腿打战，吓出一身冷汗。杨树试验林地处江滩地，出入很不方便。为获得试验林生长期试验数据，夏季，樊孝萍顶着酷暑先坐旋耕机，然后徒步蹚过沼泽地才能到达试验林。试验林里的草有 1 米多高，她在调查的同时还要提防毒蛇、蚊虫的突袭。冬季，为抢抓试验林栽植、杂交试验苗木扩繁的时间窗口，即使下着鹅毛大雪，樊孝萍也坚持去林地核对试验林定植图……

良种培育工作枯燥单调，但樊孝萍的执着钻研也获得了回报。

2008—2016 年，樊孝萍培育杂交苗木 8000 余株，不仅为杨树良种选育奠定了坚实基础，更推进了研究的不断深入。近年来，樊孝萍主持或参与了"杨树优良无性系选育及丰产栽培技术研究"等 10 余个项目。作为主要选育人参与选育的'华石 1 号''华石 2 号''江汉 1 号''江汉 3 号' 4 个杨树良种和'楸丰 1 号''楸丰 2 号''楸丰 3 号' 3 个楸树良种，获得较好的经济和社会效益。

　　以杨树为例。10 年生杨树良种成林后，亩年均经济效益超过 700 元。石首每年新营建的 5 万亩杨树林可产生直接经济效益 3500 万元，选育的杨树良种每年辐射推广造林 10 万亩，年产生经济效益 7000 万元。

　　从 2008 年至今，樊孝萍先后获得省级科技成果 5 项、省科技成果推广奖三等奖 2 项、荆州市科学技术进步奖一等奖 1 项，参与完成省级地方标准 3 项。她参与的"一种沟渠生物生态血防林建立方法""苗木标签及苗木标签系统""一种楸树嫩枝扦插繁殖方法"获得国家发明专利……

推广科技成果　助力产业发展

　　林木良种是林业产业发展的"金种子"。

　　为培育和推广更多林木良种，樊孝萍带领团队联合中国林业科学研究院、湖北省林业科学研究院、华中农业大学等科研院所和高校，参与实施了"湖北省林业科学研究院石首国家杨树良种基地林木良种繁育补助项目"、中央财政林业科技推广示范资金项目"石首市杨树标准化示范区建设"、"十三五"国家重点专项"杨树工业资源材高效培育技术研究"，这些项目取得了显著的社会和经济效益。

　　以"石首市杨树标准化示范区建设"项目为例。该项目 5 年生杨树年亩均收益 600 元，每年提供杨树种苗 20 多万株，每年产生直接经济效益超过 80 万元。通过对'华石 1 号''华石 2 号'等杨树良种的种植技术推广，辐射示范面积超过 10 万亩。

　　林农是成果推广转化成效的最好评判员。2021 年 6 月的一天，石首杨树基地来了几位选购苗木的群众，大部分是长期从事苗木种植的老手，只有刘俊芝是刚入行的新手，她是冲着樊孝萍的杨树良种来的。

　　刘俊芝是石首有名的生猪养殖大户。她承包了 400 亩林地，打算通过林业种植增加收入。基地的"华石"系列、"江汉"系列杨树品种繁多，让她不知如何选择。这次来，刘俊芝在选购树苗的同时，也想请基地的林业专家们为她发展林业种植出谋划策。樊孝萍和团队专家耐心了解情况，帮刘俊芝分析利弊、推荐树种。刘俊芝最后选了'华石 2 号''汉江 3 号'两个杨树良种。她满意地说："打造花园式养猪场是我的梦想。杨树生长快、适应性强、成荫效果好。今天来对了地方，选对了树种。"

　　杨树成林需要好几年，能不能让林农很快就有收益？樊孝萍瞅准了林下经济。

　　樊孝萍和团队在大力推广杨树良种的同时，还立足农村实际和林农需要，配套推广杨树林下套种冬小麦、蔬菜、中药材、食用菌等林下经济模式，通过"以短养长"，进一步提高了造林主体的积极性。

在石首市的洲滩地，林农们栽种的杨树苗都是樊孝萍团队升级改良过的'华石1号''华石2号'良种。樊孝萍说，这些"石首制造"的杨树，林下还可种植冬小麦，生态和经济效益远超20世纪推广的'69杨'树苗。

除"杨麦间种"，石首各地还探索出各种不同模式：东升镇在杨树幼林间种棉花，亩均增收1800元。新厂镇在杨树幼林间种穿心莲、益母草、板蓝根，改良了林地土壤理化性质，增加林地肥力，亩均增收1250元。南口镇在杨树幼林间种不同类型的牧草，亩均增收1450元。石首推广的高效复合经营模式，辐射到周边的多个市县。

林业新成果落地，离不开接地气的培训指导。樊孝萍经常下乡为林农举办杨树丰产栽培等知识讲座。近年来，樊孝萍和林业科技工作者在石首市多个乡镇举办科技培训20场次，培训科技人员1000人次。作为石首市科学技术协会兼职副主席，樊孝萍每年组织开展"林业科技活动周"活动，重点推广农林间作造林模式、马褂木优质高产栽培等实用技术，为提高石首苗木生产质量和造林质量、促进全市林业

樊孝萍夏季林地调查（摄影：龙开莲）

发展提供了有力的科技支撑。

　　经过樊孝萍等林业工作者的长期努力，石首市 2018 年林业产业实现产值 40 亿元，其中森工产值 14 亿元，上缴税金 5000 万元，实现利润 1 亿元。近年来，樊孝萍荣获了"全国绿化奖章"，获得了"全国生态建设突出贡献先进个人""湖北省有突出贡献中青年专家""石首市第七届拔尖人才"等称号，还被华中农业大学园艺林学学院聘为硕士专业学位行业产业导师。这些成绩和荣誉，是对樊孝萍努力付出、服务林农的最好褒奖。

（撰稿：王辰、楼暨康、龙开莲）

最美林草科技推广员　吴代坤

　　男，土家族，1965 年出生，中共党员，湖北省恩施土家族苗族自治州林业科学研究院正高级工程师。获湖北省科学技术进步奖和恩施州科学技术进步奖 5 项，曾被湖北省科学技术厅、湖北省林业厅分别授予"湖北省农业领域产学研合作优秀专家""湖北省林业科技工作先进个人"，以及恩施州委、州政府授予"恩施州突出贡献专家""全州优秀科技工作者"等荣誉称号。主持或参与中央财政林业科技重点项目推广 8 个、省级或地方林业科研项目 13 项；获得科技成果 21 项，主持或参与制定湖北省地方标准 8 项，参与培育新品种 1 个、审（认）定省级林木良种 2 个、获发明专利授权 2 项；主编或合著专著 3 部，发表论文 20 余篇。培训指导林农 3000 多人次，研究栽培技术和管理技术累计示范推广 30 余万亩。

二十七年如一载，甘做科技拓荒牛

——记湖北省恩施土家族苗族自治州林业科学研究院　吴代坤

"他像一头牛。"

这是领导、林农、同事对他的一致评价。

这位大家眼中的"牛"人，就是湖北省恩施土家族苗族自治州（以下简称恩施州）林业科学研究院的正高级工程师吴代坤。他对待专业的事情上始终有牛的脾气，在困难的工作中一直保持牛的耐力，遇到认准的大事又能有牛的蛮劲，培养技术人才又常能感觉到他老牛舐犊的温情。

吴代坤三十七年如一日，一直专注森林培育、经济林栽培领域科研及科技推广工作，培训指导林农 3000 多人次，研究的栽培和管理技术累计示范推广 30 余万亩。多次受到省、州级表彰。

"科学技术一定是山区林业发展的牛鼻子。"

他时常这样告诫团队的年轻科技人员。受惠他所研究的林业科技项目，恩施州森林面积不断扩大。

为了"鄂西林海"名副其实，他甘当"黄牛"

湖北省恩施州地处武陵山腹地，是典型的山区市州，坡陡坎急的大部分土地无法开展农业生产，发展林业产业成为了当地经济社会发展的必由之路。

作为土生土长的恩施人，他深知，发展林业是山区人民脱贫致富的重要道路。

然而，20 世纪 80 年代前恩施州有林地面积仅 900 余万亩，林地面积与区位土地环境条件不匹配。

"鄂西林海一定不能变成荒漠沙丘！"吴代坤暗下决心，在其后的数十年间，他坚持参与恩施州林业科学研究院技术工作，在全州主要用材树种杉木、柳杉等造林技术上开展了大量推广工作。

2000 年以后，恩施地区生态价值开始受到关注，但是长期不科学的土地利用使恩施州的生态价值无法显现。为提升恩施州在生态保育上的重要作用，他深入研究生态林建设相关技术。

为了解决退耕还林战略在恩施州落地的具体技术问题，他领衔实施了"鄂西南退耕还林经营模式及关键技术研究"项目，推出了以杉木为主的生态林树种栽培模式，如今十多年树龄的杉木郁郁葱葱，已成为了独特的森林景观。

为了保护当地珍贵树种，他奔走呼吁，启动了"鄂西南珍稀植物迁地保护及繁育技术研究"项目，为当地自然保护区的建立提供了第一手本底资料。

随着国土绿化的推进，石漠化、退化林等新的命题接踵而至，他适时引导开展"基于乡土树种的综合治理模式在小流域石漠化治理中的应用""湖北武陵山区典型天然林恢复研究与示范"等一系列项目，有效支持了恩施州林业生态工程建设过程中各个环节的技术需求。他积极宣传和推动乡土树种在石漠化及小流域治理工程中广泛应用，通过建示范基地和技术指导，当地石漠化和小流域治理中利用乡土树种造林面积10万亩，石漠化区域的生态和水土保持功能有了明显恢复。

在这头"黄牛"带领的林业科技推广人员的努力支持下，目前恩施州森林面

吴代坤在蓝莓基地查看蓝梅生长情况（摄影：胡斌）

积达到了 2400 余万亩，森林覆盖率近 70%。恩施州一跃成为了名副其实的"鄂西林海"。

为了壮大林业产业，他成了"蛮牛"

"万顷绿海如果能变成金山银山，我们就真的无愧于几百万父老乡亲了。"

进入 21 世纪后，吴代坤意识到，恩施州森林面积与质量提升即将步入新的发展阶段，森林产品的经济性必须充分挖掘。在他的带领下，一大批特色经济林和高价值用材林研究项目在恩施州落地实施。

"金丝桐油的名气很大，但是产量不行。我们能不能把规模提一提，解决村里贫困户的收入问题？"

2002 年，来凤县一名普通村干部的话让他压力骤增，在之后的数年时间里，深入挖掘产业潜力，钻研相关种植技术，先后实施"油桐丰产栽培综合配套技术研究""油桐良种选育与优质丰产栽培技术研究""油桐丰产栽培配套技术研究与应用推广"等多个研究项目和技术推广项目。他引导的技术推广工作取得了辐射推广 3 万余亩油桐基地的成绩。

工业原料结构发生变革后，传统的桐漆受到了严重冲击。如何寻找高价值的树种成了他的一块心病。吴代坤四处寻师讨教，深入森林寻找终于确定了一个潜力巨大的树种——楠木。

他结合恩施州作为楠木分布中心的条件，提出发展以楠木为主的珍贵用材林，在他的主持下，"鄂西南珍贵用材楠属植物高效培育体系研究""鄂西南珍贵用材楠木高效培育技术应用"等应用技术研究与推广项目及时实施，轻基质种苗繁育、高效栽培技术等一系列困扰和制约楠木等珍贵用材树种发展多年的关键技术得以解决，其主持和参与制定的桢楠等 8 项湖北省地方标准获得了发布，助推恩施州形成了产业估值过亿元的楠木基地规模。

这股子"蛮劲"贯穿了当地林业产业发展的各个阶段，他坚韧不屈的精神也让林业产业在恩施焕发出新的光彩。

为建设推广队伍，他化身驮人的"水牛"

"技术服务断不得，我在前面'拉纤'，你们要在后面跟上。"

吴代坤常常这样提醒团队中的年轻技术人员。

从事林业科技推广工作近 40 年，他清晰地认识到，山区林业科学技术推广的症结在于人才匮乏。担任恩施州林业科学研究院（推广站）院长职务后，他积极争取和谋划，用 6 年时间对单位人才结构进行了调整，技术人员队伍展现出了高学历、年轻化的面貌。

在他的努力下，恩施州级林业科技推广队伍形成了以经济林、生态林为主的多个林业技术推广团队，技术岗位中研究生学历占比达 50%，平均年龄仅 31 岁。

在年轻同事的眼中，吴代坤就像一头水牛，"他自己常常浮在水下，把我们托在水面上前进。"

为了培育好人才队伍，他特别重视对年轻同志的传帮带和对技术人员的指导。

2018 年，为指导技术人员开展楠木研究，他在夏季温度最高的时段顶着烈日与年轻技术人员在苗圃工作，被汗水湿透的衣服整天都不会干。在他不懈的努力下，团队解决了制约楠木种苗生根和快速恢复的基质配方问题。

与技术人员穿山越岭开展数据调查、技术指导更是常事。面对年轻同志工作经验不足的问题，他组织开展"技术讲堂"、手把手教学野外工作的具体流程，对于大量的项目文本和技术资料编写工作，他更是逐字逐句帮助修改。

在他的指导和影响下，一大批青年人才脱颖而出，大量科技人员都能在林业科技推广中独当一面，单位获得了一系列成果和奖励，获各级科学技术奖励 30 余项，专利授权 5 项。

坚持服务基层，他成了"倔牛"

"倔强"。这是许多熟识吴代坤的人对他专业态度的共识。他一直坚持要把准确科学的技术直达基层，在面对技术问题时他往往从平易近人一秒变脸为"铁血无情"。

"打通林业科技推广的'最后一公里'"。这是他工作中经常挂在嘴边的一句话。春华秋实，寒来暑往。在多年的林业科研工作中，他主持、参与多项国家、省、州级科研项目，不仅是楠木，还在南方红豆杉等珍贵用材培育，核桃、油桐等经济林树种栽培及良种选育等方面取得 21 项科研成果；多项成果入选国家林业和草原局科技推广成果库，在各地多次推广应用并取得良好效果。

尽管取得了很多荣誉，他常常挂在嘴边的是"林业科技推广工作要像愚公一样，不可急于求成，也不可一日懈怠"。他一直用自己的实际行动践行着这句话。

在重要的林业生产季节，他的大部分时间都工作在全州各个基地，对于林业种植户的请求，他更是来者不拒。

"吴专家是敢讲实话的倔牛"。在广大群众和基层技术人员的眼里，吴代坤同志是一个"技术过硬、敢讲直话"的专家，对于林业生产上的技术问题，他能事无巨细地向普通林农反复讲解，对于一些诸如良种的关键技术要点，他也敢于当场与人争得面红耳赤。

他这种贴近群众、深入基层的作风深受林农喜爱，累计培训和指导林农和专业技术人员已逾万人次。

（撰稿：顿春垚）

最美林草科技推广员

盛孝前

　　男，土家族，1968 年 4 月出生，大专，湖南省石门县林业科学技术推广站工程师。近八年来一直从事全县林木种苗管理、科技推广、林业产业发展等工作。2018 年被省林业厅授予"湖南省林业科技工作优秀个人"、2019—2021 年连续 3 年受县政府嘉奖、2021 年石门县政府记功表彰、2020 年德市政府"脱贫攻坚"记功表彰、2021 年被授予"湖南省林业生态扶贫先进个人"、2022 年国家林业和草原局授予"最美林草科技推广员"荣誉称号。担任石门县林业局科学技术推广站站长以来，常年奔走躬耕于石门大山里，被广大林农们誉称为"土专家""林博士"。

让林业科技造福山区

——记湖南省石门县林业科学技术推广站　盛孝前

盛孝前最怕爱人时不时地叨唠他的膝盖。

6 年前，由于长期在林业科技推广一线奔波而积劳成疾，湖南省石门县林业局林业科技推广站站长盛孝前做了膝关节人工关节置换手术。

手术后，盛孝前没有遵从至少休息一年的医嘱，两个月后就重返工作岗位了。现在，他走山路久了膝盖会不舒服。但他从不后悔："截至 2022 年年底，石门县林业总产值 79.6 亿元，其中林下经济总产值超过 27 亿元。只要林业科技推广工作能为石门林业产业发展助力，膝关节就是再换一次也值了。"

用科技点亮石门林业产业发展的曙光

石门是山区大县、国家重点生态功能区，全县森林覆盖率达 71.6%，长期以来，当地群众靠山吃山，期盼着林业效益不断提高，干林业越来越有赚头。

怎样让林业科技在兴林富民中发挥更大的作用？盛孝前把群众的期盼当作工作的动力，带领县林业科技推广团队开展乡土林业经济资源调查，建立了 20 多个县乡土良种种质资源库和特色经济林资源库。2018 年，他向县政府提交了《因地制宜，打造林下经济产业集群的建议方案》，受到县政府领导高度重视。

如何让林业科技成果更有效落地？

根据产业发展需要，盛孝前和团队将林业科技资料编印成册，向林农推广易学、易懂、易操作的林业新技术。

"多亏有盛站长指导，我们栽种的油茶长势不错，那本《石门县林业科技扶贫技术手册》快被大家翻烂了！"石门县维新镇崔家井村油茶专业合作社理事长刘志刚说。

维新镇崔家井、维新场和金岭坡一带有集中连片野生油茶林 1 万余亩。2019年，务工返乡的刘志刚看到油茶产业发展前景不错，就创办了崔家井村油茶专业合作社。在盛孝前的指导下，油茶专业合作社逐渐步入正轨，低产林改造初显成效，刘志刚也成了当地低产林改造的土专家。

为了让群众更好地掌握技术，盛孝前和团队不仅组织开展规模化技术培训，还对科技成果的推广应用开展长期跟踪服务。近5年，他每年有100多天驻村入户，全县331个村居去了231个，走访林农3781次。

壶瓶山镇黄莲棚村最高海拔1450多米，全村群众完全依靠传统农业经济。下乡调研时盛孝前得知，村民米成国有发展林业产业的强烈愿望，于是他鼓励米成国种植当地特有的蓝米核桃100亩，并在核桃林下种植了重楼等中药材。4年来，盛孝前经常利用周末往返近400千米进行技术指导。2019年，米成国的蓝米核桃收入达32万元，随后还注册了蓝米核桃家庭农场。在米成国的示范带动下，黄莲棚村林下种植中药材达1257亩，村民人均收入有了明显提高。

盛孝前在林业科技推广领域踏实耕耘，成效自然显现。目前，他和团队已累计推广板栗、核桃高接换种、无患子丰产栽培以及林下种植中药材、食用菌、养蜂、养殖等林业技术和成果20多项。他积极开展油茶示范推广，建立名特优经济林示范基地1.45万亩，推动了林业增效、林农增收。

近年来，按照"一乡一品""多村一业"原则，石门县发展林下经济专业合作社45家，建成省、市、县三级林下经济示范基地和林下经济发展重点乡镇20多个，为群众增收夯实了基础。2015年，石门县被国家林业局认定为"全国林下经济示范基地"。

让科技推广增强山村林农致富信心

磨市镇铜鼓峪村曾经是林区深度贫困的小山村，因为盛孝前的到来发生了变化。

20年前，铜鼓峪村结合退耕还林等项目种植了大面积的板栗，由于大部分板栗挂果不理想，经济效益未达到村民的预期。

2014年，盛孝前到铜鼓峪村开展调研后，邀请中南林业科技大学、湖南省林业科学院的专家到现场指导，专家提出建议：该村全部使用了实生毛板栗造林，若要提高结果率，必须合理间伐并进行高接改良。

找到了板栗结果率低的解决办法，另一个问题又浮出水面。

盛孝前在走访时发现，铜鼓峪村群众对发展板栗已没有了信心，于是，他挨家挨户做林农的思想工作并向他们保证：改良后的板栗如果仍不结果，将按面积补损。接下来，盛孝前组织引进省林业科学院选育的本地良种，手把手指导林农进行高接改良。2015 年铜鼓峪村完成了 2000 余亩板栗林的高接换种。2019 年，省林业局组织专家测产，该村亩产板栗 207.5 千克。同年，盛孝前又引进推广板栗林下羊肚菌种植技术，每亩经济效益超过 8000 元，使该村 330 户林农获得增收。

示范带动收到良好效果。经过盛孝前和团队的多年努力，目前，石门县已累计完成板栗、核桃高接换种 4 万多亩。

以科技引领无患子产业发展壮大

近年来，石门将无患子产业确定为全县农林产业结构调整的新型林业产业，目前种植面积 6.2 万亩，群众种植积极性高。

无患子市场需求潜力大，无患子皂苷市场售价每吨达 6 万元，由于研究无患子种植技术的团队少，全国还没有选育出一个国审良种，实生苗造林居多，8 年龄无患子结果差异较大。

为解决技术难题，盛孝前先后到福建、贵州、湖北等地考察，重点研究无患子的品种适生性。从 2018 年开始，他在维新镇毛坪村开展了无患子高接无性繁殖观

盛孝前现场培训油茶低产林高接换冠技术（摄影：唐平元）

察，对从各地引进的 43 个品种进行比较鉴别，每月还要对本地的无患子母树进行物候期观测。此后，他查阅了石门县近 10 年来的天气记录，重点研究了当地气候变化规律，并按照无患子生物特性寻找适合石门发展的无患子优株。

功夫不负有心人

在盛孝前的努力下，在磨市镇原油桐科研所闲置林地建起 120 亩无患子种质资源库繁育基地，选育优良品种达 43 个，采用优株选优的方法选择 7 个优株品种进行了良种选育和无性系繁殖育苗。2021 年，石门县又在大同山国有林场扩建无患子种质资源库 650 亩，收集全国无患子种质资源 241 份，2022 年被认定为省级林木种质资源库，目前选育的优株单株产量超过 50 千克。盛孝前还积极组织无患子种植标准化培训和林业实用技术培训，邀请专家服务团队和专业技术人员开展现场培训和技术服务，近几年先后组织林农参加无患子专题培训、行业交流、技术研讨等 30 余次。

作为石门县科技特派员中唯一一位经济林干果科技特派员，盛孝前通过延伸无患子产业链创新了"科技产业园精准产业帮扶"模式，他也被省内林业专家称为"没有职称的大专家"。盛孝前说，"专家"就是专门为大家服务的意思。这样的林业科技推广"专家"他要永远当下去。

（撰稿：王辰、楼暨康、盛先忠）

最美林草科技推广员

赵丹阳

　　女，1978年出生，中共党员，博士，现为广东省林业科学研究院教授级高级工程师。长期从事林业有害生物防治及林业生物多样性保护工作，在油茶等经济林、樟树等乡土阔叶树、松树等用材林等有害生物防控方面取得了丰硕成果，《广东油茶病虫害防控关键技术》获2016年广东省科学技术奖二等奖，《绿僵菌种质资源创新及高效防治林业主要害虫体系构建与应用》获2015年广东省科学技术奖三等奖，《南亚热带主栽油茶重要病虫害防控研究与应用》获2017年梁希林业科学技术奖三等奖。发表科研论文30多篇，出版专著《油茶病虫害诊断与防治原色生态图谱》《樟树有害生物鉴定与防治图鉴》2部，主持制定地方标准5项。曾获"全国巾帼建功标兵"荣誉称号。

运用林草技术为林木"把脉问诊"

——记广东省林业科学研究院 赵丹阳

赵丹阳喜欢"养虫子"。

大部分女孩看到毛毛虫蠕动时，都会紧张，而她不仅不害怕，还会关爱有加，"这些林木害虫要养几代，逐渐摸清它们的生活史和发生规律，这样才能做到精准防控，更好地保护绿水青山和林农的钱袋子"。

赵丹阳是广东省林业科学研究院教授级高级工程师。多年来，她先后主持或作为技术骨干参加国家、省部级等病虫害研究项目 20 多项，主持研发的油茶、樟树、杉木、竹子等病虫害防控技术体系已在广东省内得到全面应用，并获得了"全国巾帼建功标兵"、全国"最美林草科技推广员"等荣誉称号。

多项科技成果保护林木健康安全

2008 年，赵丹阳从华南农业大学博士毕业后，来到广东省林业科学研究院工作。上学时虽然主攻昆虫分类学，但参加工作后她发现自己在林木病虫害防治应用方面的知识仍有欠缺。

为"恶补"知识，赵丹阳几乎所有的节假日都是在实验室和林地度过的。由于林木病虫害发生的季节性非常强，一旦错过害虫的生长发育季节，所有的研究必须要等到下一年才能进行。因此，每年 4—10 月，是赵丹阳和团队最忙的季节，他们在野外支起诱虫灯加班工作到深夜。别人问她："你这样的女博士可不多见，这么拼命为了啥？"

小时候，赵丹阳生活在农村，她清楚农民赚钱渠道不多。她说："我们单位很多女博士都是野外作业的主力军，有时在野外一待就是一个月，有的在孕期还上山。大家都想着把林木保护好，为山区群众致富创造条件。"

从 2008 年至今，赵丹阳和团队的足迹已遍及全省 263 万亩油茶林地、200 万亩樟树林地、1200 万亩杉木林地，构建了不同树种主要病虫害监测技术体系，研创了以生物防治为主的绿色防控技术。她主持研发的成果"广东油茶主要病虫害防控关键技术""南亚热带主栽油茶重要病虫害防控研究与应用",以及参与研发的成果"绿僵菌种质资源创新及高效防治林业主要害虫体系构建与应用"均获得了省部级科学技术奖。

保住了50年收集的136个油茶优良品种

一个小虫子就能毁了一片林子。

韶关市曲江区国有小坑林场是油茶、杉木国家级良种基地。几年前,小坑林场工作人员突然发现,大量的油茶树干上长出了一圈圈形似肿瘤状的东西,有些树上甚至出现了十几圈,油茶结果量大量减少,经济损失严重。

当小坑林场工作人员紧急联系赵丹阳时,正在休产假的赵丹阳立刻整理装备火速赶赴林场。同事和家人都说:"你休产假,怎么比上班还忙。"经过一系列研究,赵丹阳和团队发现油茶树干是被一种天牛危害。这种天牛也是首次被发现会危害油茶,而且相关研究材料也非常缺失。考虑到天牛是世界性防治难题,而且油茶作为食用油料作物,采用防治措施必须安全环保。于是,赵丹阳和团队经过反复试验,研发出一套安全环保的树干涂白防治技术。林场 50 多年收集的 136 个油茶优良品种保住了。

赵丹阳(右一)进行油茶病虫害培训(摄影:揭育泽)

林场场长经常对赵丹阳说："我们想看到你又不想看到你，你不来就说明我们林地没有病虫害，这对我们来说是大好事。但是，每当林地有了病虫害，我们就想见到你，你一来肯定能'药到病除'。"

小个子大能量的科技特派员

"不要看咱们赵博士的个子小，爬山的速度一般人还真跟不上。她是典型的'女汉子'。"常年服务在基层，赵丹阳在农民心中留下了这样的印象。

赵丹阳是广东省科技特派员，长期以来，只要林农或地方林业防治部门有问题需要帮助解决，她都会第一时间赶到现场，然后制定节约、有效、环保的防治方法，手把手传授技术要点。

年复一年，经过赵丹阳和团队多年的服务，广东省樟树、油茶、桉树等树种病虫害发生率降低 60% 以上，为全省林业产业增质增效奠定了基础。

在钻研技术的同时，赵丹阳还积极开展林业有害生物防控等知识的科普宣传，不断推动加快先进林草实用技术的推广应用。多年来，她累计帮扶示范基地 10 多个，开展技术指导 100 余次；培训林业管理人员 300 多人次，培训基层涉林从业人员 5000 多人次；主编了《油茶病虫害诊断与防治原色生态图谱》和《樟树有害生物鉴定与防治图鉴》2 部著作，制定病虫害防治技术规程 6 项。

一项项科技成果的推广应用，让林农们的脸上绽满了笑容。

（撰稿：王辰、楼暨康、彭江）

最美林草科技推广员　　吴毓仪

　　女，汉族，1980年9月出生，中共党员，硕士，高级工程师，现任广州市林业和园林科学研究院科技推广与培训部部长。曾获国家林业和草原局"最美林草科技推广员"、全国林草科普讲解大赛三等奖、梁希科普奖等荣誉称号。长期从事科研管理、科技推广、科学普及等工作，举办各类科技推广和科学普及活动800余场次，参与人数超200万人次。

做林草科技传播的"知心"姐姐

——记广州市林业和园林科学研究院　吴毓仪

20 年来，在田间地头、在校园教室，吴毓仪和她的学生们一起种花、一起抓虫、一起上课、一起游戏、一起成长。她从当初刚毕业时大家心目中的知心小姐姐转眼间变成了大姐姐，却依然是那个眉眼弯弯、笑意盈盈的吴教官，是那个勇往直前、眼中有光的吴老师。

很多人都觉得，科研院所是高墙里的神秘组织，科学家们是高不可攀的知识偶像，仿佛与普通老百姓拥有的不是同一套话语体系，总是看不懂他们在做什么，听不懂他们在说什么。广州市林业和园林科学研究院科技推广与培训部部长吴毓仪决心要跨越这条"鸿沟"，搭建好科技传播的平台，推进科技资源科普化，实现单位所订立的科研、科普、推广"三融合"目标，让自己的团队成为服务单位内外的沟通桥梁。

大胆尝试，做林草科学普及的探路人

刚进入单位时，单位并没有科普（培训）这项业务，在穗同类型机构也极少开展类似工作。在没有前人指导、没有经验参考的困境下，吴毓仪主动向领导请缨，要踏足这个全新的领域，闯出一番新的天地。

带领团队摸着石头过河的这一条路果然不好走。好不容易研发出来的初阶课程，大家并不买账，热情洋溢的活动招募公告写了个寂寞，浏览者寥寥无几，咨询者屈指可数，参与者更是少之又少。没办法，只能发动团队成员到处刷脸卖广告，拉上亲戚、朋友、邻居、同学、旧同事来试课。结果呢，勉强招募来的学生们，上课不投入基本都在玩手机，课后调研表示觉得没有收获，甚至还给出了差评，这让整个团队深感挫败。吴毓仪沉默了一周，把自己锁在办公室里苦苦思考，拿出了一个新的解决方案。她列了一个长长的拜访清单，一方面，拿着笔记本找到单位里的各个科研团队，从旁观察从中学习，梳理他们的科技资源，找出公众感兴趣的热点问题，找出从业人员关心的关键技术问题，积累了厚厚一大本的基础素材；另一方面，到人社部门、教育部门、高校、职业院校、中小学校调研，了解政府的业务指导部门、送培单位、老师、家长、学生的需求，阅读了市场上现有的各种课程教材，找到与自己单位资源匹配的项目。同时，她和团队成员利用难得的节假日，以普通客户的身份去参加其他机构的课程，从受众的角度去琢磨授课形式，一边"偷师"借鉴别人好的经验，一边修改自己的教案。最终，她发现，科学普及并不完全等同于一般人心目中的科学教育，它不是单纯的讲科学，也不是单纯的谈教育，而是把科学既要"普"也要"及"。一个好的科学家或者一个好的教师，如果不实现跨界融合，是无法成为一位受欢迎的科学普及从业者的。凭着这股钻研的劲头，吴毓仪带着团队逐步摸索总结出了适合科研机构的"科技资源科普化"独家秘籍。

　　除了课程研发的艰辛，有人认为做科研和做科普在时间上是冲突的，要把研究工作"翻译"成大众容易接受的语言也很累人，因此部分科研人员不愿意，也没动力从事科普。也有人认为做科普是"不务正业"，只有做不好科研的人才去搞科普。这些对科普工作的另一种声音，也让吴毓仪在科普工作的推进中面临重重困难。她不厌其烦地在各种场合反复宣讲"科技资源科普化"的必要性，带着广味浓浓的普

吴毓仪（前排右一）介绍新优园林植物（摄影：李海颖）

通话走到了科普讲解比赛的舞台上，从区赛二等奖到市赛二等奖，到省赛三等奖再到国家林业和草原局科普讲解大赛三等奖，经常成为比赛中年纪最大的参赛选手，她虽然会自嘲脸皮够厚，不怕倚老卖老，实际上一路披荆斩棘、过关斩将，备赛背稿到夜不能寐、声音嘶哑。拿了成绩回到单位，同事们开始对她刮目相看。在院领导班子支持下，她在自己单位也组织起了科普讲解比赛，挖掘了一个又一个的科普新人，培养了一个又一个的讲解达人。直至今天，她作为教官带领着一群小年轻，把区赛一等奖、市赛一等奖、省赛一等奖和国家林业和草原局科普讲解大赛一等奖收入囊中，实现了完美的"大满贯"！

从"无"到"有"，再到有声有色，吴毓仪和她的团队成员们一直在默默耕耘。从成立市级专业技术人员继续教育基地到国家职业技能鉴定所，从认定市级科普基地到省科普基地、全国科普基地，从组织申报市级项目到国家级项目，还作为主要参与者构建了首个市级行业科技协同创新体系，温柔而坚定的女性力量渗透在了科普业务发展的方方面面。近年来，她带领团队累计开展科普（培训）活动600余场次，惠及人群超200万人次，为生态文明建设营造了浓厚氛围、筑牢了群众基础。

一分耕耘一分收获，辛苦的汗水也让吴毓仪收获满满。她主持完成的"听见花开"系列科普活动一举摘得中国林学会第九届梁希科普奖，个人获评为国家林业和草原局"最美林草科技推广员"、广东省"自然教育之星"和广州市"三八红旗手""最美巾帼志愿者""优秀科普使者"，被授予了南粤科学技术科普人物奖。在团队共同的努力下，部门先后被评为广州市三八红旗集体和广东省巾帼文明岗，单位也连续6年被评为广州市专业技术人员继续教育优秀基地，并在2022年获评为"广东省十佳科普教育基地"。

不畏艰苦，做助力乡村振兴的实践者

科学普及的重点对象不仅是青少年，还包括了产业工人和农民，吴毓仪一直致力于冲在科技推广第一线，把政策和技术带到田间地头、带入每家每户。

在贯彻科技"四进"政策，将科技成果送进农村的过程中，吴毓仪和同事几乎走遍了广州市萝岗区（现并入黄埔区）的每个自然村。条件之艰苦，她们始料不及。

进村的路泥泞破败，村委会来村口接她们的是过了报废年限多年的小面包，年久失修车门总关不上。她们只能一路上腾出一只手来拉着车门，场面搞笑又让人心酸。每逢炎夏，车里没有空调，她们只能蹲在烫屁股的座位上摇晃上路；每逢雨天，车子一不小心就会因为底盘低卡在石头上，她们一次又一次地从泥水里冒雨推车前进。幸好，乐观的她总是苦中作乐，笑称感谢这台老爷车把她培养成了"大力士"。

大部分的村子教学条件较差，上课的地方有时在祠堂，有时在村小，连风扇都没有，天气炎热时，她们还得自带风扇和药箱，风油精、藿香正气水等都得备齐。教学环境差还不打紧，现场的吵闹程度堪比菜市场。村民们来上课不是带着纸和笔，而是带着小孩和狗，甚至是鸡、鸭、鹅，三五成群的一边聊天一边听课。为了能让大家有兴趣听，吴毓仪总会课前去找村里负责人，了解这条村的故事和村民关心的问题，讲课的时候从村民身边的事情讲起，力图与大家先产生情感上的链接再开始知识的传播，同时为了让大家在嘈杂的环境中听清楚自己在说什么，她还不得不将声音提高八度，每次上完课都会喉咙充血发炎。

那时候，吴毓仪刚参加工作不久，看起来还像个学生，村民们并不信任她，不认为这大学生娃娃能有什么真本事。为了打消村民的顾虑，她就跟同事去田间地头找灵感。现场徒手抓虫，给村民讲解如何辨认和防治病虫害。面对复杂的村情民意、繁琐的工作任务，吴毓仪迎难而上，在不断地摸索、交流、探讨中，村民们也越来越信任和尊重她。

另一个意想不到的困难，是村民的文化基础极差，有的人甚至都不咋识字，连自己的名字都不会写。为了能顺利开展培训，吴毓仪在课余时间教村民认字写字进行扫盲，好多大叔大娘都是从她那里第一次学会写自己的名字。为了解决村民们无法按照常规方式来进行笔试考核，她想方设法地跟相关部门沟通调整考核办法，最终实现了让这些"洗脚上田"的农民，通过口答和录像相结合的方式来完成。考核的实操环节，需要提前布置好考试用苗，没人帮忙，她们袖子一挽、手套一戴就自己搬运那些树苗进村，手破皮、脚受伤就是家常便饭。但这些问题从未打消吴毓仪将科技成果送进田间地头的决心。

勇于突破，做推广科技成果的排头兵

参加工作以来，吴毓仪一直对科技推广倾注了极大的热情，一心扑在这项事业上，不断地思考推广路径的拓宽，寻求新突破。她留意到，大部分的科技推广机构都是通过培训、印制宣传资料等常规方式来推介技术成果，对于受众来说，既不直观也难以留下深刻的记忆点。有没有一种更易于让人理解和接受的推广方式呢？正值单位获批成立国家城市林业科技示范园区，急需改造科技展示场所适应发展需求，她领到了一个新的任务——牵头建设一个科技馆和一个科普馆。这两者的功能定位和服务对象是不同的，但展示的都是行业的科技成果，如何通过不同的展陈方式达到预期目标呢？这是摆在她面前的一个新挑战。大量的调研和查阅文献以后，她发现可参考的资料寥若星辰，各地极少有相似的实践案例，但做展馆的试错成本实在太高了，时间和金钱都经不起折腾，所以每个展项都必须确保能准确无误地传达相应信息。于是，她找来了每个科研团队的骨干人员组建工作专班，没日没夜地各种头脑风暴，设计稿纸堆得像小山，每个展项都改了无数遍，一次一次地推倒重来，一个小小开关的力度设置就调试了无数次。材料商、设备供应商、施工队在那段时间甚至都不愿意接她的电话了，经常半开玩笑"投诉"说："吴老师，你们的想法太超前了，你们的要求太细致了，你们的工期太紧迫了……"等进入了施工阶段，她带着专班人员更是天天蹲在工地，和木工师傅、电工师傅、水泥师傅混得倍儿熟，地面每条曲线的圆滑度、展架每个方向的倾斜度、容器每个尺寸的匹配度她都一丝不苟地反复调整优化。对于体验类展项是否对老人、孩子友好，图片清晰度和文字字体大小是否与观赏角度适配，更是她每时每刻都在思考的问题。等到项目结束的时候，承建方长舒了一口气，感叹道，这真是他们做过最艰辛最亏本的一个项目了，但这也是他们非常值得骄傲的一个项目！

展馆落成之后，吸引了大批同行和公众前来，大家可通过图文、展品、视频、体验等各种自己喜欢的方式来了解林草科技，既为从业人员打造了一个专业的、科学的、真实的、准确的体验场景和学习平台，又为公众打造了一个可展示生物发育全过程、科学研究全过程、公众参与全过程的沉浸式自然教育场所，两个展馆收获的好评如潮，自然也就成了单位科技推广一张亮丽的"新名片"。

除了展馆这种线下方式的推广体验以外，各种新媒体平台的推广宣传效应不可小觑，短平快的信息获取更符合时下年轻人的阅读习惯。近年来，吴毓仪又带着她的团队走上了微信公众号、新浪微博、网络直播运营的新征程，她始终认为，科技人员最应该是敢于尝新、敢于改变的一个群体，于是，开辟新栏目、扩容数据库、拍视频、做直播，让她们的工作更丰富充实了，各类科技推广小短片相继投放到学习强国、腾讯和优酷等平台，这些原创的视频既接地气又准确地传递了科学的方法和知识，频频斩获国家、省市级优秀作品大奖，为单位的科技推广路径拓宽又探索出一条成功的新路子。通过这样多渠道、多途径的持续性推广，单位的多项科技成果已经实现落地转化，大规模推广应用于区域经济和社会发展，取得了显著经济效益、社会效益和生态环境效益，如桥梁绿化技术已成功推广至华南地区5个省份8个城市，营造了数不清的空中花廊，树木保护技术更是成功推广至全国10个省份

40 多个城市 14000 多株古树名木的保护工作中，包括西藏林芝市巨柏古树群、孔庙古柏树、岳麓书院古树等重要古树名木，为林草事业的高质量发展做出了积极的贡献。

　　道阻且长，行则将至；行而不辍，未来可期。作为一名基层的科技推广员，吴毓仪一直相信，推广了一个科技成果就有可能造福一方民众，作为科技推广团队的负责人。她也一直相信，成就一个团队便能成就个人，成就一个人就有可能带动身边群众进步。一星一点的力量虽然薄弱，但并不妨碍这股力量能够发光发热。今天，吴毓仪和她的团队又站在了科技推广事业的新起点上，她时刻准备着整装再出发，用实际行动继续践行共产党员的为民宗旨！

（撰稿：彭江）

最美林草科技推广员

徐振国

男，1985 年 5 月出生，中共党员，硕士，广西壮族自治区林业科学研究院高级工程师，兼任广西柳州螺蛳粉产业标准化技术委员会委员、广西乡村科技特派员竹木团团长。曾获国家林业和草原局"最美林草科技推广员"、自治区林业系统"勤廉榜样"、广西"最美科技特派员"等荣誉称号。长期从事竹类种质创新、笋用林高效培育、竹类植物新品种挖掘与保育方面的工作。参加工作以来，主持和主要参与项目 30 多项，其中：授权国家林业和草原局植物新品种（竹类）1 项；制定广西地方标准 5 项；授权国家发明专利 4 件；获自治区级审定林木良种 1 个；参与编写科技专著 4 部；在省级以上科技刊物公开发表科技论文 22 篇，中文核心期刊论文 14 篇。

咬定青山不放松

——记广西壮族自治区林业科学研究院　徐振国

通往山间的小路上，一辆破旧的摩托车颠簸着，太阳火辣辣地烤着大地，地上的土块被晒得滚烫滚烫的。徐振国坐在摩托车后面，汗流浃背，露出的皮肤被晒得生疼。尽管如此，他依旧抑制不住内心的兴奋和期待，不时地问前面熟练驾着摩托车的老乡："大哥，还有多久到啊？"作为一名林业科技特派员，他要把所掌握的技术传授给最需要的农民朋友。

徐振国，广西壮族自治区林业科学研究院竹子研究组成员，作为一名专业研究竹子的北方人，毕业后毫不犹豫地选择留在广西。他要用所学为这里的青山添彩助力。

因地制宜定战略，技术扶贫拔穷根

2013 年，徐振国成为一名光荣的科技特派员。他选择百色田林县作为自己服务的地点。由于独特的地域条件和气候环境条件，田林县所生产的八渡笋笋体粗壮、肉厚、肥嫩、清甜，品质极佳，深受人们青睐。徐振国一路上坐火车，转汽车，搭乘摩托车，终于来到他服务的村屯，颠沛奔波没有磨灭他的热情，他立马开始调研，走访当地林业局、推广站，到农户家的竹林地实地调研，倾听林农的真正需求。经多方调研后，终于了解到，田林县八渡笋经过 20 多年的经营、采收，竹林持续管理和竹笋加工技术等诸多不利问题不断积累和影响，造成竹林低产、笋加工合格率低的局面，这与田林"八渡笋之乡"的美誉极不匹配。

既然竹林陈旧老化，那就从改造竹林入手。于是，徐振国拿出自己的看家法宝，推广他的发明专利技术——"几何留竹法"。"咱们不能光采竹笋，不保养林地。在留竹的时候，不要贪多……"乡亲们完全接受了徐振国的技术，竟然有农民主动提问，将自己家竹林的情况跟徐振国讲述，有时候，为了更加直观教授技术，徐振国也会主动跟随乡亲们到他们的竹林现场教学。

有了科学技术加持，示范基地成效渐渐显现，2019 年 5 月，示范林基地内开始表彰一些勤劳致富的竹农，奖励八渡笋专用复合肥。每个人脸上都是喜气洋洋。班绍华一家更是领到肥料 2050 千克，成为真正的致富能手。之前，班绍华家 30 亩竹林产量不高，部分竹林年均鲜笋产量不到 500 千克 / 亩。后来通过几年的技术改造，2020 年八渡笋亩产达 900 千克。2021 年，徐振国争取到科研项目，在班绍华基地建立田林县首个水肥一体化设施。班绍华兴奋地说，"以后再也不怕天气干旱了，原来科学技术真的可以让人致富"。

制定标准，提质增产，守护酸笋特色魂

俗话说，无酸笋不广西。广西很多美味佳肴都有酸笋的身影，尤其是家喻户晓的螺蛳粉，酸笋绝对称得上螺蛳粉的灵魂调料。螺蛳粉的火爆发展也带动广西各地尤其是柳州当地麻竹产业的振兴。于是一个个麻竹种植基地如雨后春笋般建立起来，随之接踵而来的，还有各种现实问题。首当其冲是苗木质量问题，由于长期以来苗木名称的混杂，导致一些企业或林农没有买到想要的苗木，给经营生产带来不小的损失。徐振国发现这一状况后，立即对麻竹苗木进行定义，统一苗木名称，并联络他所认识的所有苗木生产企业，引导他们使用统一苗木名称，避免因为苗木名称而交易失误给生产带来损失。

其次受到传统保守观念和封闭思想的影响，竹农科技意识普遍不强，重取轻予，对竹笋基地普遍采取掠夺式和粗放式经营手段，导致竹笋基地效益低下，产量不高，竹笋经营管理的现状与效益与柳州螺蛳粉产业不相匹配。徐振国发挥他的专长优势，倡导实施"育苗规范化""基地示范化"，指导建立了柳州市第一个麻竹育苗标准化苗圃、第一个螺蛳粉原材料竹笋高效培育示范基地。结对帮扶林业公司、合作社、造林大户等 30 余家，指导建设柳州螺蛳粉原料（竹笋）示范基地 5000亩，改造麻竹低产林 2 万多亩，助农人均增收 1000 余元。

随着柳州麻竹产业的迅速发展，徐振国意识到，要想保持麻竹笋的生产能力和市场竞争力，并形成良性循环，必须引导企业遵从社会认可的生产环境标准、生产技术规范和产品质量标准，只有实施标准化生产才能将麻竹"种得好"，实现"卖得好"。因此，制定螺蛳粉原材料竹笋的生产技术标准迫在眉睫。2020 年发布了第一个团体标准《柳州螺蛳粉原料　竹笋无公害生产技术规程》（T/GXAS 133—2020）。2021 年 4 月，习近平总书记在广西柳州考察调研螺蛳粉时提出：以高标准严要求打造柳州螺蛳粉核心竞争力，推进柳州螺蛳粉标准化、品牌化"。随后，徐振国连同柳州市林业局又相继制定了从育苗到种植的 7 个相关标准。

言传身教，让更多农民变"专家"

　　南宁市江南区的老邓，4 年前，决定在自家 10 亩地种植麻竹。麻竹见效快，酸笋销路好，一准能致富。经过多方打听，联系到了徐振国。徐振国得知老邓的情况后，详细询问了种植地的情况，给了老邓一个完整的种植方案，特别强调，麻竹第二年出笋，第三年郁闭，一亩地种植 30~40 株就合适了，千万不能贪多。老邓一一答应。之后，老邓在徐振国的电话指导下，顺利将麻竹种植起来，并且长势喜人，电话里，老邓跟徐振国报喜，并且邀请他到林地现场指导下一步管护技术。于是徐振国利用周末时间，自驾车跑到老邓的林地，看着葱葱郁郁的麻竹，听着老邓滔滔不绝地介绍着，脸色忽然有点不太好，开口道：老邓，你种得有点密了，这一亩都 50 丛了，老邓一愣，但不以为然，不密，你看株与株之间还是有很大空间啊。徐振国见老邓不为所动，语重心长地说道：你现在看着不密，是因为竹林还未长大，还有足够的空间，等到明年，竹林长开，再过几年，竹林成熟，空间越来越小，就会影响到笋的产量。

　　第二年，发笋了，老邓又一次邀请徐振国去现场指导，这一次，老邓不好意思

徐振国（左一）在田林县开展八渡笋低产林改造技术培训（供图：徐振国）

一乐,说道:"徐工,你说得对,当初我不该贪多,现在看来,竹林确实密了。"徐振国没有再继续这个话题,宽慰他说:"还是有补救的方法的,再过几年,你可以将过密的地方疏伐一下。另外你采笋的时候,一定要平地采,"说着,他拿起刀,现场示范采笋的要领。"老邓,你记住,这样采笋,麻竹兜部会减慢抬高速度,会大大减少你抚育的难度"。这次,老邓不敢马虎,将徐振国的话牢牢记下,并严格按照技术规范去做。

第三年,老邓家的竹笋丰收了,酸笋也供不应求,周边的乡亲被"发了财"的老邓吸引,纷纷跑到他的竹林地考察、学习。徐振国来到老邓林地的时候,就发现,老邓正在洋洋洒洒地跟他的"学生"传授种植经验,并且着重强调,种植麻竹,千万不能贪多。徐振国看着不禁露出满足的笑容。是的,种植麻竹老邓不仅致富了,还成了当地小有名气的"专家"。

修复废弃矿山,重现绿水青山

"感谢广西林科院,感谢徐振国高工的技术指导,我承包种植的 1300 亩麻竹丰收了!"2023 年 6 月 26 日,李学华高兴地向镇政府汇报。贵港桂平市木圭镇过去是广西闻名的锰矿产地。经过多年开采,留下了一片片废弃矿区,荒山、荒坡、荒地、荒塘随处可见。四德村村民李学华看到家乡土地遭破坏,十分心痛和着急。他通过多方渠道,了解到麻竹成林快、竹笋产量高、营养丰富,而且还是柳州螺蛳粉的主要原材料,目前市场前景广阔,原材料供不应求。经过一段时间考察,李学华决定回家乡种植麻竹。

为了帮助李学华种好麻竹,徐振国专程到木圭镇,为李学华讲授基础知识,现场指导麻竹种苗种植;按照麻竹的生长需求,多次到基地手把手教李学华管护麻竹。"例如种植方面,在麻竹种植之前需要有机肥打底,尤其是废旧矿山,不仅可以为竹苗提供肥效,也能起到改良土壤水分的作用;病虫害防治方面,通过生物防虫,用无公害的方式减少虫害。"徐振国说。

但是,刚开始种植时,村里很多人要求李学华按照土办法管护,.就拿幼林留母竹来说,第一批出土竹笋在本地都要砍掉,但是徐振国要求基地必须保留,保证基地先成林后收笋。李学华半信半疑,经过徐振国耐心的解释,李学华最终还是听从了徐振国的建议,结果只用了一年的时间,木圭镇的基地已经快速成林。为了更好地达到丰产稳产,徐振国与李学华多次商讨、科学规划,制定出科学高效的麻竹种植管理办法,建立滴灌网络体系,对麻竹施肥灌溉"有的放矢",并提高竹笋产量和质量。经过一年的指导管护，木圭镇的麻竹种植基地郁郁葱葱，新笋遍地，生机盎然。

2023 年 5 月，木圭镇的麻竹基地进入了丰产期，"今年麻竹基地亩产可以达到 900~1250 千克，市场批发价每斤将卖到 0.8~1.0 元，经济效益可观。"李学华说，下一步计划建设厂房，生产笋干、笋丝、酸笋等，延长产业链。

扎根基层，不忘初心、牢记使命

山际见来烟，竹中窥落日。鸟向檐上飞，云从窗里出。近 10 年来，徐振国深入广西主要竹产区进行科技推广，在柳州、百色、贵港、桂林等地区建立各类示范林近 3 万亩，技术辐射推广 10 余万亩，通过举办培训班集中培训、田间指导、技术咨询等方式，共培训竹农及基层技术人员累计数万人，发放技术指导手册 2 万余册，推广新技术 10 余项，取得了显著的经济效益和社会效益，为广西竹产业的发展壮大做出了一定的贡献。作为一名林业科技人员，徐振国把最美好的青春年华献给了广西林业，他们共同见证了脱贫攻坚在中国大地的伟大征程，同时他们也是脱贫攻坚的实践者，是乡村振兴的践行者。

（撰稿：江珊鸿）

郭 飞

　　男，汉族，1980 年 2 月出生，中共党员，硕士，高级工程师，现任广西壮族自治区国有派阳山林场副场长，兼任广西崇左市五届人民代表大会代表、广西林业科技特派员。曾获宁明县带富优秀共产党员、国家林业和草原局"最美林草科技推广员""全国绿化先进工作者"等荣誉和省部级奖励 4 项、市厅级奖励 2 项、县级奖励 5 项。长期扎根基层一线，在派阳山林场从事林木遗传育种、良种苗木培育和推广、经济林和用材林高效栽培技术推广等林业科技推广和绿化造林工作，在祖国西南边陲的热土上传播先进实用林业生产技术。先后主持和参与国家重点研发计划项目、广西创新驱动项目等 10 多项，在马尾松良种繁育研究及桉树、八角等栽培技术方面，选育通过审（认）定良种 1 个，授权专利 1 项，制定地方标准 3 项，发表论文 21 篇。

咬定青松绿南疆

——记广西壮族自治区国有派阳山林场副场长　郭飞

3 年生马尾松二代家系平均年树高 1.77 米、年胸径 2.63 厘米，最优单株分别为 2.2 米和 3.60 厘米。2021 年 4 月，广西松树研究团队走进广西国有派阳山林场马尾松试验示范林，测量结果证明，这片示范林可能再次刷新马尾松生长记录。数据再次肯定了派阳山当家树种马尾松，也是对这片示范林的负责人郭飞的一种认可。他推广应用良种良法，不断刷新马尾松生长记录。

2005 年 7 月，郭飞从中南林学院（现中南林业科技大学）林学专业毕业后，就走进派阳山林场，开始从事林业科技推广和营林生产技术工作。历任生产技术科副科长，分场场长，科研中心、良种基地主任。2016 年晋升高级工程师，是自治区林业科技推广专员、自治区乡村科技特派员、宁明县科学技术协会成员。2022 年，获国家林业和草原局"最美林草科技推广员""全国绿化先进工作者"称号。

"一棵青松就是一座宝库"——甘做优良种苗"播种机"

桐棉种源马尾松是全国优良地理种源之一。派阳山林场现收集有以桐棉种源为主的全区松树优良无性系材料 1184 份，建成了国家级示范性良种基地，郭飞正是良种基地的建设者和领头人。在郭飞的带领下，基地马尾松不同世代种子园建设不断完善，马尾松良种繁育进程处于国内领先地位。郭飞推广应用种子园"果园式"集成管理技术，大幅度提升了良种种子产量，良种生产由 2018 年 163.5 千克提升至 2020 年 372 千克，每年可提供良种 2000 万株以上，保证了社会高增益良种造林需求。在良种基础上，郭飞积极申报项目、争取资金扶持，建成 50 亩标准化苗木繁育基地，年培育良种苗木 200 万株以上。

为了更好地推广优良种苗，郭飞跑遍了宁明县辖属的 13 个乡镇，带领团队广泛沟通联系和指导帮助村屯农户，并通过广西林木种苗网等电商平台建立了固定的销售网络和市场，先后向社会推广应用 12 个马尾松优良家系，向广西及广东、福建、贵州、云南等省份提供马尾松良种 3000 多千克，累计培育苗木 1 亿多株，推广造林达 4 万多公顷，经济价值达 30 多亿元。

"一项技术就是一阶登山梯"——甘做先进技术"宣传员"

郭飞积极倡导马尾松科技推广和示范，采用"良种、良地、良法"相结合的方式，加快科技成果转化，近年来先后申报实施了 5 项中央财政林业科技推广项目并登记成果、申报和实施 4 项自治区林业科技推广项目，采用先进技术成果，高标准营建了优良家系示范林共 5000 多亩，参试示范家系 80 多个，经济价值达 2500 多万元，辐射推广马尾松良种良法 10 多万亩，为广西及我国南方原料林基地建设提供了示范样板。

郭飞主持引进马尾松先进配套集成技术，建设实施"马尾松工业用材林良种选育及高产栽培关键技术研究与示范"项目，示范林产量比普通林分高出 30%~50%，大幅度提高了森林培育质量。

除了马尾松技术攻关和推广以外，郭飞也在八角、桉树、珍贵树种等树种上加大技术研究和推广示范，其中"种百元树造万元林"示范林培育项目中，郭飞引进和推广优良桉树无性系高效培育技术等桉树人工林可持续经营技术成果，营建示范林 1 万多亩，预计示范林单株产值 100 元以上，亩产值 1 万元以上，出材量和产值比常规造林高出 50% 以上。

郭飞还积极探索集成桉树丰产标准化技术体系，制定形成一套可复制可推广的桉树高产标准化技术规程，营建高产示范林 3050 亩，预计 6 年生时，桉树出材量每亩达 12~15 立方米，比现有林分提升 50%。

在"高密植桉树工业原料林栽培技术研究与示范"项目中，郭飞积极开展土肥试验，建立了林场首个土壤养分数据库，研制出桉树专用基肥 1 种、专用追肥 2 种，为区域性桉树工业原料林栽培及经营管理体系奠定了基础，推广营建桉树工业原料林基地 12 万亩。

在"桉树枯梢病防治试验示范"项目中，营建桉树枯梢病防治技术示范林 1500 亩，为桉树枯梢病防治技术推广建立了示范模板。

在八角标准化种植方面，郭飞积极推广八角标准化抚育管理技术、八角标准化抚育技术和嫁接换冠技术，营建八角标准化抚育示范林 950 亩、八角标准示范基地 550 亩和八角嫁接示范林 50 亩，为助推八角产业开发起到了积极作用。

"一个平台就是一本致富经"——甘做科技扶贫"服务生"

积极与科研院所合作，搭建各类科技推广平台，形成孵化体系和培训中心，是郭飞工作中的"法宝"。一个个科技推广平台使林业科研、推广和示范逐渐形成体系，构架完整又独具特色，走进田间地头，走进村屯集市，请广大林农来到培训中心、来到服务平台，带走优良种苗，学会先进技术，强烈的科技服务意识使他成为备受广大林农欢迎的"服务生"。

郭飞申报建设广西派阳山林场农业科技园区，建成全区首批专业的科技园区高素质农民培训中心，累计培训技术人员及高素质农民 2000 人次以上，科普宣传及普及林业知识 3000 人次以上，带动当地劳动力就业 5000 多人次，帮助宁明县洪江村 498 户 17679 人实现全部脱贫摘帽，为繁荣当地经济、助力脱贫攻坚、促进农林产业规模化经营做出了积极贡献。

通过广西农业科技园区、四星级花山松涛桐棉松产业核心示范区、宁明县桐棉松产业星创天地等一系列平台的辐射带动，郭飞常态化组织开展各类林业科研技术培训、专家技术人员下乡、线上提供咨询服务等活动，为广大林农提供了技术支撑和创业平台，培训基层技术人员和农民 600 人次 / 年，为地方林农赠送优质苗

郭飞（右一）为农户讲解马尾松良种苗木培育技术（摄影：黄彩枝）

木 20 万株 / 年，农民素质和收入均实现稳步提升，地方马尾松林地单位面积产量提高 30% 以上，木材采伐周期缩短 3~5 年，有效促进了当地林业产业结构的优化和升级。

桐棉松主产区桐棉镇、那楠乡、明江镇是郭飞跑得最多的乡镇。他还是明江镇森华原生态种养专业合作社、桐棉镇琴清村和那么村八角个体户的乡村科技特派员，这个地地道道的湖南人、广西女婿，可以和当地只会说白话的村民无障碍沟通。在田间地头宣传良种良法，组织林农现场参观示范基地、发放技术资料和良种苗木。在示范林现场讲解技术要点，早已成为了工作日常。2021 年郭飞获评宁明县带富优秀党员时，被这样评价："在本职岗位上务实苦干，在服务群众中无私奉献，在生产、工作、学习和社会生活中带头发挥党员先锋模范作用，受到群众广泛赞誉。"同年当选崇左市人民代表大会代表。

郭飞甘于奉献，积极主动投身林业科技推广工作。为了培育出优良杂交种，连续多年春节假日，他放弃与家人团聚，参与到马尾松人工授粉工作。为了不耽误科技推广工作，他在小孩出生时，仅陪伴妻儿一个星期，又投入到林业科技推广工作。他乐于助人，在担任分场场长时，多次帮助同事值班，急职工之所急，想职工之所想。

郭飞曾获自治区最美林业科技工作者、全国村级森防员培训先进个人、全区林业有害生物防治工作先进个人，多次获林场优秀党员、先进工作者。

（撰稿：场安冰）

冯大兰

　　女，1976 年出生，中共党员，博士，正高级工程师，现任重庆市林业科学研究院林业研究所所长，兼任重庆林业科技"林木营养与专用肥"首席专家，重庆科技扶贫"植物营养专家组"组长。2020 年被评为重庆市林业系统先进个人、重庆市科学技术局扶贫先进个人，2022 年被评为国家林业和草原局"最美林草科技推广员"。长期从事林木营养与专用肥、育苗轻基质配方、农林废弃物资源化利用等研究。先后主持或参与国家、省部级科研项目 30 余项，获得国家发明专利 3 个，实用新型专利授权 2 个，筛选林木良种 7 个，制定行业标准和地方标准 3 部，发表学术论文 30 余篇，筛选育苗轻基质优良配方 8 个，成功研制核桃、笋用竹等专用肥优良配方 9个，成功研制的"红叶营养调控剂"，可延长观赏期 15 天以上。

老百姓心中的"土"博士

——记重庆市林业科学研究院林业研究所所长 冯大兰

冯大兰 2011 年博士毕业后，来到重庆市林业科学研究院，开始了她的林业科研工作生涯，主要从事林木营养特性及专用肥、育苗轻基质配方及育苗技术等研究。2012 年，她带头组建了林木营养与专用肥团队，针对重庆主要经济树种，开展笋竹、桑树、核桃的配方肥及施肥技术研究。为了全面推进核桃产业发展，2016年，她带领核桃团队，开展了重庆核桃种质资源调查、品种选育及丰产栽培技术等系列研究与科技成果推广。

注重林木品种，用科技促进良种选育

位于大巴山深处、北与陕西省接壤的渝东北城口县，距离重庆主城约 400 千米，是重庆最偏远的区县之一。2015 年，当冯大兰第一次走进城口县，她才知道山有如此之大、如此之险。一眼望去，满眼皆是大山，她才明白儿时看过的电影《大山里的孩子》，脑海中顿时浮现出一张张写着渴望走出大山孩子的脸庞。她忧然沉思：这么艰难的地方，老百姓如何脱贫，如何致富呢？核桃树能成为这儿的"摇钱树"吗？

核桃是重庆市重要的木本油料树种，作为特色效益农业重要发展树种，被纳入《重庆市"十三五"发展规划纲要》和《重庆市木本油料产业发展规划（2016—2025 年）》，作为林草绿色产业高质量发展的主要树种，被纳入《重庆市"十四五"林业草原发展规划》。近二十年来，重庆市通过退耕还林、中央财政造林、石漠化综合治理等工程大量种植核桃。但是，种植引进品种多，本地品种几乎没有。而城口县却分布很多核桃种质资源，被誉为"中国核桃之乡"。

2012 年核桃团队在城口县开展了核桃引种栽培试验，2015 年认定了一个核桃良种'渝城 1 号'，但栽植这个良种的面积少，老百姓还没有看见希望，接受程度小。为做好良种的推广应用，冯大兰带领核桃团队成功申报"'渝城 1 号'核桃良种推广与示范"科技推广示范项目,并促成其落地城口县高观镇施礼村。她主导建成良种推广示范基地,通过实地农技科普,向老百姓展示良种的重要性。她还不辞辛苦,常年奔波于渝东北深度贫困乡镇较为集中的城口、巫溪、巫山、云阳等多个区县,开展栽培技术培训。

2016年以来,冯大兰带领团队在全市推广栽培面积4万亩,惠及城口、巫溪、巫山、云阳等15个区县的10000余户农户。其中,贫困户1300余户,户均增收1300元。他们在城口县高观镇双竹村建立了"核桃丰产栽培示范基地"100多亩,2018年成功审定了'渝城1号'核桃良种,2020年已实现收入超过2000元/亩,带动双竹村村民近30户,其中贫困户5户,户均增收近3000元。他们通过带领种植户到标准化管理基地观摩学习,进一步增强了核桃种植户发展核桃产业的信心,为当地核桃种植提供了样板。

注重成果推广,用科技助力产业发展

冯大兰带领团队深入城口县,为市级科技兴林项目"重庆地区核桃养分需求特性及配方肥研究"选择试验地。当她踏进高观镇白岩村的一片核桃林——那是最早嫁接的'渝城1号'核桃林,抬头望见的却是满树的黑果,心里十分难过。她凭借自己的专业判断,心里清楚地知道:即使种植良种,在重庆寡日照、高温多湿的条件下,如果缺乏技术管理,核桃树仍然不是"摇钱树"。她暗暗发誓:一定要为老百姓带来核桃的丰产栽培技术!

冯大兰连夜回到城口县核桃专家大院,立即组织团队人员和种植企业,了解城口县核桃种植现状。当晚,她就和团队成员一起制定了研究方案。为了全面了解城口县核桃主栽区土壤和树体营养状况,她从第二天开始,整村逐片勘察核桃林地条件。每到一个地块,她都分别取土壤和植株各器官的样品,带回实验室进行检测和分析。那段时间,多少个夜晚,熬夜加班查阅资料和处理数据,了解核桃树营养需求规律和土壤供肥规律,成为她的工作常态。在城口、巫溪、巫山、云阳、万州等区县经过4个多月的踏查、收集与分析,终于有了翔实的第一手数据,她才觉得心里有底儿了!

"有了情况摸底,更要解决方案。"冯大兰和团队马不停蹄,因地制宜,求实创新,迅速制定了有机无机复混肥研究方案。为了保证肥料的质量,她亲自到肥料加工企业,选择有机肥原料(牛粪)和菌剂,指导牛粪发酵。在发酵期间,她坚守在现场;在发酵尾声,她时不时用手抓起牛粪嗅一嗅,检查发酵成色情况。功夫不负有心人，在配制了多个有机无机复混肥配方，经过反复多次正交试验后，她和团队最终筛选出两种适宜渝东北地理条件的有机无机复混肥配方，获得了"一种核桃专用肥及其制备方法"国家发明专利。

2017年以来，该配方在城口、巫溪、巫山、云阳、万州、黔江、石柱等区县推广应用5万亩。使用该配方后，核仁饱满了，涩味轻了，产量增加了，种植户的信心提升了，老百姓收入增加了。仅2020年，核桃专用肥在城口县高观镇、厚坪乡、明中乡、左岚乡、龙田乡、东安镇、庙坝镇等地的推广应用面积就达到10000亩，惠及2000多农户，户均增收800元。此外，他们在城口县高观镇施礼村，还建立了10亩核桃配方肥长期试验基地。

冯大兰始终坚持食品安全和增产增收"两手抓"，指导重庆市渝鲁林业发展有限公司科学施肥，帮助企业树立科学施肥理念，为他们培训技术骨干10人。她总是亲力亲为，影响和指导周边厚坪、明中、龙田、治平等乡镇进行科学施肥，减少土壤面源污染。在巫溪县中梁乡石锣村，她多次来到这个立地条件和交通条件都极差的地方，为当地老百姓出谋划策，调动专业合作社积极性，让152户农户户均增产增收1200元，为当地群众脱贫持续增收找到了门路，为全面打赢脱贫攻坚战作

冯大兰（左三）介绍核桃高接换优技术（摄影：李秀珍）

贡献，为乡村振兴夯实了基础。

注重社会效益，用科技带动旅游产业

"满山红叶似彩霞，红叶年年映三峡。"巫山红叶是重庆巫山县重要的特色旅游资源。由于分布面积大、观赏周期长，漫山红叶绽放在高峡平湖上的壮丽景色，让巫山在整个长江三峡旅游中独树一帜。随着我国旅游业的蓬勃发展，受三峡（主要是巫山）红叶特殊魅力的吸引，当前和今后到巫山赏红叶的游客会越来越多。然而，受自然因素影响，巫山红叶存在株间色相差异大、年际间色相不稳定、呈色时间不一致，进而影响观赏效果的问题，对巫山旅游业带来诸多不利影响。

2018 年，应巫山县政府邀请，冯大兰组织专家团队调研巫山红叶呈色期存在的系列问题。他们攀爬在悬崖峭壁上，在一个个石缝里采集黄栌根系，在一个个石窝里采集土壤，带回实验室检测分析。在全面掌握黄栌生存的土壤供肥和植株营养需求状况后，他们研制出"红叶营养调控剂"。经过 3 年试验和探索，他们获得了"一种黄栌叶色调控剂及其使用方法"国家发明专利。成功研制的"红叶营养调控剂"，使巫山红叶红得更鲜亮，延长了红叶观赏周期，促进了巫山县旅游产业发展，带动了当地农副产品销售、农家乐兴起，为当地老百姓脱贫致富找到了出路。

注重一心为民，誓做林业科研战线"老黄牛"

作为一位中共党员，冯大兰犹如一头"老黄牛"，辛勤耕耘在林业科技工作第一线。她在工作时坚持把广大林农的利益放在第一位，积极发挥自身专业优势，坚持科技服务基层林农，努力提高林农种植技术水平和收益。

冯大兰在负责植物营养专家组工作期间，为做好每一次培训，组织团队人员编写培训材料，从课堂内容讲授到现场实际操作，都会提前与专家老师沟通交流，认真筹划准备。有一次，她负责组织一场核桃栽培管理的技术培训，她觉得现有的培训资料还有不足，于是抓紧时间做了一次林农用肥需求调查，了解大家最急需的内容和最薄弱的环节。在查阅大量资料基础上，她结合实际，及时编写了《核桃施肥技术培训材料》。这份材料有效提升了培训互动，反响很好，赢得了老百姓的称赞。在城口县高观镇渭溪村，老百姓没钱购买肥料，她不怕脏不怕臭，手把手教会农户如何利用废弃的猪粪、牛粪、畜禽粪便制成核桃需要的有机肥，指导他们合理配施速效肥。2019 年，该村核桃亩产量增收 35 千克。她带领团队带动村民 127 户（其中建卡贫困户 13 户）户均增收近 1200 元，深受老百姓和种植企业的喜爱，荣获了

"大山里的营养师"的美誉。

"授人以鱼不如授人以渔。"为了充分发挥好林业千名专家进千村的作用，冯大兰在基层举办培训时，现场走进乡土专家的示范园。尽可能让当地的乡土专家走上讲堂。她常年奔赴全市十几个区县，大力开展核桃丰产栽培相关技术公益培训与现场技术指导，指导广大种植户和基层单位的生产发展。近年来，她每年开展技术培训6次以上，培养脱贫致富产业带头人2名，培养农村技术骨干10人，技术工人40人，带动406户农户年均增收1200元以上。她通过技术推广，为广大林农和企业提供了技术支撑，为林业主管部门排忧解难。

作为一名林业科技推广人员，冯大兰以不甘平庸的钻劲，心系林业的情怀和默默奉献的精神，将林业科技成果转化和乡村振兴结合起来，真正做到了把工作开展到田间地头，把技术传播到千家万户。

（撰稿：刘萍）

　　男，1966 年 2 月出生，中共党员，林业正高级工程师，四川省富顺县国有林场总工程师。2010 年获国家林业和草原局全国生态建设突出贡献奖——林木种苗先进工作者荣誉称号，2012 年评为自贡市第二批专业技术示范人才，荣获富顺县第七届专业技术拔尖人才称号，2016 年获国家林业局全国生态建设突出贡献先进个人荣誉称号，2018 年获富顺县第八批专业技术拔尖人才称号，2022 年度评为自贡市市级领军人才，省级、市级人才计划入选者，获国家林业和草原局"最美林草科技推广员"荣誉称号，2023 年评为盐都学术技术带头人、四川省林草行业高级人才专家。2009 年参加的"四川巨桉短周期工业原料林定向培育技术及示范推广"项目，获四川省科学技术进步奖一等奖，2016 年"一种马尾松专业嫁接刀"获国家知识产权局专利。

让林业科技成果在基层落地开花

——记四川省富顺县国有林场总工程师　王国良

虽已入秋，马尾松种子园中的马尾松依然郁郁葱葱。它们特有的芳香令四川省富顺县国有林场总工程师王国良陶醉其中。

熟悉王国良的人说，王国良就像一株马尾松，他扎根基层 34 年，长期致力于森林培育、林木良种选育、育种育苗和国家重点林木良种基地建设，用行动让林业科技成果在基层落地开花。

脚踏实地

"我是农民的孩子，从小就喜欢大自然，一草一木都是我的玩伴和老师。"王国良不仅当过木匠、编过竹席，还耕过地种过庄稼。或许，正是获益于这些经历，此后即便在林场艰苦的工作条件下，王国良依然韧劲十足、干劲不减。

毕业后，王国良被分配到富顺县国有林场李桥工区工作。"当时的条件十分艰苦。吃水要靠人挑，通信要靠纸条。"王国良说，从李桥乡到林场工区徒步要走上一个半小时，遇到下雨天便泥泞难行，住处是俗称的"干打垒"，房间里的一张木板床就是他的全部家当。每天的伙食就是"一碗小菜汤"，根本谈不上营养和滋味，这样的日子一过很多年，这也让王国良对林业基层工作有了更深刻的认识。

工作期间，王国良带头收集保存优良林木种质资源 783 份，主持营建的四川山枇花、小叶香樟、利川润楠和香叶木姜子 4 个树种，于 2011 年全部通过四川省林木品种审定委员会的母树林良种认定。

2014—2023 年，王国良和同事们选育了油茶良种'川富 53''川富 277'，建成油茶良种采穗圃和示范林 500 亩，培育油茶良种苗木 480 余万株，推广造林 5 万亩，苗木产值 2500 万元。造林 8 年后，带动林农增收 1.5 亿元。出色的业绩，让王国良接连获得"全国生态建设突出贡献奖——林木种苗先进工作者""全国生态建设突出贡献先进个人"等多项国家级、省市级荣誉称号。他先后与他人合作，发表了大量林业专业技术论文，主持的多项科研技术项目，获得国家林业和草原局、四川省和自贡市科技成果进步奖 10 余次。

突破难点

"你看这些马尾松，它们耐干旱和贫瘠土壤，浑身都是宝。木材可以做家具和充当建材，也可以造纸，松脂还可以做化工原料，松针还能制茶和入药……"这些优势，让王国良看到了发展良机。

在富顺县国有林场，王国良带着同事们完成了 2311 亩马尾松良种基地建设，实地开展马尾松优树筛选调查 4.86 万株，所选育的马尾松良种在 2003 年被认定为国家马尾松良种，2007 年被审定为四川省马尾松良种。营建的马尾松种子园于 2009 年被评为国家首批重点马尾松良种基地。

为精准采集所需的种子和穗条，蚊蚁叮咬与松毛虫的毒刺对王国良和同事们都是家常便饭。更危险的是，有时他们还要爬上 10 多米高的松树。"窝位图纸与现场优树编号的清理，如果不能对上号，测定数据错误就会影响试验结果，就不能得出科学的结论。"在王国良眼中，林业科技工作容不得半点马虎。

王国良（右二）在示范培训香樟嫁接技术（摄影：吴洪）

得益于这种敬业和责任，王国良主持选育的马尾松良种速生、高产、抗逆性强，世代高，遗传增益高。2013—2018 年，王国良在推动开展马尾松嫁接试验技术攻关中，通过创新嫁接方法，突破了难点问题，将马尾松嫁接成活率提高到80% 以上，完成了国家重点马尾松良种基地的升级换代，建成了四川省唯一的马尾松二代无性系种子园。自 2003 年至今，共培育马尾松袋装苗 1050 万株，造林9.5 万亩，年产值 1300 万元，带动林农增收 600 万元。

直面难题

有想法敢创新，更有让想法落地的执行力。1998—2003 年，富顺县国有林场全面禁止采伐。林场没有了木材收入，职工的工资都发不出来。为了解决难题，王国良带领全场职工将采伐转向了育苗，经过前期的探索，他选定了生长快、竹材产量高、竹笋口感好的麻竹作为富顺县地方产业重点谋划发展。

1998 年，他从广东引种并通过试验研究，总结出 3 个麻竹快速繁育的方法，只用了 5 年时间，他就在富顺县国有林场种子园工区培育了 800 余万株优质麻竹苗，并在富顺县及周边地区推广造林 20 余万亩，按每亩年产 3~5 吨竹材、单价200 元计算，每亩可实现 500~800 元的净收益。富顺县因此被评为四川省竹产业强县，为自贡市麻竹产业发展打下坚实基础。

2019 年，王国良被聘为四川农业大学林业硕士专业学位研究生校外指导教师，他说："一代接着一代干，才能真正把林草生态建设工作做好。"

（撰稿：张学敏）

最美林草科技推广员

金银春

男，1984年2月出生，中共党员，硕士，四川省林业科学研究院高级工程师，主要从事经济林培育研究与示范推广。获聘四川省专家服务团专家、凉山彝族自治州决策咨询委员会委员。获评国家林业和草原局"最美林草科技推广员"、第13批四川省学术与技术带头人后备人选等荣誉。主持及参与国家、省级科研项目10余项，参与选育核桃良种'蜀朝2号''凯林'等5个，获得授权发明专利1项，制定地方标准1项，发表论文20余篇，以第一作者发表论文12篇，参与核桃相关项目成果获四川省科学技术进步奖二等奖1项、三等奖2项。

深耕一线，用"科技"点绿成金

——记四川省林业科学研究院　金银春

盛夏骄阳似火，在凉山彝族自治州（以下简称凉山州）会理市核桃示范园区，金银春正在开展核桃种植技术服务。结合多年的理论和实践经验，他耐心细致地向核桃种植户讲解肥水管理、采收处理、病虫害防治和林产品安全管理等知识，手把手指导，得到林农一致好评……深耕经济林培育研究十余载，金银春在山间林田播种"科技"，在平凡中实干出彩，留下林草科技推广员最美的身影。

专业人做专业事，把"论文"写在大地上

"以后学以致用的机会更多。"这是金银春硕士选择森林培育专业时重点考虑的因素。从小在农村长大的他，家乡的柑橘林让他对经济林木产生了一份特殊的感情。大学时他毅然选择林业专业，硕士毕业后先后在内江市市中区林业局、广元市朝天区林业局、四川省林业科学研究院从事核桃等经济林培育研究和推广工作。

四川省是核桃产业发展大省，但由于地理位置特殊、气候条件多样，核桃品种的选择存在一定的区域性和局限性。在广元市朝天区工作期间，金银春在核桃良种推广时发现了原有品种的细微缺陷，导致整体出仁率不高。于是，他与当地同事一起商量如何改良，筛选出更具有商品优势和市场竞争力的品种。经过多年努力，于2014年选育出核桃良种'蜀朝2号'，弥补了原有品种的缺陷。同时，积极参与良种采穗基地建设，推动良种化进程。通过以核桃良种为基础、芽接技术为支撑，朝天区核桃园区的良种化率达90%以上，全区良种化率达60%以上。

面对朝天区每年3万亩核桃良种改良的推广任务，他时常到现场开展技术指导和验收。当金银春看到嫁接工人取芽操作方法不规范时，他耐心提醒，嫁接工人却觉得这是惯例并没什么大不了，他就说："我以前学的就是经济林，专攻树种就是核桃"，边说边接过他们的嫁接刀进行操作示范。从接口处理、取芽、接口对齐、绑缚……一系列专业而熟练的操作，让嫁接工人心服口服。

　　他善于调查研究和学习，在凉山州帮扶期间，利用自身的专业特长和优势，发现和总结当地核桃、花椒产业存在的瓶颈问题，并积极建言献策，撰写了盐源县花椒产业发展报告、盐源县核桃产业发展专题调研报告等，为当地林草部门提供咨询和参考。

　　"深入基层、沉下去。"是他的工作良方。他说："科技下乡时，尽量把时间安排充裕，与嫁接工人讨论提高成活率的有效措施，与种植户交流喜欢什么样的核桃品种，往往受益匪浅。"他参与的发明专利《核桃韧式皮嫁接方法》，其思路就得益于与嫁接工人的交流"如何增加形成层接触面积，提高嫁接成活率"的探讨，经过改良验证，该方法将之前不稳定幼苗嫁接成活率提高到 90% 以上。

　　"因地制宜、实起来。"是他的工作法宝。"新品种、新技术、新模式离不开具体的推广环境条件，要结合当地实际进行研判。"在盐源县进行青花椒的侧枝轮换修剪技术推广时，他发现在海拔 1800 米以下的种植区，由于热量充足，枝条生长量能够达标，第二年结实良好，但若种植区海拔高于 1800 米，修剪后枝条生长量不够，第二年结果就很少，推广效果则较差。"这就需要我们在推广每项技术时做好区域试验。"他说道。

　　实践出真知，行家在一线。在长期的基层工作服务中，他脚踏实地、兢兢业业，怀着对科技推广强烈的事业心与责任感，积极参与县域林业产业建设和服务地方经济发展，从刚上班时一名默默无闻的技术人员，逐渐成长为高级工程师、经济林栽培的"行家里手"，为四川省核桃、花椒等林业产业发展贡献科技智慧和力量。

扎根基层一线，把"家"搬到贫困村

　　工作之余，金银春积极参与各类技术培训和指导，切实解决基层林农的种植问题。他曾参加中央财政"三区"科技人才服务 3 年、科技扶贫（下乡）万里行核桃团行动 4 年，并积极参加人力资源和社会保障厅专家服务团等服务基层活动，累计开展各类技术服务达 500 场次，累计培训和指导 6000 余人次。在与基层对接交流的过程中，他积极将实用的林木良种和技术推广到林业产业发展中去，在参与指导的技术服务示范点中，花椒最高增产 1 倍，青花椒最高增产 4 倍，核桃最高增产 0.5 倍。

　　2018 年 6 月，金银春响应省委、省政府和单位援彝号召，到凉山州盐源县参与为期 3 年的省林草系统综合帮扶工作，亲眼见证了扶贫政策落地的"最后一公里"，也体会到了脱贫攻坚的意义和责任。

　　在驻村帮扶期间，他先后深入 28 个乡镇 100 多个村开展核桃、花椒的实用栽培技术推广和技术指导，建立起 100 个村级核桃、花椒标准化栽培示范点。同时，他还积极开展产业扶贫、电商扶贫等工作，通过农民夜校培训群众 700 余人次；通过电商平台助农销售苹果 10000 多千克、核桃 1500 千克；为全村产业发展申请省科学技术厅产业扶贫资金 20 万元；先后给村内项目区贫困户送肥料 6.5 吨，送花椒苗 3000 余株……

帮扶路上，他的"贴心"也换来了群众的真情。有一次，有村民反映红花椒树零星出现"秋叶枯萎，冬天死掉"的情况。他与驻村队员一同踏查现场，经过认真观察，判定是雨季地下水位较高导致花椒烂根，当即提出"在地边挖深沟，解决雨季水涝问题"的建议。第二年回访时，秋季枯叶的情况得到缓解，村民感激地挽留他们，"一定要吃了'坨坨鸡'再走。"

为更好地开展工作和照顾家庭，他克服巨大压力，2019 年将家搬到了盐源，开启"一人扶贫全家出动"的帮扶征程。

因工作成绩突出，他在扶贫期间连续 3 年考核优秀，连续 2 年被表彰为"优秀共产党员"，获得省属事业单位脱贫攻坚记功奖励，被评为"林业综合帮扶队技术能手"。面对荣誉，他说："这都离不开家庭的支持，离不开组织的厚爱。感谢脱贫攻坚工作让我有机会围绕专业做一些力所能及的工作，能通过推广林草科技为当地群众脱贫增收尽一点微薄之力，再苦再累也值得。"

金银春（右四）在木里县开展青花椒技术培训（供图：木里县）

科研创新结硕果，把"技术"种在绿水青山

"干林业，学习和创新很重要，只有不断积累，才能增强林草科技含金量。"金银春积极参与林业科研和创新工作，参与国家、省级项目10余项，其中，主持项目6项，主要包括"四川良种核桃及优异种质资源收集保存""川中丘陵区核桃高产技术研究与示范""核桃砧木种质资源收集与选择研究"、省科学技术厅"四川油橄榄高效栽培技术培训与产业化示范""黑核桃砧木生长发育规律及抗性比较研究""凉山彝区盐源县花椒实用栽培技术示范与推广"等；参与的项目包括"核桃砧穗组合的亲和性试验研究"、省科学技术厅"美国核桃良种繁育及栽培技术引进与示范"、国家林业和草原局"四川省核桃种质资源调查编目"等。

经过近10年的研究和积累，发表核桃、油橄榄、花椒相关论文20余篇。他的朝天区核桃品种选育及芽接技术研究成果获得四川省科学技术进步奖三等奖；朝天核桃品种培育与产业开发相关研究成果获四川省科学技术进步奖二等奖；穗状核桃种质资源发掘与利用相关研究成果获四川省科学技术进步奖三等奖。相关科研成果得到广泛推广应用，赢得良好口碑。

为解决盆周丘陵区核桃病虫害严重、丰产性差的问题，他多年来努力发掘丘陵区核桃优异种质资源，与四川凯利林业科技有限公司合作选育出适合丘陵区高温高湿气候条件下种植的核桃品种'凯林'。该品种丰产稳产性好、抗病性强，目前已获得大面积推广，取得了显著的经济和社会效益。

在参与核桃实用技术培训中，他还培养了一批会嫁接、懂修剪的栽培能手，特别是在广元期间培养的技术人员，很多被聘请到周边县区担任核桃专职技术员，负责指导当地的核桃综合管理，有效助推核桃产业的高质量发展。

他用心用情，及时总结研究成果，促进科技成果的推广与转化；他诚心帮扶，托起林农致富梦，谱写绿色发展和乡村振兴美好蓝图。目前，在四川省林业科学研究院经济林研究所工作的金银春，继续"老本行"——核桃、油橄榄、花椒等树种的栽培示范与技术推广。"充分利用好我院的省级科研平台，积极参与林草科技推广和科技下乡活动，做好特色经济林树种的新品种、新技术、新模式的示范推广，为高水平建设天府森林粮库贡献自己的专业力量。"他是这样说的，也是这样做的，真正做到了"知行合一"，以科技兴林，以产业富民，是他的初心所在，也是他立足新时期助力林草科技推广事业发展的奋斗目标。

（撰稿：王意迦）

最美林草科技推广员

侯　娜

　　女，汉族，1983年2月出生，中共党员，博士，高级工程师，现任贵州省林业科学研究院核桃研究所育种与栽培研究室主任。中央组织部第十四批"西部之光"访问学者，贵州省第四批高层次创新型——"千层次人才"培养对象、贵州林业（花椒良种选育与苗木培育）首批首席专家。先后荣获贵州省科技成果转化奖二等奖1项、贵州省科学技术进步奖三等奖1项和贵州省林业优秀工程设计奖三等奖1项。长期在贵州林业技术推广示范一线工作，承担国家、省及厅级科技项目10余项，发表论文40余篇，获得发明专利及实用新型9项，参与制定林业行业标准及地方标准5项，主持及参与选育花椒、核桃等良种6个。

山川无朽木，痴心出硕果

——记贵州省林业科学研究院核桃研究所　侯娜

作为林业科技工作者，侯娜同志始终以推广先进林业技术为己任，坚持面向林农普及种植技术，助农增收，践行"让百姓实现'绿水青山就是金山银山'"的梦想。

城里来的"核桃女王"

侯娜既是潜心钻研的学者，又是科技下乡的推广者。科技推广中，山里路不通就迈开双腿，不畏艰险。田间示范，山林教学，风吹日晒，一天下来满身是土，两脚是泥。面对艰苦和困难，她从来没有退缩，一心想着科研，一心想着群众。山区群众看在心里记在心上，用各种最为朴实的言行表达着他们的感激之情。在贵州省盘州市核桃良种试验基地，不顾天气炎热，侯娜同志亲自带着团队成员，在地里嫁接核桃良种。利用过硬的专业知识，教会当地农户根据核桃叶片形状辨认核桃品种。

作为国家公益性研究单位的一员，侯娜始终不忘使命，听从组织召唤，到最需要的地方去，服务社会、服务人民。2020—2021连续2年参与国家林业和草原局组织的"我为群众办实事"科技服务活动，作为讲课老师参与网络直播培训，现场讲解核桃等经济林树种种植和管护工作，得到当地林业局的充分肯定，受到了广大林农的热烈欢迎。同时，在贵州林业科技专家网上坐堂应诊，为贵州省核桃良种选育及栽培提供科学指导。讲解核桃种植技术，现场解答林农提问。2012年以来多次赴贵州省六盘水地区开展科技扶贫、公益扶贫，用科学指导实践，受到广大群众的诚挚欢迎。

在先进村致富的带动下，贵州省各地发展核桃热情高涨，通过技术指导和技术辐射，促进种植户人均增收520元。贵州省六盘水市核桃老产区，传统上采用实生繁殖，果实良莠不齐，效益低，通过推广本地核桃良种及嫁接技术，其品种大幅优化。目前，六盘水市已种植本地核桃良种约 1 万亩，年产值超过 2000 万元，年收入万元以上的核桃种植户达 50 余户。

盘州市福坤种植有限公司经理刘彦坤是依托科技服务致富的又一个典型。在侯娜的指导下，刘彦坤由当初的普通农户，到成立自己的公司，拥有核桃良种园 500亩，每年收入超过 200 万元，还带动建档立卡贫困户 20 户，贫困人口就业 10 人，人均年增收 2000 元以上。

二道坪村的"金蛋蛋"

贵州莽莽荡荡的大山深处，有一个小小的村落，名叫二道坪村，隶属于六盘水市水城县保华镇。村里住着 500 余户人家，因为偏远，村民们世代以农业种植为生，尤以核桃产业最为关键。这里也是侯娜联系的 20 多个帮扶村落之一。

2010 年，当侯娜第一次来到这个村的时候就被其独特的资源禀赋所吸引，这里简直就是天然的核桃良种培育基地。但是漫山遍野栽植的都是老化品种，不但产量低、肉质差、防病虫害能力不强，而且缺少合理的布局和田间管理，处于无序的野蛮生长状态。"简直太可惜了，我们来到有需要的地方了！"看着眼前的景象，

侯娜（中间树后）在地里教授农户核桃方块芽接技术（拍摄：张超东）

作为科研人员，侯娜和团队使命感油然而生。

当侯娜和同事们在村里开展技术推广，动员改良品种的时候，村民们嘴里都说好，却没有人真正愿意去做。"我们当时很困惑，这分明是好事，可他们为什么不愿意呢？"事出必有因，为了解情况，侯娜和同事们与村民进行了深谈。

"树都长这么大了，现在要剪、要裁、要重修剪，不然明年肯定减产。"

"要多结果就要多栽树，越密越好，哪还有剪枝砍树的道理，这样还能增产，见鬼咧。"

"有在树上折腾的闲工夫，我不如外出打工去赚钱。"

听到村民的真实想法，来自农村的侯娜很能理解。朴实的农村人最珍爱的就是自家植株，但推广工作还得继续，这是他们搞科研的初心，怎能轻言放弃。大家一致决定住下来，挨家挨户做工作，务必在品种改良季节结束前与一部分村民达成一致，用实际行动给全村"打个样"。侯娜和团队成员用事实说话，拿出之前的成功案例和良种成果耐心做工作。经过他们的执着坚持，在村干部的帮助下，经过半个多月的不懈努力，终于有十多户村民同意了侯娜的核桃品种改良方案，愿意拿自家的核桃林建设"示范林"。

"我们的技术其实很成熟，只要村民愿意，我几乎可以给他们打包票能够实现增产增收。"在接下来的时间里，侯娜和团队成员每天忙碌在田间地头，指导村民改良核桃品种，教授他们田间管理技术。张根学外出打工，家里十几亩山地，媳妇一个人根本忙不过来，眼看核桃春季品种改良季节要过去了，急得趴在树上大哭，侯娜和同事听说后，立即挽起袖子帮她一起干。这份热心也感动了其他村民，纷纷伸出援手，终于在最后时间完成了核桃品种改良。

此后的3年里，侯娜一有机会就驱车300多千米，前往二道坪村，查看苗木长势和结果情况，进行现场技术指导和示范，动员村民继续参与核桃品种改良工作。

2013年10月，侯娜忽然接到二道坪村村长打来的电话，声音很激动，告诉她，村里改良的核桃树今年产量剧增，而且果大、皮薄、味道好，拿到镇上很好卖，甚至有果商找上门来收购。"现在他们眼红了，后悔得很，都想把自家的树给改良，侯老师，您一定要帮我们，这次我要把全村发展起来搞核桃……"听着村长分享村民丰收的喜悦场景，侯娜倍感欣慰，同时也感受到了沉甸甸的责任，她撕掉了手里的探亲假申请表，回家打包行李，再次踏进二道坪村。

现在，二道坪村几乎每家每户都栽种了侯娜团队培育的'雪凝红'核桃良种，种植面积2500余亩，年产值600余万元，较过去增收150万元，真正实现了"科技兴农、造福一方"的美好初心。

情系育种终无悔

侯娜来自关中平原腹地的一个小乡村，依山傍水风景秀丽，高耸的秦岭和广袤的平原给了她开阔的胸襟和崇高的志向。她与丈夫都毕业于西北农林科技大学林学专业，由于对山与树相伴相生的执着，与丈夫一起背井离乡来到千里之外的贵州省林业科学研究院工作，至此成为一名贵州大山里的"林业人"，她同时在心里许下"踏遍千山育良品，不负韶华报国恩"的美好愿望。

受余光英等老一辈科学家的影响和对林业工作的热爱，侯娜一直致力于让核桃成为贵州山区百姓致富树。核桃作为重要的木本粮油树种，培育优质品种、科学规范种植、促进核桃产业高质量发展成为她研究的主要方向。为了选育优质丰产核桃良种，多年来长期奔走于贵州20多个核桃主要发展县区，采集了300余份样本，进行种质资源收集保存及评价并系统布设遗传测定林和区域试验林，先后主持和参与培育出"黔林核"系列、"黔盘核"系列及'雪凝红'等核桃良种，为贵州核桃产业发展发挥了重要作用。在孜孜于核桃良种培育的同时，其主持培育的"黔椒"系列花椒良种，参与培育的"黎平"系列油茶良种，都在贵州经济林产业发展中发挥了重要作用。

"良种需良法"，育苗地、试验林、生产基地因此成为侯娜经常出没的场所。她为了找到并推广最高效的核桃繁殖技术，长期与刘彦坤、张忠祥等具有丰富经验的苗木企业负责人商讨并开展优化试验，最终确定"插皮芽接法"推广使用；为了尽快体现遗传稳定性和为老树品种改良找到最好的方案，向裴东、刘朝斌等行业前辈虚心请教并通过数十次试验比较，最终提出贵州核桃方块芽接技术；而为了让群众尽快掌握科学高效的技术，先后开展20余场现场技术培训，电话咨询、现场指导不计其数。

侯娜长期从事核桃等经济林木的良种培育和推广工作，以造福山区百姓为己任，默默耕耘，不畏艰苦，足迹踏遍贵州50余个县。她将科学种植管理技术送到田间地头，让一棵棵苗壮的核桃树成为山区群众的致富之树，始终坚持着做大做强核桃等生态型经济林产业的初心和使命。

15年来的踏实严谨，求真务实，无私奉献，侯娜由一个黄毛丫头，成长为贵州林业行业业务骨干和林业育种科研工作女性带头人之一。除了守住那满山的核桃和花椒，她还经常利用回家探亲的假期为自己家乡种植户开展花椒育苗、丰产栽培等现场指导与技术培训。

情系育种终无悔，默默耕耘写春秋。多年来，侯娜始终牢记和践行林业人的初心和使命，立志培育更多的经济林优良品种，用坚持不懈的努力和无私奉献的精神为贵州"绿水青山变成金山银山"添砖加瓦、奉献自我，书写贵州林业高质量发展的绿色华章。

（撰稿：张超东）

　　女，1977年1月出生，中共党员，正高级工程师，龙陵县融媒体中心主任兼龙陵县石斛研究所副所长，中国中药协会石斛专业委员会专家。先后荣获全国"最美林草科技推广员""西部之光"访问学者、"云岭先锋讲师"、云南省产业技术领军人才、云南省科学技术进步奖特等奖、享受云南省政府特殊津贴专家、云南省有突出贡献优秀专业技术人才、云南省优秀共产党员等荣誉或称号。主要从事石斛产业化栽培技术研究与推广工作，编著《中国石斛产业发展报告》蓝皮书等著作6部、论文28篇，取得相关专利17件，选育石斛良种新品种19个，制定省级以上标准11项，制定全国首个石斛领域的食品标准，打开了紫皮石斛的食品市场准入通道，助推保山石斛产业年产值达到60亿元以上。

为龙陵石斛产业发展打开通道

——记云南省龙陵县石斛研究所副所长　赵菊润

"斛妞"赵菊润在工作中有股虎劲儿。

从最初对石斛知之甚少，到选育出石斛 6 个优良品种和 6 个新品种，再到破解石斛长期种植种源退化问题，为石斛产业新增年产值 15.3 亿元……云南省保山市龙陵县石斛研究所赵菊润坚持"干一行、爱一行、精一行"的精神，在中药材产业化栽培技术研究与推广领域工作的 26 年中，用一次次科技攻关，为龙陵石斛产业发展夯实了坚实的基础。

技术支撑服务石斛产业发展

首次谋面，赵菊润就与石斛结下不解之缘。

2007 年，赵菊润刚到龙陵县龙山林业站工作时，在当地石斛种植户带领下第一次见到石斛。当时，紫皮石斛每千克售价超过 30 元，吃惊之余的赵菊润决心将石斛产业做大，后来索性将微信名改成"斛妞"，石斛从此成为"斛妞"工作和生活中的主角儿。

进入龙陵县石斛研究所工作后，赵菊润经常放弃周末节假日深入野外、试验基地开展调查研究。2015 年，她开始主持选址规划"中国·龙陵石斛种质资源保护研究中心"，带领团队在云南 16 个州（市）开展野生石斛及其他中药材种质资源调查收集工作，足迹遍及滇西的崇山峻岭。目前，已收集野外种质资源 1680 份，引进 612 份，拥有优异的、独特的种质 260 份，为云南高原特色产业发展奠定了坚实的种源基础。

龙陵县大部分是山区，森林覆盖率达到 73.62%，林下种植石斛的发展潜力相当可观。为此，在组织开展石斛种质资源及产业调查的同时，赵菊润带领团队投身石斛研究工作。

与赵菊润一起参与石斛研究工作的廖勤昌说："石斛研究坚持下来很难，因为过程很长,不是一朝一夕就能看到成果。"

坚持换来回报。

赵菊润带领团队通过试验栽培模拟野生石斛自然生长规律,攻克了石斛林下栽培关键技术,破解了石斛林下栽培成活率低、肥水管理难、病虫害防治难、产量低等难题,创新集成活树附植栽培关键技术和专用种苗培育技术。目前,赵菊润指导全省建立 52 家林下栽培基地,面积 3260 亩,石斛林下栽培关键技术通过基地向周边农户辐射推广,取得较高的经济效益和社会效益,为生态建设与产业发展双赢提供了技术保证。

技术突破为石斛产业发展打开了上升通道。

截至 2022 年年末,保山市发展药用石斛面积 4.5 万亩。龙陵县种植石斛 3.9 万亩,其中紫皮石斛种植面积占全国的 80%,成为全国紫皮石斛种植第一大县,被誉为"中国紫皮石斛之乡"。

标准制定打开市场准入大门

石斛只有进入更大的市场,才能为斛农和石斛产业带来更大的经济效益。

问题随之而来。

"紫皮石斛既不是药品又不是食品,当时它只能被算作农副产品。这种尴尬定位不仅让石斛市场难以拓展,价格也难提升。"赵菊润找到问题的关键,产生了一个大胆的想法:让石斛拥有中药饮片或食品市场准入资格,以此拓宽石斛产业发展的大市场。

2015 年以来,赵菊润带领团队千方百计地做石斛的市场准入工作,要让石斛——这珠"仙草"有合法的市场准入身份。

赵菊润联合多家医学院和省内石斛龙头企业制定紫皮石斛切片、干条、枫斗中药饮片炮制规范,修订紫皮石斛中药材标准……这些标准,已由云南省食品药品监督管理局正式发布实施。此后,她又主动向云南省人力资源和社会保障厅汇报争取,经过专家评审,2017 年 5 月,紫皮石斛正式进入云南省基本医疗、工伤和生育保险药品报销目录数据库,自此打开了紫皮石斛在云南中医院、中药房的销售渠道。

为申报紫皮石斛地方特色食品标准,赵菊润多次到云南省卫生健康委员会汇报争取,通过项目立项、安全性和有效性试验、风险评估、标准拟定等环节,2018 年 2 月,云南省食品安全地方标准《紫皮石斛》(DBS 531027—2018)正式实施,从此打开紫皮石斛作为食品的市场准入通道,紫皮石斛成为全国首个获得食品标准的石斛种，是我国中药材作为地方特色食品开发利用的成功案例。

有了准入标准，市场效应也逐渐显现。

北京同仁堂、浙江固生堂、安徽华润三九等大企业与龙陵本地石斛龙头企业达成合作，2019年以来全国各地石斛企业纷纷到云南采购紫皮石斛就地加工，使紫皮石斛鲜条供不应求，价格上涨约80%，显著提高了经济效益。

推广科技成果促进群众增收

"过去向村民推广石斛种植技术心里没底，现在由于石斛质量、产量及开发利用价值都提高了，我们有底气告诉村民守好青山就能致富了。"赵菊润欣慰地说。

平时，斛农们要照顾石斛，没时间专门学习技术。于是，赵菊润带领科研人员在村里吃住，白天开展野生石斛资源调查，晚上培训农民。有一次，赵菊润的母亲昏迷住院，她白天上班晚上培训，工作结束后才到医院照顾母亲，每天要往返70多千米。同事们看着心疼，让赵菊润在医院安心照顾老人，可她却说："要做好石斛产业就不能放过哪怕一次与群众交流的机会。"

近6年来，赵菊润围绕石斛有机栽培、种苗培育、活树附植栽培关键技术，累计培训农民1.68万人次，足迹遍及云南省石斛主产区和龙陵所有乡镇和主要行政

赵菊润（前排左一）在林间对斛农开展林下近野生栽培种苗定植实训（摄影：朱昌维）

村。6年里，赵菊润每年下乡时间超过150天，通过走村入户开展技术培训、指导农户传帮带，将林业技术送到了田间地头。

龙陵县石斛种植户杨从彩在种植石斛初期没有经验，眼看投资数万元的石斛长势弱、产量低，全家人都为此忧心忡忡。赵菊润得知后，多次深入种植石斛的山林帮助他解决问题。从此，杨从彩走上了石斛种植的"巅峰"：从在自己家地里种植到租别人家的林地种，现在发展了70多亩石斛，年收入可达五六十万元。

推广林业科技成果就是为了更好地带领群众增收。

在中国石斛产业发展论坛上，赵菊润团队创新集成的包括"石斛仿生栽培关键技术"在内的石斛栽培技术体系，被专家和同行公认为"龙陵模式"进行推广，她先后受邀到保山、普洱、临沧、文山、西双版纳、大理、德宏、怒江及省外石斛主产区进行技术指导和培训68次。6年来，她带领技术团队在保山市内建立石斛有机栽培示范基地1260亩，并将研究成果总结成通俗易懂的实用技术手册编印发放23.9万册，研究技术支撑服务保山市石斛产业发展，2022年保山市实现石斛产业总产值61亿元。

"野生种质资源收集保护、活体保存基地和种子库建设、良种和林下栽培技术推广、石斛花卉培育、石斛病理诊断……我们还有很多事要做，很多题要解。"赵菊润说。

（撰稿：王辰、楼暨康、徐静）

最美林草科技推广员

杨利华

男，拉祜族，1976 年 2 月出生，中共党员，硕士，正高级工程师，现任云南省普洱市林业和草原科学研究所所长。云南省委联系专家、云南省技术创新人才、享受云南省政府特殊津贴，获全国"最美林草科技推广员"、云南省"十佳最美林草科技推广员"称号。主持和参与国家、省、市林草科研推广项目 20 多项，主要开展了思茅松、澳洲坚果、勃氏甜龙竹、桉树、云南移依、石斛、白及、滇黄精等良种选育及丰产栽培技术研究与推广示范，开展云南肉豆蔻、八蕊单室茱萸、姜状三七、格力兜兰、文采木、短蕊大青等极小种群植物拯救与保护；指导建立各类试验示范基地 5 万亩，辐射带动 25 万亩，指导培训 5000 多人次。授权国家发明专利 3 项，编制地方标准 8 项，选育林木良种 10 个、植物新品种 2 个，出版著作 2 部，发表论文 20 多篇。

让林草科技深深扎根云南普洱大地

——记云南省普洱市林业和草原科学研究所所长　杨利华

云南省普洱市森林、林地和湿地面积均居云南省首位，丰富的森林资源、优越的光热水土条件，为普洱市实现绿色发展奠定了基础。

在这片绿色的土地上，普洱市林业和草原科学研究所所长杨利华23年如一日深耕林草科研一线，聚焦思茅松良种研究和推广领域，大力推广适合基层应用的林草技术……他和团队为普洱林草产业发展和群众增收提供了坚实的技术支撑。

从不解之缘到收获诸多成果

2000年，杨利华从西南林学院（现西南林业大学）毕业，到普洱市林业和草原科学研究所报到后的第一周，就迎来工作的"大考"——到澜沧县糯福乡收集思茅松优良种子。

看似简单的任务难度却不小。糯福林区位置偏远、交通不便，采收思茅松种子季节性强，时间紧、任务重。为完成好这项任务，杨利华白天上山指导村民采摘思茅松球果，晚上在村寨开展《中华人民共和国森林法》、森林防火、科学采种等宣传工作。就这样干了40多天，他组织采收思茅松优良球果20多吨，制出种子350多千克，解决了当年思茅松造林种子不足的问题。

从此杨利华与思茅松结下了不解之缘。多年来，杨利华主持和参与"思茅松人工林多功能经营技术推广与示范"等项目12个，组织开展思茅松良种选育、种子园建设、接种菌根育苗、扦插育苗、嫁接育苗等技术研究与推广，完成思茅松杂交控制授粉杂交组合800多个，建立思茅松初级种子园、子代测定林、高产值无性系种子园1500亩；开展思茅松林下三七、滇黄精、白及、珠芽魔芋、茯苓等种植技术研究与推广，有效解决了长期以来思茅松良种缺乏、无性系扩繁慢、造林成活率低、森林质量不高、人工林经营水平低等问题。

专注于思茅松领域的研究换来了诸多成果和荣誉。近年来，杨利华获得国内行业先进成果 1 项、发明专利 1 项、制定地方标准 1 项，普洱市科学技术进步奖二等奖 1 项，这些成果有效促进了思茅松产业的持续健康发展。

从"减肥模式"到成功选育良种

生产实践为林草科技成果的落地生根提供了肥沃的土壤。

杨利华说，推广林草科技成果必须与本地生产实际相结合，才能更好地为普洱林草生态建设和产业发展助力。

为指导企业建设思茅松工业原料林和种子园，杨利华和同事们每次至少要在山上的工棚住上一个多月。由于驻地交通非常不便，山下每周只能送一次菜，他们吃的菜基本是土豆、大白菜、咸菜"老三样"。山上没有信号也没有电，同事们半开玩笑地说："上山造林就是开启了省电、静音和'减肥模式'。"

有付出才有回报。近年来，杨利华带领团队推广应用思茅松接种菌根育苗、扦插苗繁育和嫁接苗培育技术，指导培育思茅松良种壮苗 100 万株，建立原料林基地 5 万亩，辐射带动群众种植思茅松 25 万亩，预计新增产值超过 5 亿元。

此外，杨利华和团队还运用选育出的白及、滇黄精良种及种植管理技术，指导

杨利华（右）正进行思茅松控制授粉试验（摄影：史富强）

群众培育白及、滇黄精良种苗木 500 万株，建立林下和大田种植示范基地 3000 亩，辐射带动 1.5 万亩，预计新增产值 3.6 亿元；通过总结勃氏甜龙竹、云南方竹分蔸、埋节、扦插等育苗和种植管理技术，指导培育竹苗 50 万株，建立示范基地 2 万亩，示范带动 10 万亩，预计新增产值 2.4 亿元。

云南移依是普洱市分布较广的野生水果。近年来，云南移依的市场价格走高，澜沧县糯扎渡镇不少群众看到了商机，开始人工种植。由于缺乏优良品种和种植管理不科学，导致云南移依的品质参差不齐，产量低、价格差异大。

杨利华通过走访种植户了解到：当地群众认为云南移依是"懒庄稼"，就算不管理也会开花结果，选育良种和修剪、施肥、除草要增加投入和劳力，效果也未必好。

杨利华决定用事实说话。他带领团队深入普洱各县区调查选育移依良种，开展移依丰产栽培、修枝整形、除草施肥等试验。经过 5 年努力，他成功选育出了'金糯 1''金糯 2 号'云南移依良种，编制了《云南移依生产技术规程》，指导培育云南移依良种育苗 50 万株，建立示范基地 500 亩，辐射带动 3000 亩，预计新增产值 5000 多万元。

澜沧县金厂河移依合作社社长胡壮云说："以前因缺乏科学经营理念和良种良法，种植的移依品质差异大、市场价格低。杨所长他们选育良种，指导我们科学种植和管理，现在移依产量和品质都有了很大提高，'金糯 1 号'移依良种供不应求，鲜果市场价格每千克提高了 10 多元。"

从无人问津到200多户村民受益

杨利华说，林草科研和技术推广工作要急基层群众和企业的所需、所盼、所求。

作为云南省科技特派员，杨利华经常深入企业和田间地头，采取实用技术培训、技术指导等形式开展科技下乡活动。近年来，他开展了思茅松、澳洲坚果、勃氏甜龙竹等种植管理技术培训，培训、指导企业科技人员和林农超过 5000 人次，有效提高了群众和企业人员的林草科技知识和生产技能。

2016 年，杨利华挂包西盟县永广村，调研中他发现永广村适合发展澳洲坚果产业。由于村民们对澳洲坚果不了解，普遍没有意愿和信心发展澳洲坚果。为打消村民的顾虑，杨利华召集永广村两委、驻村队员和村民代表，向他们详细讲解澳洲坚果相关知识、市场价值和发展前景，并组织代表到澳洲坚果种植区实地考察学习，增强了村民种植澳洲坚果的信心。

他通过组织申报和实施中央财政林草科技推广示范项目"澳洲坚果良种丰产栽培技术示范推广"，带领村民建立澳洲坚果示范基地 500 亩，带动永广村 47 户脱贫户种植澳洲坚果；组织开展核桃提质增效行动，改种新品种 4500 株、高枝改造 4000 株，200 多户 600 多村民因此受益；组织编写《永广村桉树造林作业设计》，提供桉树良种苗木和肥料，指导培训 23 户村民完成 200 亩桉树原料林基地建设。

永广村村主任艾刀莱说："在我们村脱贫攻坚的关键时刻，杨所长带着技术和项目指导帮助我们发展特色经济和现代林业产业，为我们村脱贫出列做出重要贡献。如今，很多村民都能用林草技术经营和管理好自家的核桃、坚果、桉树了。2022 年 11 月，我们村还入选了第四批云南省民族团结进步示范县示范单位候选名单。"

目前，杨利华正带领团队着重开展思茅松高世代种子园建设、森林质量精准提升、发展林下经济等工作。他说，作为林草科技推广员，要把"科技兴林、技术富民"这篇论文写在普洱的林草山水间。

（撰稿：王辰、王爱敏、楼暨康）

最美林草科技推广员

扎　旺

男，藏族，1988 年 7 月出生，中共党员，畜牧师，现任日喀则市草原工作站（草原监理站）副站长。曾获黑龙江省科学技术进步奖二等奖，黑龙江省高等院校科学技术进步奖二等奖，西藏自治区畜牧兽医学会"先进科技工作者"及"优秀论文"等荣誉。申报"西藏披碱草属植物对退化草地治理效果研究"课题项目，参与"引进菌草品种的示范推广"等 7 个科技项目，参与编写《日喀则市人工草地科学种植技术手册》等 2 本技术手册，参与编写《日喀则市草原生态保护修复和草业发展规划（2021—2035 年）》。

让科技之花开满日喀则

——记西藏自治区日喀则市草原工作站副站长 扎旺

参加工作以来，扎旺长期扎根于林草一线，主要从事人工种草、草种繁育推广、退化草原生态修复、草原有害生物防治等工作，积极钻研、解读、宣传推广草原政策和草原法律法规等相关知识，靠双脚踏遍一个个牧区，将草原科技知识宣传到一家一户。他主动对县乡村居科技人员、乡村专干、企事业单位、农牧民群众进行科技培训，以无私奉献的精神，坚持将科技知识与生产实践紧密结合的理念，勇当排头兵，为林草技术推广事业奉献自己的青春和智慧，为日喀则市草原事业增色添彩。

在日喀则的林草一线，18个县（区）的林草工作人员都对扎旺这个名字并不陌生。农牧民、行业部门工作人员都说："对草原的政策、技术技能、法律法规最了解的就是扎旺同志。他能用通俗易懂的语言给群众传授知识。科普培训的是他，在日喀则市草原领域解决疑难杂症最多的也是他。"领导和同事们都说他是"一个工作作风扎实、人品忠厚老实、一心为草原事业做贡献的好干部"。

依托科技支撑，实现科研创新

扎旺对美丽辽阔的草原有着深厚的感情，刻苦钻研业务，不断提高自己。目前，日喀则市退化草原生态修复所用乡土草种基本处于空白状态，为了尽快改写历史，繁育推广乡土草种，他不怕困难、不怕危险，秉着"海拔高、境界更高，缺氧不缺精神"的理念，爬过海拔5000米以上草地，穿过险峻的高山丛林，越过坑坑洼洼、水草茂密的沼泽地带。他常说在野外采集野生牧草资源时机非常重要，采早了种子没熟、采晚了种子掉地或被牛羊吃光，所以野外采集几乎没有规定的饭点、上下班时间，饿了就坐在草地上吃饼干零食，渴了就喝一口矿泉水，早上天还没亮就出发，晚上跟着月亮回宾馆，在野外脸晒黑、手起茧乃是家常便饭，但他从未提过"累或困"，反而说："保护美好草原、保护丰富的草原资源，为全市农牧民增收致富、为我市草原生态持续向好发展做贡献的这份工作，比起穿着一身光鲜亮丽的衣服进出写字楼、整天坐在办公室写材料光荣而自豪。"他们每年收集野生牧草资源 20 余份，在试验地里进行试种繁育。目前，南木林披碱草、南木林 1 号燕麦草初有成效还在逐渐繁育推广阶段。作为草原科技推广工作者，他熟知健康发展草原产业对全市农牧民增富的重要性，默默为自己制定了"工作就在草地上，成果留在百姓家"的目标，利用下乡调研、科技培训、帮扶群众的机会走遍全市 18 县区，几乎走遍所有牧区。从合理利用草原资源，倡导科技富民理念，大力推广生态高效草种，合理利用草原，他在平凡的岗位上干出了骄人的业绩。针对日喀则市草地总体面积大，草地退化治理成效不佳，退化草地治理草种比较单一，对退化草地治理草品种没有更多的选择问题，对多年生草品种在退化草地治理上的适应能力、抗逆性、抗寒抗旱能力等方面试验非常必要，筛选出适应能力强、抗逆性强、产量高的退化草地治理草种工作刻不容缓。2022 年，他申报了"西藏披碱草属植物对退化草地治理效果研究"课题项目，试验选择了南木林披碱草、康马披碱草、江孜披碱草、巴青披碱草 4 种当地的野生采集的牧草资源，测定其在海拔 4000 米以上的适应能力（牧草越冬返青率），观测高海拔不同播种模式下的退化草地治理成效（牧

扎旺（右一）在野外采集野生牧草种子（摄影：冯文平）

草生长情况及生育期、返青后的植被盖度）以及海拔 4000 米以上的产草量。

他主动参与 2022 年日喀则市草原工作站依托科技项目支撑，深入开展试验示范各项工作，参与的课题研究有"引进菌草品种的示范推广""单种属植物穗花韭在西藏地区的地理分布及资源利用评价""日喀则饲用玉米品种筛选及示范种植""日喀则牧草新品种适应性生产技术研究与示范""不同苜蓿品种在日喀则市不同海拔梯度的适应性研究"等牧草引种试种研究课题。饲用玉米在 2021 年研究基础上，2023 年进一步试验筛选了 2 种在日喀则南木林县区域适宜种植的饲用玉米，开展了覆膜不覆膜产量对比、单播混播产量对比、不同种植密度对产量影响等研究，形成了初步的研究结果。在燕麦研究方面，2023 年共引进了 27 个燕麦新品种，开展了品种比较试验和不同肥力条件下的农艺性状指标对比试验，示范种植燕麦新品种 15 亩。参与的不同苜蓿品种在海拔 3900~4300 米的试种工作，正在开展。

为深入落实《西藏自治区科技支撑草业发展三年行动（2020—2022 年）》，加快推进日喀则草地畜牧业高质量发展，逐步解决草畜矛盾突出问题，他通过引进菌草品种的示范应用，研究适合高海拔地区菌草种植技术规范，提高优质牧草的产量，减轻天然草原压力。2020 年和日喀则市科学技术局共同申报"引进菌草品种的示范应用"课题，实验记录巨菌草在不同小区栽培下的生育期和越冬情况，测定蜡熟期、乳熟期的鲜草产量及干草产量、株高、叶宽。

依托科技力量，开展"送教上门"

自参加工作以来，他以草原科技培训工作牧业增效、农牧民增收、提高农牧民科技素质、增强科技创收意识为目标，以提升林草科技创新和服务能力为核心，充分发挥林草人才资源优势，结合草原资源实际，主动对县乡村居科技人员、乡村专干、企事业单位、农牧民群众进行上门服务，现场示范培训和实际操作相结合，有力地促进了草原生态持续向好发展，大力发展草原资源产业。在结合单位自身优势、"三区"科技服务平台的同时，被西藏自治区科技信息研究所、日喀则市科学技术局、日喀则市发展和改革委员会、日喀则市第二中等职业技术学校、日喀则市高校毕业生就业创业领导小组办公室、萨嘎县、岗巴县、拉孜县、仲巴县、昂仁县、萨嘎县等单位邀请开展基层科技人才服务能力提升培训，培训内容既有深度又有广度，培训工作下沉基层一线，直达群众心窝，是联系牧区群众最贴近、最直接、最有效的宣传方式。

有一次在县里给农牧民群众培训时，他受风寒得感冒，咳嗽流鼻涕非常难受，县林业和草原局局长要求他先休息，等身体好了再上课，但他说："我们来一趟县里是容易，可是群众本来家里琐事多、路途远，召集大家一次很不容易。"就边咳嗽边擦鼻涕上完了培训课。群众对他的这般工作精神、培训内容、培训方式非常满意，都用大拇指给他点赞。此外，他还在桑珠孜区曲美乡、南木林县艾玛乡、亚东县上亚东乡、萨迦县雄玛乡等地开展了无人机喷洒药物、玉米机播等机械操作技术，以及人工种草、蝗虫、黏虫等草原虫害防治技术指导，指导面积 3000 余亩，培训场次达 20 余次，受训人次达 3000 余人。

依托先进技术，实现技术推广

经过长期的科学种植繁育，不同燕麦品种种植试验研究项目综合指标显示，'青海 444''青引 1 号''领袖燕麦''白燕 7 号'可作为日喀则市饲草生产的主推草种。全市现有草原面积占总国土面积的 76% 左右，退化较为严重，为改变全市草原综合植被盖度较低，草原年鲜草产量不理想的状态，他通过退化草原生态修复以江水引灌到草原的先进草原灌溉模式推广为契机，做了大量的宣传和指导工作，进一步改善草原灌溉模式，使草原得到应有的水分，结合草种补播、有害生物防治等措施，对退化草原生态修复起到示范作用。现在，项目区内外区别明显，以前的沙石地现如今逐渐成为绿洲，草原生态系统得到改善，鲜草产量明显提高。刚开始江水引灌草原的模式群众都不大接受，但实践证明草场逐渐变绿、牛羊逐渐长膘，在日喀则市岗巴县、萨迦县、昂仁县得到了验证。当地群众说道："真没想到用科学技术把江水引灌到草原，以前的沙石地现如今逐渐成为绿洲，扎旺就是真正的草原科技践行者。"以新型灌溉模式加快优良牧草高质高产、有效改善退化草原现状、提高草原资源利用率，为全市草原事业健康发展奠定良好基础。

作为一名共产党员、科技工作者，扎旺时刻牢记使命。从学校到工作岗位自始至终用自己的青春、自己的全部精力践行着对草原事业的执着和热爱，用自己的实际行动，以执着的追求、无私的奉献、扎实的业绩，实践着一个共产党员的人生价值，在平凡的岗位上做出了不平凡的业绩，努力让璀璨的科技之花开满"世界屋脊"之称的日喀则。

（撰稿：白玛曲珍）

王 纲

男，汉族，1977 年 5 月出生，中共党员，高级工程师，现任陕西省渭南市华州区林业工作站站长、华州区花椒产业中心主任，兼任华州区林业专家服务团团长、华州区第二届政协委员。曾获国家林业和草原局"最美林草科技推广员"、陕西省林业乡土专家、陕西省林业科技特派员等多项荣誉。主持和参与国家、省、市级林业科技推广项目 5 项，选育花椒优良品种 1 个，发表论文 4 篇。组织各类林业技术培训活动 300 余场次，开展线上网络直播培训 8 期，累计受训人数达 23 万人次。建设 1000 亩林业科技示范点 4 处，辐射带动周边 3 万亩花椒科学管理成效显著，培养乡土技术能手 10 余名。参与编写《华州常见野生植物图鉴》《渭南市科学绿化指导手册》。

推广林业科学技术，让花椒香飘万家

——记陕西省渭南市华州区林业工作站站长　王纲

一颗颗小花椒成为群众增收的"金豆子"。

在花椒采摘期来到陕西省渭南市华州区，你会看到一片片花椒树上缀满的簇簇果实，将绵延起伏的山梁沟壑染成了深红色。据统计，华州区花椒种植面积达12.7万亩，有7万多亩花椒进入盛果期，年产值5.8亿元。

小花椒变成"金豆子"并非易事。

从退耕还林工程到花椒科学管理——华州区林业工作站站长、区花椒产业中心主任王纲从事林业技术推广工作23年来，以执着钻研和勇于探索的精神在花椒技术领域耕耘，为提高华州花椒品质夯实了坚实的基础。

示范点释放林业技术推广大能量

三分靠栽，七分靠管——华州区大明镇椒农张玉宏对此深有感触。虽然种了10多年花椒树，但张玉宏依然沿用"靠天吃饭"的老办法，花椒的产量和质量问题始终困扰着他。

近年来，花椒的市场需求量不断增长，华州区很多塬区群众看到花椒产值高、经济效益好，也有了种植花椒的打算，但大部分群众和张玉宏一样，对如何科学管理花椒树知之甚少。

少让群众走弯路，就能抓住种植花椒增收的好机会。王纲决定选择花椒种植起步早、管理水平相对较好的大明镇下李村和薛马村作为技术示范点，推动全区花椒产业的发展。为进一步提高花椒产量和质量，他和区林业站技术人员在薛马村低产低效花椒园举办了多场次实地示范培训，让椒农重点掌握整形修剪、拉枝定位、春季清园等技术规范。自2021年以来，王纲共组织开展了60场花椒、核桃等干杂果技术培训会，培训林农3246人次。

张玉宏说："技术示范点为我们椒农学习花椒种植管理提供了很大的方便。在王站长和区林业站技术人员的不断指点下，我的花椒田间管理技术也逐步有了提高，花椒产量和品质有了明显提升。"

薛马村椒农张玉良也是示范培训的受益者之一。张玉良种了 30 亩花椒，王纲和区林业站技术人员不定期对他进行技术指导，靠着科学管理，他家的花椒树长势喜人。"在示范点有技术培训，林业站技术员还经常到我们地里指导施肥施药和后期管理。现在花椒的市场价格好，等我的花椒树长好了，相信一定能卖个好价钱。"张玉良说。

只要是实用的林业技术，王纲绝不放过大力推广的机会。

在下李村推广花椒种植管理技术时，区林业站技术人员发现了一个成本低且无公害、无残留的消除花椒树蚜虫的"土办法"：利用当地山区生长的苦皮藤熬制成液，然后在蚜虫发生期进行喷施，灭蚜率超过 95%。于是，王纲与同事们及时收集整理了这个土技术，然后在下李村及其他地方大力推广，取得非常明显的成效。

林业技术推广应用让椒农获得了良好的经济效益。

据统计，下李村鲜花椒亩均产量达 550 千克，亩均增产 100 千克，亩产值达 8000 元，该村还被命名为绿色无公害花椒生产基地。目前，下李村花椒种植户达 313 户，人均花椒收入 1.06 万元，有 62 户 180 名群众脱贫致富，6 户村民收入达 15 万元。

健全推广服务网络规范种植标准

2019 年 12 月，华州区委、区政府印发《关于引导全区花椒产业扩面提质增效促进脱贫攻坚长效产业全覆盖的实施意见》，王纲决心抓住契机将花椒管理技术送到千家万户。

在华州区成立花椒产业中心并组建区林业专家服务团后，王纲带领团队健全了"外聘专家 + 区级专家 + 乡土人才"三级科技服务网络，全区 7 个镇 69 个花椒种植重点村都确定了 2 名花椒种植能手作为花椒乡土技术员。区花椒产业中心还在花椒生长关键期，邀请省市专家对乡土技术员进行系统培训，提高他们的科技服务水平。

为让全区群众更好地掌握花椒管理技术，王纲还定期召开技术讨论会，邀请区专家服务团成员、乡土人才等开展管理技术分析讨论，制定了适合华州区花椒产业发展的《华州花椒种植技术规范》。

如何更好地解决科技服务"最后一公里"的问题？王纲和团队成员选择了"自找苦吃"的工作方式：不请自来。

2020 年冬季，渭南市大部分地区出现 30 年以来罕见的低温天气，群众的很多花椒树都发生冻害。了解情况后，王纲立即组织林业技术人员制定冻害调查方案，用一个月时间对全区 19 个村 37 个调查样地 7 个调查因子进行全面调查。综合分析调查结果后，确定了华州区花椒防冻措施，为指导全区花椒防冻管理提供了科学依据。

为群众提供更精细的技术服务

近年来，抖音、快手及网络直播，成为广大群众十分欢迎的获取信息渠道。

为将林业科技推广服务深入千家万户，王纲开通了华州区林业技术服务快手号，发布各类技术小视频 35 个。按照花椒生长时节，他制作了《华州区花椒采摘技术要点》《华州区花椒采摘后田间管理技术讲座》等专题讲座视频，组织制作了"华州区花椒丰产系列管理技术培训网络直播"节目 4 期，各类技术视频点击量达到 20 万人次。

"因地制宜、因树制宜，加强科学管理，提高果品品质，从而达到增产增收的效果。"在渭南市 2022 年"科技之春"宣传月乡村振兴云课堂直播培训现场，王纲

王纲（右一）在大明镇孙堡村为群众指导花椒树春季管理技术（摄影：郭中华）

对听课的花椒种植户说。直播结束后，铁里村椒农杜玉亮表示，王纲老师的培训课接地气，学到不少操作性很强的管理实用技术，希望以后能多举办几场这样的技术培训，切实解决椒农对实用技术的需求。

当天的培训课是系列直播活动的第二场，直播课受到各地花椒种植户的关注，数以万计的椒农通过渭南广播电视台华山网、渭水之南 app 及今日头条等网络平台收看或回看直播课，有许多椒农在直播过程中留言或提问咨询。据不完全统计，此次"云课堂"网络点击量超过 8 万人次。

林业技术推广服务推动了华州区林业产业高质量发展。

目前，大明镇下李村成为陕西省首批绿色无公害防治技术示范区，"华州花椒"已成功注册国家地理标志证明商标。花椒的质量和产量提高了，群众的钱袋子鼓了起来，但王纲深知：不能因为已经取得的成绩放松林业科技推广的力度，只有不断探索新技术，才能为群众带来更大的经济收益。

（撰稿：王辰、楼暨康）

男，1973 年 7 月出生，中共党员，高级工程师，现任陕西省榆林市林业工作站副站长。曾获国家林业和草原局"最美林草科技推广员"、陕西省职业教育教学名师等荣誉称号。主持和参与国家、省级科研或推广项目近 20 项，累计获得市级科技成果奖一等奖 1 项、二等奖 2 项、三等奖 1 项，主持制定地方标准 4 个，选育新品种 1 个，授权发明专利 1 件，发表各类学术论文 20 余篇，出版专著 3 部。先后实施完成"211""521"林业科技示范工程的推广任务，建立 500 亩以上林业科技示范点 120 多个，培训林农 7.24 万人次。

青春洒在大漠，真情奉献枣区

——记陕西省榆林市林业工作站副站长　王建新

在陕西省榆林市林业战线上，有一位朴实的技术干部，足迹踏遍了毛乌素沙漠的角角落落，脚步丈量了沿黄枣区的山山水水。他就是榆林市林业工作站副站长、高级工程师王建新。二十多年来一直奉献在林业科技推广一线，在榆林毛乌素沙区生态修复治理、沿黄枣区红枣新品种选育、鲜食枣良种引进与示范推广等方面取得了优异成绩。

倾情大漠织锦绣

初夏时节，万物并秀，塞上大地，风景如画，毛乌素沙漠更是绿意盎然，一块块樟子松、一片片沙地柏如绿地毯一样铺展开来，到处鸟鸣欢唱。可谁曾想到，这里曾是狂沙肆虐的不毛之地，是榆林林业工作的主战场。凡是榆林的林业干部职工，都经历了一年一场风、从春刮到冬的时代，也经历了吃住在沙区、奋战毛乌素的岁月，征沙治土，植树造林，王建新也是其中的一员。手植一片绿，秀美一座城，面对已经固定和半固定的毛乌素沙地，如何总结前人的治沙经验，培育新的治沙树种和探索沙漠治理新模式成为当前摆在王建新等林业科技工作者面前的重大生态课题。为此，他开始了新的探索。

在培育新的治沙树种方面，他首次将半湿润地区的树莓引入半干旱地区的毛乌素沙区，治沙治土的同时，发展沙产业经济，为沙区农民的增收致富创造有利条件。从 2016 年至今，共引进红树莓、黄树莓、黑莓优良品种 9 个，示范推广面积1200 亩，年产树莓鲜果 150 吨，年收益 2400 万元以上，树莓果已成为当地沙区农民的致富果。他还首次在毛乌素沙区引进菌草进行种植栽培试验，2023 年测产鲜草平均亩产量达 10255 千克，是首蓿平均亩产量的 10 倍，而且牛羊吃了不胀肚子，菌草的成功引进与种植在防沙治沙、解决沙区草畜矛盾、以草带木发展食用菌产业、扩大饲草产业、带动沙区农民增收致富方面开辟了新途径。

在探索沙漠治理新模式方面，他从生态系统的稳定性入手，大力推广混交造林模式，在靖边、定边等地推广建立樟子松配套柠条、紫穗槐、沙打旺、沙地柏等灌草植被治沙造林新模式，把沙区造林技术由单一的营造樟子松纯林向营造樟子松混交林转变，特别是将樟子松与能改良沙地土壤的豆科植物混交，樟子松造林成活率大幅提高，由原来的 72.5% 提高到 96.7%，沙区群众还通过刈割沙打旺饲草来养牛、养羊，实现了生态保护与畜牧业发展双赢。这一新的造林模式，在榆阳区掌盖界、小纪汗，神木市马场梁、锦界镇，靖边县红墩界、张家畔，横山区雷龙湾、赵石畔等地示范推广面积达 3 万多亩，建立樟子松配套造林 500 亩以上的示范点 80 多个，有力推动了榆林百万亩樟子松基地的建设和发展。

同时，他还致力于毛乌素沙区生物多样性保护。他带领技术人员克服疫情带来的不利影响，全面调查了榆林毛乌素沙地灌木林的分布及生长状态，取得了第一手资料，提出了对面积分布最大的沙柳灌木林进行可持续经营的技术措施，并在榆林市榆阳、定边、靖边、横山、神木等地沙柳灌木林生产区开展试验，确定了沙柳造林后平茬时间节点、留茬高度、预留盖度、平茬周期等关键技术指标，在此基础上形成了《沙柳灌木林平茬复壮技术规程》（DB 6108/T 49—2023）地方标准；对毛乌素沙区的沙芦草、野大豆、百里香、泽蒙花、野亚麻等重点保护野生植物进行了迁地扩繁和保护，主持制定了地方标准《沙芦草栽培技术规程》（DB 6108/T 50—

王建新在榆林市沿黄枣区清涧县调查设施栽培鲜食枣挂果情况（摄影：师势钧）

2023），同时出版了专著《榆林毛乌素沙区植物多样性与植被恢复技术》，为毛乌素沙区植被恢复和生物多样性保护提供了技术参考。他始终坚信只有技术层面不断探索与创新，才能达到科学治沙和用沙的目的。

心系枣农枣花香

陕北红枣是驰名中外的传统名优特产之一，主要以制干品种油枣、木枣为主。红枣面积170万亩，红枣产业是陕北栽培面积最广、参与农户最多的经济林产业，也是最具优势和潜力的乡村振兴产业，是枣农的"绿色银行"。近年来由于受到阴雨裂果及市场因素的冲击，导致陕北红枣价格低廉，效益低迷，严重挫伤了枣农的生产热情，致使枣园出现管理粗放、品种老化、病虫害频发等问题，红枣产量和品质严重下降，经济效益进一步降低。传统品种单一和粗放的栽培管理模式已经成为制约当地红枣产业发展的关键因素。积极培育抗裂果新品种，推动陕北枣品种结构调整及提质增效，从根本上解决制约陕北红枣产业发展的瓶颈问题，已成为当务之急。

为突破"卡脖子"困境，2014年以来，王建新带领技术团队联合攻关，在榆林市沿黄枣区的府谷、神木、佳县、吴堡、清涧等5个市县区开展红枣抗裂果良种选育和鲜食枣良种引进试验研究，取得了可喜的成果。他们选育出鲜食制干兼用枣'蛤蟆枣1号'和抗裂果鲜食制干枣'佳油1号'两个红枣良种。'蛤蟆枣1号'外形美观，丰产稳产，抗寒性、抗病性强，不感染缩果病、炭疽病等病害，优质果率达93%；'佳油1号'成熟期较佳县普通油枣晚15天，有效避免了阴雨裂果，且比当地普通油枣增产15%，可食率97%，制干率65.3%，耐贮藏，商品性极优。但这两个品种的选育还远远不能满足枣区的生产现状。为进一步优化陕北枣区红枣种质资源和品种结构，他还积极组织市县两级技术人员，奔赴河北、山西、陕西大荔县等地学习交流，挑选并引进了市场份额高、适应陕北气候特点的'冬枣''京沧1号''京枣60'等鲜食枣新品种，为榆林市红枣产业发展提供了种质资源保障。

为帮助沿黄枣区群众增产增收，王建新以林业科技特派员身份在吴堡县川口村驻村帮扶，以红枣低产园改造为突破口，带动枣农发展鲜食枣产业。陕北4月春寒料峭，王建新顶着风沙、冒着严寒，忙前忙后，从采集接穗到贮藏处理、从整地施肥到高接换优，一棵树一棵树检查嫁接的绑带是否严实，树形修剪是否到位。功夫不负有心人，在他的努力下，高接换优嫁接成活率达95.6%以上，该村800多亩的鲜食枣示范园建起来了，6座避雨大棚内冬枣挂满枝头，平均亩产量达到1265.8千克，商品果率达93.3%，亩产值达1.83万元。目前，鲜食枣新品种在吴堡县、清涧县两地推广面积达 2.39 万亩，年产值达 4.37 亿元，为枣农增收和乡村振兴奠定了坚实基础。

针对陕北红枣 5 月花期和 9 月末至 10 月中旬脆熟期受大风天气和阴雨影响，坐果率低和裂果霉烂这一现状，王建新发明了一种提高红枣品质的方法，即红枣"双期扣棚"技术，通过对红枣品质有重要影响的两个关键生长期的温度精确控制，可以避免开花期"倒春寒"的影响，减少落花落果，授粉率提高 30%~40%；同时避免脆熟期产生裂果、霉果，提高红枣产量及品质。他通过主持实施"陕北鲜食枣优质高效栽培技术推广"和"沿黄生态经济带鲜食枣优质高效栽培技术示范"2 个中央财政林业科技推广示范项目，集成推广鲜食枣良种与设施栽培、制干枣降树塑形、嫁接低改、老园更新、平衡施肥、抗旱栽植、病虫防治等 7 项关键技术措施，建立各类科技示范基地 7.05 万亩，累计年新增收益达 6.49 亿元，鲜食枣新品种的引进与示范推广，为陕北制干红枣产业注入了活力，成为枣农最具活力、最具影响力的"致富果"。

科普活动大地上

"十二五"以来，王建新与技术人员一起，圆满完成了陕西省林业局每年下达榆林市的"十百千""211""521"林业科技示范工程的推广任务，每年完成红枣提质增效，樟子松、油松、侧柏抗旱造林，制干红枣抗裂果培育与推广等林业技术推广任务 13 万亩，10 年来共推广 130 多万亩，共建立 500 亩以上林业科技示范点 120 多个，培训林农 72400 余人次。他主持编制了《榆林毛乌素沙地樟子松造林配套技术手册》《沿黄土石山区困难立地造林技术手册》《鲜食枣枣园管理技术细则》《榆林元宝枫规范化丰产栽培技术》等 8 个适合林农学习的林业技术手册。这些技术手册简单明了、浅显易懂，适合广大基层林业技术人员学习和推广，真正做到了打通林业科技"最后一公里"，有力地促进了榆林林草科技成果推广转化和林业技术的普及，使林业科技推广真正成为引领林业产业发展和生态建设的"火车头"与"发动机"。

王建新业务精、素质硬，能紧跟时代脉搏，多年来一直奔波、忙碌、奋战在林业生产与科技服务一线，由于工作成绩突出，多次受到省、市有关部门的表彰奖励，先后获"榆林市有突出贡献专家""榆林市十大行业百名标兵""榆林最美生态卫士""榆林市造林绿化先进个人"等荣誉称号。他用一颗红心谱写了一名林业科技工作者把青春洒在毛乌素沙漠、把真情奉献在沿黄枣区希望的田野上的壮丽篇章。

（撰稿：李红娟）

毛 锦

　　女，汉族，1974 年 7 月出生，无党派人士，林业高级工程师，现任甘肃省民乐县林业技术推广站站长，甘肃省民乐县第九届政协委员，张掖市第五届政协委员。近五年来先后被评为"甘肃省公益林管理先进个人""优秀政协委员""巾帼建功标兵""脱贫攻坚与乡村振兴先进个人"等荣誉称号。长期从事林草技术示范推广、林木种苗培育、林草有害生物防治等工作，先后主持各类项目 10 余项，获得科技成果奖 5 项，发表国家级期刊论文 3 篇，授权实用新型专利 3 项，主编《民乐县草原有害生物防治普查报告》和参与编写《河西走廊珍稀濒危植物》，主持完成'长枝榆 1 号'良种审定工作。作为市、县科技特派员和民乐县优质林果专家服务团团长，近年来，共举办林果产业实操技术、专业合作社带头人和高素质农民培训班达 72 场（次），近 3 万人（次），选育良种及栽培技术累计示范推广 2 万亩左右。

用青春谱写绿色华章

——记甘肃省民乐县林业技术推广站站长 毛锦

　　她叫毛锦，女，汉族，林业高级工程师，1993年7月参加工作，现任民乐县林业技术推广站站长。记得七八岁的时候，父亲不知道从哪里带来了几个苹果，在20世纪80年代的大山里，物质匮乏，苹果可真的是稀罕物。这是她一次看到苹果，闻着母亲切开苹果的味道，那香甜至今还没有忘怀！从此，在她小小的心里，就种下了一个苹果梦。来自农村的她，凭着对"一个苹果"的向往与追求，在报考中专专业时，毅然决然地选择了园艺专业，与林草事业结下了不解之缘。

俯下身子，她是群众的"孺子牛"

　　怀揣梦想，十九岁的她青春飞扬，走出学校大门，来到了国营民乐县六坝林场，因为那里有苹果园啊！初出茅庐的她跟着年长的同事，做什么工作都积极主动，兴奋好奇，穿梭在果园里，一起搞调查、搞培训、学技术，好学上进的她，勤快踏实，认真负责，很快就赢得了领导及同事们的认可和信任。当时的六坝林场的场长李伟东调侃她说："你看你，一个小丫头，选择啥专业不好？还扎了苦根根，来到这里才一个月，脸晒成了黑蛋蛋，手挖成了血蛋蛋，人脏成了土蛋蛋，就这个样子，咋找个女婿子？"惹得大家哈哈大笑，可是她只有腼腆地一笑。她就是凭着这样的一股干劲与韧劲，每年都用手、用心、用汗水栽种下心中的梦想和绿洲。

　　2008年，民乐县在8个乡镇建设高海拔地区日光温室红提葡萄产业。工作已经调到林业调查规划队的她主动请缨，驻扎在丰乐镇新庄村，吃住与群众一起，开始了长达3年的技术指导服务工作。当时，村委会安排她住在昌爷家，昌爷与老伴两位61岁老人就种着几亩薄田勉强维持生计，日子过得紧巴巴，她就鼓励两位老人种了一棚葡萄。从此，她就是葡萄基地的技术员，昌爷家的勤务员，与68户果农早出晚归，一身迷彩服穿梭在田间地头，不怕脏、不喊累，手把手、面对面与群众从建棚、种植到搭架、绑蔓、摘心、疏果，每个细节都认真负责，像对孩子一样精心呵护。等混熟了，大家都亲切地喊她"毛毛老师"或者"小毛毛"，她也不扭捏、不做作，爷爷奶奶、大姐大嫂地叫着……农忙时间，正是葡萄生长季节，68户人家大棚的钥匙都统统交给了她管理，每天她从 1 号检查到 68 号，有主人的，当面交代该做什么怎么做；没有主人的，就把问题写成便利条贴在墙上。

看着一天天长大的葡萄苗，谁家的长势好？谁的操作技术好，她都一一列表公示，让大家相互学习、相互促进，形成了你追我赶的种植势头。一晃一年过去了，昌爷家丰收了，拿着记账本子，昌爷激动地对她说："除去成本，我老汉今年收入了 123057 元，这个苦没有白受，感谢党和政府的好政策，感谢我们的毛丫头"，昌爷昌奶脸上的皱纹笑开了花。

2016 年至今，她连续被聘任为市、县科技特派员后，在民乐县润裕种植专业合作社、六坝镇六北村千亩梨园基地蹲点服务，全程为示范点提供科技保障，加速了林业科技成果转化和特色林果产业转型升级。目前，由民乐县润裕种植专业合作社在 2018 年 5 月建设的 200 亩嘎啦苹果、鸡心果已经上市；2020 年，年产值 8 万千克，净收入 50 万元。看着红红的小灯笼挂满枝头，像极了她小时候种的那个"苹果梦"，果农笑了，她也笑了。孩子却哭着说："妈妈，你瘦了，也黑了。"她愧疚地看着丈夫与孩子，难为情地低下了头，可丈夫却给了她最大的支持与关爱。

吃苦耐劳，她是团队的"老黄牛"

毛锦不仅担负大量的实际工作，还任中国林学会化学除草研究会西北分会第六届理事会副秘书长、民乐县第九届政协委员、张掖市第五届政协委员、民乐县妇女联合会名誉主席、民乐县乡村振兴优质林果产业专家服务团团长。尽管兼职的工作是劳累的，也没有任何报酬，别人都嫌烦不干，但是她觉得很有意义。她说："我喜欢这样的工作"！长期以来，她通过专题讲座、现场讲解、咨询答复、田间示范、入户面授、集中培训等形式共举办各类培训班 70 多场次，培训合作社带头人、高素质农民 30000 多人次，发放林果科技资料 30000 多份，做到了有问必答、有急必救、快捷及时、主动服务，有力提升了广大林农的劳动技能。在疫情期间，她戴起口罩，走在田间地头，对民乐县生态工业园区易地扶贫搬迁户前来务工人员面对面讲座，手把手传授，使他们其中的一些人成为栽培嘎啦苹果的行家里手，20 多人与润裕种植专业合作社签订劳务合同，增加他们的收入，提高了他们的劳动技能，提振了他们的生活信心。她通过政策推动、利益驱动、示范带动等措施的有效应用，指导建成民乐县俊鑫专业合作社、三堡镇库陀寨村山楂园等示范基地 2100 多亩，实现科农联手、科农双赢，加速了林业科技成果转化和特色林果产业转型升级。

2019 年，她被永固镇人民政府、顺化镇人民政府授予"脱贫攻坚与乡村振兴先进个人"。2020 年，被聘任为张掖市乡村振兴优质林果产业专家服务团成员。2021 年，作为民乐县乡村振兴优质林果产业专家服务团团长，她带领团队，在"我为群众办实事"中充分发挥专家服务团作用。哪里有需要，她和团队就移动到哪里服务。2021 年 4 月 9 日，开发区的苹果进入盛花期，连续沙尘低温后，天气预报显示，气温在凌晨降至零下 4 摄氏度左右。花开得刚刚好，这不是要了果农的命吗？她急忙将这个消息和预防方法通知到"果农微信群"，并连夜组织人员，给嘎啦苹果基地买来麦草墩墩，放在不同方位，喷上水，根据风向，用暗火浓烟改变果园小气候，将损失降到最低。

敢于创新，她是时代的"拓荒牛"

技术的发展日新月异，需要解决的问题也层出不穷。毛锦深深知道，只有不断学习，刻苦钻研，不断解决生产实践中的实际问题，才有立足之本。因此，她在工作的同时，把学习知识、钻研技术、解决问题作为自己的主要工作，也取得了一定

毛锦（右二）在嘎啦苹果基地讲解苹果夏季修剪技术（摄影：胡芳）

的成果。

面对民乐县经济林发展滞后的现状，她组织同事们开展调研，根据调查数据，最棘手的是 20 世纪 90 年代六坝镇种植的 3000 亩苹果梨，由于树体老化、果实品质下降的问题，果农基本上放弃了管理，有了第一手数据资料。在政府的大力支持下，她请来河西学院、市林业科学研究院的专家一起研究解决。大胆创新，采取高接换优、树体复壮等技术措施，将老苹果梨更换成了绿皮早酥梨、红皮早酥梨。更新后的品种，不但肉质鲜嫩口感好，还赢得了广大批发商的青睐，销售市场前景良好，有效地促进了林果产业的发展。近年来，她先后在国家、省级刊物上发表论文 5 篇，主持、参与完成了科技成果转化 6 项，在生产实践中授权实用新型专利成果 3 项。

面对成绩，她不骄不躁。展望未来，她充满信心。她将继续发挥自身优势，为促进林草事业工作再上台阶，为建设高原生态文明县城做出应有的贡献。

（撰稿：李景潮）

唐进年

男，汉族，1970年10月出生，中共党员，博士，二级研究员、硕士研究生导师，现任甘肃省治沙研究所副所长。主持甘肃省民勤治沙综合试验站工作，兼任甘肃省生态学会常务理事、中国治沙暨沙业学会理事、风沙危害区生态修复与沙产业协同创新中心理事、中国治沙暨沙业学会防沙治沙新材料专业委员会和盐碱地治理专业委员会委员等职务。入选甘肃省领军人才、甘肃省优秀专家、全国林业科技特派员；曾获甘肃省直"青年岗位能手"和"优秀团干部"称号。主持完成国家和省部级等科研和推广项目40项，培养硕士研究生7人，获省部级科技奖励9项，发表科研论文90余篇，参编专著4部，授权专利40余项，制定国家林业行业标准1项，推广各类治沙技术2.6万公顷。

锁定肆虐流沙，播绿陇原大地

——记甘肃省治沙研究所副所长　唐进年

9月的甘肃省民勤治沙站一派深秋的景象，静谧安详，色彩斑斓。笔直的林间小道两旁樟子松还发着绿色，杨树和一些落叶树都闪现着金黄色的色彩。一片片、一堆堆的红柳就像燃烧的火焰，点缀在沙丘中间，就像是一幅油画。民勤治沙站如同童话般存在于巴丹吉林的沙海中。

匆匆吃过早饭，他就去施工现场和治沙试验地工作，忙碌一天后，晚上又一头扎进办公室整理资料，分析数据，撰写论文。早出晚归，披星戴月。这就是他一天的工作。他就是甘肃省治沙研究所副所长、民勤治沙综合试验站副站长唐进年。

骨子里的"防沙基因"，坚定"治沙守家"信念

1970年10月，艳阳高照，秋意浓浓的一天，唐进年出生在甘肃省古浪县土门镇的一个普通农民家庭，也就是闻名全国的治沙英雄"六老汉"的故乡。风沙的侵害让祖祖辈辈的八步沙人受尽了磨难。儿时，唐进年对沙漠的认识只是春季经常出现的漫天黄沙、夏天跑到沙丘里和小伙伴的嬉戏，但沙尘暴造成的危害，仅限于呛人的空气和庄稼受损的模糊印象。

1992年他考入西北师范大学地理系，憧憬着做一名教书育人的园丁。然而就是在1993年，发生了令他改变一生奋斗目标的"5·5"沙尘暴。这场席卷金昌、武威、古浪的黑风暴夺走了85人的生命，而他的家乡古浪就是重灾区。当他看到失去孩子的老乡们撕心裂肺的哭声、农田地满目疮痍的景象时，一个定要战天斗地的治沙种子在他的心间萌生。

他清楚地知道，家乡人民所采用的一些挡风墙、栽植沙枣、花棒等阻挡和治理沙地的方法效果有限，必须从科学的角度治理沙漠，防止沙害，保护农田。回到学校，他开始结合自己自然地理学的专业，更多地去涉猎有关沙漠及沙害治理方面的知识。1996年从学校毕业后，他放弃了留在大城市当一名高校教师的机会，回到

家乡武威市，加入防沙治沙的专业科研机构——甘肃省治沙研究所，从此开始了在甘肃风沙第一线从事荒漠化防治技术研究和推广工作。

一干就是 27 年。茫茫浩瀚的大漠沙海少有人烟，令人望而生畏。但对于唐进年而言，却是倾注全部研究精力的人生舞台。

参加工作不久，唐进军和同事在古浪县重点危害区麻黄台风沙口开展防沙治沙实践。2001 年 4 月 21 日中央电视台《焦点访谈》以《中国生态安全报告（一）：生态的警告》为题报道："几年前，一群生态灾民由于原先居住地过分干旱，不适于生存，于是，迁徙到甘肃省古浪县麻黄台村，建立了新家""村民们说，新家跟老家也没什么太大的区别，一样是风大沙多，庄稼难活""每年开春以后，村民们要做的第一件事就是到地里清沙子，直到把被沙子埋住的地刮出来"。"沙上墙，驴上房"是对当地流沙吞食农田和庄园的生动写照，移民还未站稳脚又得被迫迁离。该节目播出后，作为承担甘肃治沙科研任务的省治沙研究所倍感责任重大，申请实施了甘肃省"十五"科技攻关项目"甘肃河西绿洲边缘风沙危害重点区治理、监测及沙产业开发"，时任助理研究员的唐进年作为项目实施负责人深度参与。

2002 年 3 月，大西北的漠原上仍是春寒料峭，他同课题组其他人员早早就进驻到了麻黄台村。由于时间紧、任务重，为了达到良好的治理效果，他发动群众，让更多的当地群众自愿参加项目风沙口的治理工作中。他一有时间就走村串户、挨家挨户做群众思想工作。仅 2002 年，他就召开群众会议 10 多场，发动群众义务出工 1000 多个工作日。课题组人员起早贪黑，每天步行往返沙区十几千米，搞调研、设沙障、种植物，最终他们与当地群众共同圆满完成了项目内容。风沙口得到有效治理，一条条防风固沙林带荡尽了往日弥漫的沙尘。通过该项目研究，课题组创新提出了由"前沿防风阻沙林带→固沙林带→植物活体沙障阻沙带→封沙育林育草带"组成的"四带一体"绿洲边缘风沙口治理模式，并建立试验示范 200 公顷。

防住风沙是底线，守望家园是希望。唐进年在项目执行中发现，当地农民生活极为艰苦，有些农户住的是地窝铺，收入单一，一到春季就青黄不接，吃的跟不上。他看在眼里，急在心上，和课题组共同谋划，在项目区引进了沙地中药材和优良苜蓿进行种植示范，引导群众发展特色种植和养殖产业。"防沙＋产业"的创新性做法取得了良好效果，不仅有效控制了当地的风沙灾害，而且还为群众增加了经济收入，受到了当地政府和农民的高度赞誉。

当地积极参与治沙的 70 岁老人张成年深情地说："过去这里是风沙口，种一亩能埋掉半亩。自从上了这个项目，治沙所的科技人员来为我们治风沙、教技术，庄稼比前两年前长得好多了""为了建这条林带，唐工陪着推土机几个昼夜没休息，好干部啊！""你们这种吃苦耐劳、为民办事的精神，我老汉相当敬佩，我死后将埋在你们建立的林带，继续看护林带"。当项目结束返程时，当地农民放着鞭炮，为他们送来了"防沙减灾，造福于民"的感谢锦旗。

统计显示，该项目研究成果在古浪县和民勤县沙化土地治理及沙产业开发中大面积推广应用，累计示范推广 4600 公顷，取得了显著的生态、经济、社会效益，成果获 2005 年度甘肃省科学技术进步奖二等奖，入选甘肃省林业十大优秀成果，被《中国绿色时报》《甘肃日报》等多家媒体广泛宣传报道。

无惧穿越"生命禁区"，全面摸清中国沙漠家底

2004 年，甘肃省治沙研究所着手组织对库姆塔格沙漠进行首次科学考察，得知消息后，唐进年积极报名参加，他希望成为沙漠探索的"先锋官"，能够通过治沙技术让沙漠与人类和谐共处。

库姆塔格沙漠是我国八大沙漠之一，由于沙漠气候、环境条件严酷，也是当时唯一未经综合科考的沙漠，面积 2 万多平方千米，沙丘类型多样，90% 为流动沙丘，是世界上唯一分布有"羽毛状沙丘"的沙漠。

通过这次科学考察，他们首次对沙漠分布规律、沙丘类型与沙丘形态特征、沙漠形成时代及演化过程、气候环境特点、地表水文状况及古水文网的变迁、植被与土壤特点、资源与环境状况、生物多样性特征、沙漠对周边地区的影响等进行野外图片、数据信息采集，摸清库姆塔格沙漠家底。同时，他们希望通过对库姆塔格沙漠的地质、地貌、气候、水文、土壤、植被、动物等自然环境要素的综合科考，对于查清库姆塔格沙漠地区植被资源状况、揭示西北干旱区气候与环境形成演变历史以及对青藏高原隆升和全球变化的响应具有重要科学意义。项目实施和研究成果，将为沙区资源开发利用、防沙治沙、生态保护等方面提供科学依据。

唐进年连续 8 年在号称生命禁区的库姆塔格沙漠进出 20 余次，承受着常人难以想象的艰辛和危险。由于库姆塔格沙漠的未知性，开始的探索并不顺利，组建的考察车队和驼队均无功而返，为了开拓道路，他研究组建先遣队，冒着生命危险先行进入沙漠腹地进行探路，经过 5 天的艰难探索，为大部队的进入提供了宝贵的沙漠环境资料。在后续科研团队 17 人 21 天的沙漠考察活动中，即使经历了陷车、断水、断粮以及队员中暑等意外情况，考察工作还是在他们先期探索和提出的路线下顺利完成。

库姆塔格沙漠考察项目中，唐进年负责沙漠的形成演化方面的工作，在地层采样过程中，有一处典型剖面由于存在砂砾石堆积的厚达 6 米的松散沉积层，在底层取样随时会出现崩塌的危险，为了完成采样任务，他冒着危险到砾石层位底下取样，由一人在远处观察上方土层扰动情况，一旦有情况出现可紧急撤离。即便是这样，危险还是出现了，在挖取沉积样品的过程中，上方一块 10 多立方米的砾石堆积体崩塌了，在观察队员的呼喊声中，他纵身向安全一侧跃出，崩落的石块还是砸伤了他的左腿，好在伤情并不严重，继续背着 30 千克重的样品一瘸一拐地回到了6 千米外的营地。

沙漠考察，危险如影随形。他和队员能够携带的水是有限的，除了保障吃喝用水外，洗脸刷牙禁止用水，在高温和繁重的体力活动下，他平均以每天半斤*的体重下降，20 多天的考察体重由 160 多斤下降到 140 多斤，回到单位许多同事们都笑着调侃，让减肥的人去沙漠吧！每进一次沙漠，唐进年的脸被晒得黝黑，满脸的胡子拉碴，有一次他们几个考察队员刚从沙漠出来去宾馆入住，服务员奇怪这是从哪里来的"野人"，理发店的店员吓得不敢接待。

经过几年艰辛的努力，库姆塔格沙漠综合科学考察活动取得了大量资料、图片和数据，不仅填补了我国沙漠区科学研究的空白，而且实现了三代沙漠科学家穿越库姆塔格沙漠的梦想。在科学考察的基础上，唐进年作为负责人又申请实施了国家自然科学基金项目，通过多年的野外观测研究，进一步证实了库姆塔格沙漠属"就地起沙"并探明了其物源，揭示了该沙漠的形成演化过程，重建了第四纪冰后期以来的古气候过程，填补了我国对该沙漠第四纪研究的空白。沙漠综合科学考察成果获得了 2009 年甘肃省科学技术进步奖二等奖；之后的沙漠形成演化过程研究又获评 2022 年度甘肃省自然科学三等奖。

他在长期的治沙科研工作中，一直在探索适宜于不同环境的治沙技术，在基本摸清河西干旱沙区生态环境和植物固沙的情况下，把眼光又放在了没有太多人关注的黄河上游玛曲高寒草地沙化的治理上，也成为了研究高寒草地沙化治理的专家之一。

2008 年，他作为副队长，不惧高原反应和强紫外线照射，带领 35 名科考队员首次对黄河首曲高寒草原沙化进行了为期三年的专题考察研究，取得了大量第一手基础资料，揭示了黄河首曲（玛曲）全新世以来的环境演变和草地沙化的形成过

---

* 1 斤 =0.5 千克。

程，首次按成因将黄河首曲高寒草原沙化划分四种主要类型，系统研究了黄河阶地、古河道和河口三角洲、丘陵山地等不同地貌类型上的风沙地貌形态与分布特征，提出了相应的草原沙化治理对策。

在此基础上，他申请承担了国家科技支撑课题"黄河重要水资源补给区（玛曲）退化草地植被恢复关键技术及专家系统"、国家重点研发计划课题"高寒沙化土地综合治理关键技术研发与示范"、省重点研发计划项目"黄河首曲高寒沙化草地恢复措施评价与精准治理范式建立"等科研项目，开展了高寒沙化草地恢复过程与机理研究，提出了高寒区沙化草地"补播抗逆性草种＋牛羊粪沙障"的低成本环境友好型近自然植被恢复技术模式，并建立示范区 200 公顷，有效解决了高寒气候区草地一旦沙化、植被不易恢复的困难问题，为我国高寒沙化土地有效治理提供了范式和技术支撑，进一步丰富了沙化土地治理技术，对黄河源区生态环境保护与青藏高原生态安全屏障建设具有重要的实践指导意义。通过项目的试验实施，这项首创的沙化治理技术，得到了广泛应用，正在实施的《甘肃甘南黄河上游水源涵养区山水林田湖草沙一体化保护和修复工程项目实施方案》里明确提出，作为支撑技术模式治理流动沙丘（地）1945 公顷、修复沙化草地 1512 公顷。

唐进年（右一）在黄河上游玛曲推广高寒草地沙化治理技术

创新防沙治沙新举措，助力生态保护、民生改善

由于多次和持续在高海拔地区工作，缺氧和高原反应使他的身体有了明显的变化，血压升高，一到高海拔区就失眠睡不好的症状越来越严重，去医院检查发现血液的指标已不正常，医生明确指出已经有了在高海拔区工作人员的特征。即便这样，他还是一边调理治疗一边坚持到高寒区试验地开展工作。

沙化草地都是牧民的牧场，开始牧民不相信能够把沙化草地治理恢复好，对工作有抵触情绪。为了做好牧民的工作，他深入牧民家里，做宣传，讲技术，亲自示范，提高牧民的认识，通过找保证人等方式，牧民才放心配合做草地沙化修复工作。通过一段时间的工作，治理的效果也显现出来了，牧民们很高兴，不但自己主动治理，还把远亲近邻也拉上参与草地沙化治理。他和团队研发的"补播抗逆性草种＋牛羊粪沙障"的低成本环境友好型近自然植被恢复技术在甘南草原迅速推广开来，取得了良好的生态效益。

低覆盖度近自然修复是在传统治沙的基础上提出的一个新的治沙理念。2012年他率先主持完成了省重点研发计划项目"民勤绿洲新型风沙灾害防治技术模式研究与示范"，通过风洞模拟研究了低覆盖度不同配置模式固沙林防风固沙效益，提出了"机械化铺设半隐蔽式网膜带状沙障＋行带式灌木造林"的新型治沙技术模式，较人工治沙节约劳动力 42 工日／公顷，可降低工程治沙成本 39% 以上。

人工治沙的成本越来越高，为了研发适合沙区使用的机械沙障铺设机，走访了许多机械设计部门和机构，拜机械师傅为师，虚心学习，看图纸细琢磨，有时候想得一个晚上都睡不着觉，睡着了做梦也在搞设计。经过不懈努力，反复改进，一款适合机械化作业的半隐蔽式网膜带状沙障和双工位网膜沙障铺设机终于研制成功，研究成果进一步丰富了我国防沙治沙的新材料、新技术和新装备，为实现大面积快速治沙提供了可能，进一步促进了我国治沙的机械化进程，有效提高了工程治沙精准化、机械化水平。该成果被国家林业和草原局推荐列入 2018 年重点推广林业科技成果 100 项之中，先后被 5 项中央财政林业科技推广示范项目大面积应用推广。

坚守治沙事业，改变家乡面貌，改善群众民生，是唐进年始终牢记的使命。近年来，他带领团队不断攻坚克难，主持完成了省基础研究创新群体计划项目"基于植物生理生态适应性分析的防风固沙体系优化研究"，通过野外观测和风洞模拟研究，揭示了梭梭、沙拐枣和霸王三种典型沙生植物对风沙环境的适应性和适应机理，基于典型防风固沙植物生理生态适应性和防风固沙效益评价，优化构建了灌草一体的防风固沙体系配置模式。

　　他还承担完成了国家自然科学地区基金"库姆塔格沙漠第四纪地层沉积特征记录的沙漠演化过程""砂黄土地层记录的库姆塔格沙漠地区全新世以来的荒漠化过程"、国家重点研发计划子课题"沙生资源植物选育与防风固沙技术集成及产业示范"、国家"十二五"科技支撑专题"民勤绿洲边缘退化防护体系修复技术集成与示范"等项目。研究成果为沙化土地治理和植被恢复提供了理论和技术支撑。

　　在做好治沙科学研究的同时，唐进年还特别注重科技成果的转化应用和科技服务工作。依托示范推广项目和专利转化项目，重点示范推广了干旱区机械化与低覆盖度治沙技术以及高寒区沙化草地恢复重建技术，累计推广各类治沙技术 2.6 万公顷，保护农田和草场 1.5 万多公顷，取得了显著的生态、经济和社会效益。积极参与国家和地方黄河流域生态保护和高质量发展行动，完成了国家首批山水林田湖草沙一体化保护和修复工程项目"甘肃甘南黄河上游水源涵养区山水林田湖草沙一体化保护和修复工程"可研报告和实施方案的编制，由国家审批立项。主动申请国家"三区"科技人才项目，先后赴古浪、玛曲、环县开展了沙化土地治理方面的科技培训和咨询服务。积极响应甘肃省脱贫攻坚行动，先后赴静宁和秦安一线开展精准扶贫工作，在治沙成果转化应用与沙区科技服务和扶贫方面做出了突出贡献。

　　27 年来，他把干旱、半干旱、荒漠、高寒草原的研究探索当成自己的使命，兢兢业业，敢于担当，任劳任怨，用自己的青春和汗水，浇灌着沙漠中的绿色，以实际行动建设甘肃沙区的生态安全屏障。在河西走廊的风沙线上，在冰封千里的祁连山下，在绵延曲折的玛曲黄河源头，在库姆塔格沙漠深处，都有他青春的脚印。他用自己的行动谱写着一曲曲优美的绿色歌谣，一首首壮丽的绿色诗篇。

（撰稿：王大为）

刘国强

男，汉族，1967年9月出生，中共党员，正高级工程师，现任青海省西宁市南山公园园长。被聘为青海省"林业保险理赔专家"，青海省价格认定专家库专家，青海省"三区"人才，2019年被青海省林业和草原局授予"全省林业和草原系统优秀共产党员"称号，2022年4月被国家林业和草原局授予"最美林草科技推广员"荣誉称号。30多年来，一直在基层林业部门从事林业技术和经营管理工作，主持或参加过100多项林业重点绿化工程、林业生产技术、园林养护管理、林草科研和科技推广工作。荣获市县科学技术进步奖2项，取得省市科技成果21项、地方标准7项，编写林业专著3部，发表专业论文24篇。

推广林草科技成果，为高原增加更多绿色

——记青海省西宁市南山公园园长　刘国强

从青海省"三区"人才，到西宁市"专家服务队"人才，再到西宁市林业"学科带头人"……面对这些获得的荣誉，青海省西宁市南山公园园长刘国强深知：是青海高原，为他提供了在林草科技推广领域施展拳脚的大舞台。

1990年，刘国强从内蒙古林学院（现内蒙古农业大学）毕业后，被分配到距省城西宁市仅30多千米的大通回族土族自治县（以下简称大通县）林业局。当时，大通县到处是荒山、荒坡，被许多人称为远离城市的"远郊区县"，刘国强却认为这里是发挥自己所学专业的用武之地。

在大通县，刘国强在担负县春季造林技术指导、造林作业设计和造林检查验收工作的同时，还负责全县苗圃的生产技术指导工作。他以林草科技推广员的身份，全力推进全县林木育苗面积迅速增长到5000亩以上、育苗树种品种快速增加到50余种。为让全县乡村从林草科技推广中受益，他白天工作，晚上编制《实用育苗技术推广手册》，并制定相关技术要求，为全县种苗市场制定规范标尺。刘国强负责的大通县城关苗圃，先后被国家林业和草原局、西宁市评为"质量信得过苗圃"和"市级种苗繁育科技示范园"。

刘国强在工作中善于探索和总结。为让林草科技在退耕还林工程中发挥更大的作用，他主动申请承包了大通县城关镇等6个脑山片区乡镇的退耕还林工作。他多次组织召开各乡镇农民大会，向农民群众宣传国家退耕还林政策，讲解退耕还林技术，有效推进了大通县退耕还林工作。刘国强负责完成的"退耕还林（草）生态示范小区建设"项目，经过3年试验研究，开展了造林种草技术试验示范，研究总结出5种技术模式，建立面积25645亩的2个生态示范小区。该项目不仅荣获西宁市科学技术进步奖，还为西宁市退耕还林工程建设提供了重要的科技支撑。

如何进一步加大大通县的林草科技推广力度？大通县林业科学研究与推广中心组建后，刘国强在长宁镇许家寨新建科技试验苗圃基地403亩。他和团队带着200

多名农民工不分昼夜吃住在基地，连续奋战半年时间，培育推广了樟子松、油松等15个树种。刘国强还在大通县的实验林场、宝库林场、东峡林场有针对性地开展林业实用技术和高新技术培训，并建立科技示范基地。同时，他还组织申报了"乡土树种冬瓜杨种质资源评价及优良品种选育""大通县东峡林场青海云杉强化育苗及示范造林""大通县宝库林场林下中药材种植示范建设项目"等20多项林草科研及推广项目。这些举措有力地提高了大通县林业基层单位的科学研究和科技推广工作水平。

随着三北防护林工程建设的实施，青海省东部半旱区特别是浅山地区造林存在可供选择的适宜树种及其综合配套技术缺少的问题日益突出。为此，刘国强多次到海西蒙古族藏族自治州德令哈市、格尔木市实地调研，选择盐地柽柳、沙木蓼等20多种旱生树种，首次将沙生耐旱树种引入城镇进行适应性、抗旱性试验和种苗繁育研究工作。在积极吸取林草行业前辈们的技术经验的同时，他采取配合应用水平台阶、鱼鳞坑、汇集径流整地等不同整地方式，同时应用集水托盘、地膜等环保覆盖材料和不同保水剂，并提出乡土耐旱树种繁育技术和抗旱造林技术，推广应用到困难立地条件下的国土绿化工程中，有效提高了造林工程质量。

刘国强在育苗温室内查看乡土优良树种柽柳苗木生长情况（供图：西宁市南山公园）

虽然先后在 10 多个基层林草部门工作，但刘国强孜孜以求、精益求精的钻研精神始终不变。

青海省省树"青海云杉"移植育苗技术获得重大突破，每亩移植总株数为 12 万～13 万株，比传统单行移栽苗木方法多繁育 3.5 万株以上。为了加大推广力度，刘国强将该项技术总结为"青海云杉宽窄行育苗技术"，辐射带动了周边的湟源、湟中、互助等县的林业产业发展。

在负责西宁市野生动物资源普查工作时，刘国强带领团队历时 2 年对野生动物种类、种群数量、生存环境和保护利用等进行调查，研究分析了影响野生动物生存的环境因子、经营管理与科研水平。其成果不仅填补了西宁市野生动物资源资料的空白，还荣获了青海省和西宁市两项科技成果奖。

林业基层一线工作的长期锤炼，不仅让刘国强在林草科技推广和科研成果转化工作中厚积薄发，也让他能够在青海高原不断增长的绿色中充分释放自己的能量。

近年来，刘国强主持参与完成了青海省财政林业科技推广项目"大通县城关苗圃省级大果沙棘繁育示范基地建设"等 4 个，主持（参与）实施中央财政林业科技推广项目"观赏植物新疆忍冬苗木繁育及栽培示范推广"等 5 个。此外，他还主持国家农业综合开发项目的实施，在承担 15 个课题研发的同时，完成了 6 座温室等基础设施的建设，繁育种苗 1270 余亩，示范造林绿化面积 10611 亩，森林资源经营管护面积达 79.5 万亩。

刘国强主持完成省级科技促进新农村建设重大基层专项"林下经济种养殖模式综合技术集成及产业化"，推动了大通县林下经济发展，为项目区农户提高收入夯实了基础。在创新理念驱动下，他首次将林业科技推广项目引入园林建设。自 2014 年至今，落实科技项目资金 1455 万多元，率先在林业和园林建设中引进新名优花卉 140 余种，成功推广到西宁市各大公园、街道、绿地等，为打造宜居和幸福之城彰显出林草人的责任和担当。

（撰稿：王辰、楼暨康）

徐公芳

　　女，1970年11月出生，高级畜牧草原师，青海省草原总站高级畜牧（草原）师。先后从事野生植物管理、草原生态修复、草原生态监测以及草原资源管理工作。参与的"无鼠害示范区综合配套技术推广应用"项目获得2006年全国农牧渔业丰收奖二等奖；参与的"青海木里矿区高原高寒生态地质层构建与修复关键技术及应用"获得了2022年青海省科学技术进步奖一等奖。2020年获青海省"巾帼标兵"称号，2021年获国家林业和草原局"最美林草科技推广员"称号。主持撰写了《建设项目使用草原现状调查技术规范》等地方标准2项，参与撰写了《草原火灾损失评估技术规范》等地方标准5项；参与完成了退化草地监测技术规范等省级科技成果18项；参与生态动态监测与分析系统等发明专利2项，授权实用性专利4项。参编《青海省畜牧业志》等著作7部，发表论文18篇。

行走在青海草原的科技推广人

——记青海省草原总站 徐公芳

当清晨的阳光从昆仑山口洒向草原时，忙着开展新一轮草原生态监测的徐公芳已是满头大汗。迷人的茵茵草原，已成为徐公芳数十年如一日工作的背景板。

自 1994 年参加工作以来，青海省草原总站高级畜牧（草原）师徐公芳始终坚持在草原科技推广的第一线，在草原科普、沙化草地生态修复、草原鼠虫害防治等领域耕耘，为青海草原生态修复保护工作贡献着自己的力量。

探索草原鼠虫害防治综合技术

徐公芳就像行走在草原上的"寻找者"。

1994—2010 年在德令哈市草原站工作期间，在高海拔和严寒缺氧的自然条件下，徐公芳与同事不断深入山川沟壑、雪域草原开展科学调研，努力寻找解决草原保护工作中难点问题的好方法。

草原鼠虫害不仅造成草地生产能力下降、退化速度加快等问题，还直接威胁着草原生态安全。

2002 年 6 月，尕海地区暴发草原虫害——古毒蛾，严重威胁着当地固沙植物白刺的生长，白刺出现连片枯黄现象。发现这种现象的当天，徐公芳将采集的标本连夜送到省有关部门鉴定。为继续观察，徐公芳和同事将古毒蛾带回家，没有培养皿，她就将古毒蛾养在罐头瓶里，家中摆满了大大小小的罐头瓶。为给古毒蛾寻找食物，她发动同事、家人，利用空闲时间采集贮藏白刺的嫩枝嫩叶，每天换瓶饲喂幼虫，从而掌握了害虫的生长规律。在此基础上，徐公芳和同事开展了防治药物筛选试验，并邀请青海大学草原虫害专家参与防控技术研究，确定了柴达木盆地白刺古毒蛾综合防治技术。此后，尕海地区防治古毒蛾 80 万亩，平均防治效果为 94.5%。

2008 年，蓄集乡温性草原新发鞘翅目叶甲科害虫，其突发性强、危害损失大。

为此，徐公芳总结虫害防治经验，与同事共同开展观测和药物筛选试验，确定了最佳防治药物、防治用量及防治期。其中，防治萤叶甲面积 110 万亩，平均防治效果 97.11%，有效提升了当地草原的水源涵养能力，保护了当地的草原生态环境。

野外工作异常艰苦。2008—2010 年，徐公芳连续 3 个冬季带队到草原牧区开展鼠虫害防治和草原承包工作。白天，她和同事指导群众防治鼠害、骑马丈量草场和绘制图纸。晚上，她们蜷缩在帐篷中睡觉，半夜常常被冻醒。深冬的牧区，寒风刺骨，滴水成冰，恶劣的自然环境让她和几位同事落下了病根。一到冬季，她们的后背和双腿就感到阵阵疼痛。

2020 年 8 月，徐公芳和同事负责海南藏族自治州、黄南藏族自治州 8 个县的退化草地调查工作。为按时保质保量完成工作任务，她和同事们在野外一待就是 30 多天。在共和县工作时，徐公芳下车不慎摔倒，导致腰椎横突 3 根骨头骨折。为保证调查数据的科学性和时效性，她咬牙坚持了 4 天。由于检查治疗不及时，她的第二腰椎骨折部位发生了错位，至今还隐隐作痛。

徐公芳（右二）在现场踏勘（供图：徐公芳）

在修复荒漠化草场中尝试新方法

柴达木盆地位于青海西部，降水量少、蒸发量大，草原极度干旱且缺乏灌溉水源，沙化荒漠草地治理的难度很大，在全国都是个难题。

为找到解决办法，徐公芳多方查找资料，最后从鱼鳞坑造林技术中得到启发，她大胆提出：采取穴状人工补播牧草的方法，在荒漠化草场补播牧草进行改良。

造林的方法能用于草地治理？

面对众人的疑惑，徐公芳作了详细解释：穴状人工补播牧草可使土壤翻动少，避免了原有土壤结构的破坏和表土风蚀造成新的沙化；挖出的土堆在地势较低处，环围补播穴呈半圆形，可拦截原生植被种子，还可以汇集雨水；穴是上大下小，雨水易流进穴内，降水将得到集中利用。这样，穴内形成的小气候，为牧草根系生长创造了良好的生长环境，可有效提高牧草成活率。

大胆尝试在试验中得到了验证。

徐公芳提出的穴状人工补播沙蒿、白刺等牧草方法，在海西蒙古族藏族自治州实施的退耕还林还草、荒山荒坡造林（种草）生态治理项目中得到广泛应用，治理面积达 13 万亩。据统计，穴播地上生物量每公顷平均增加 12347.9 千克，植被覆盖度提高了 28.5%。为将这个方法推广到其他的沙化地区，让更多的荒漠变成绿洲，她撰写了《柴达木盆地荒漠草场穴状补播牧草的实验研究报告》供有关部门参考。现在到德令哈的游客就会发现，周边草原的沙蒿已经扩散到了道路旁和护坡，郁郁葱葱，格外显眼。

针对柴达木盆地土地盐碱化严重、缺乏种植草种的实际情况，徐公芳向多位研究盐碱化治理的专家请教，并在乌兰干沟地区开展盐碱地治理试验。她还从山东、甘肃等地引进地肤、苜蓿等草种在尕海地区试种，积累了丰富的盐碱地治理经验。

让林草科技更好地保护草原

从 2011 年至今，徐公芳先后从事过草原野生植物管理、草原改良等草原技术推广工作，她根据不同岗位的特点，不断总结经验，努力用科技的力量更好地保护草原生态环境。

徐公芳在从事草原野生植物管理工作期间，积极推广重点保护野生植物调查技术，参与制定了《青海省重点保护野生植物名录（第二批）》，有效强化了青海省野生植物保护工作。在省草原总站改良科工作时，徐公芳倡导通过驯化繁育野生草种破解青海草种短缺瓶颈，并与同事先后在贵德县、乌兰县开展牧草引种和乡土草种繁育试验，有效推动了当地的草种繁育工作。

徐公芳作为查验专家，参与草原征占用现场查验近 100 次。工作之余，她总结归纳草原征占用现场查验步骤和注意事项，撰写了《草原征占用指导手册》，为全省开展此项工作提供了重要参考。

在青海省开展冬虫夏草资源调查工作中，徐公芳参与调查设计，摸清了全省冬虫夏草的分布范围、贮藏量、分布面积和采集量等基本信息，据此构建的青海省冬虫夏草资源地理信息系统，划定了冬虫夏草主产区、一般产区、零星产区，编绘了全省 1 ∶ 100 万冬虫夏草资源分布区域图，有力地推进了全省冬虫夏草资源的保护和管理。

一分耕耘一分收获。28 年的草原科技推广工作，让徐公芳收获了多项奖项和创新性技术成果。她参与的"建设草原无鼠害示范区综合配套技术推广应用项目"获得全国农牧渔业丰收奖二等奖，参与的"柴达木盆地白刺害虫的发生规律及控制方法研究与示范"课题获评青海省科学技术厅科技成果。她还参与撰写地方标准 6 项、获得专利 2 项，参与编撰《青海省畜牧业志》《青海省农牧干部读本》《青海省农牧民实用技术》等，独著及合著论文 18 篇，并多次被评为先进个人。

（撰稿：王辰、楼暨康）

唐希明

　　男，汉族，1966 年 10 月出生，中共党员，林业正高级工程师，现任宁夏回族自治区中卫市西郊林场场长。2017 年 5 月，被人力资源和社会保障部、国家绿化委员会、国家林业局授予"全国防沙治沙先进个人"；2019 年 8 月，被中国农林水利气象工会全国委员会授予"绿色生态工匠"称号；2021 年 1 月，被国家林业和草原局授予"最美林草科技推广员"称号。先后组织参与了西北干旱地区林业防风固沙作用、抗旱造林技术等多项课题研究，"中国沙漠鸣沙形成机理及其修复技术研究"成果获宁夏回族自治区科学技术进步奖三等奖。参与欧李'晋欧 1 号'品种选育，获国家林木良种证等技术创新成果。2014—2021 年，先后在学术期刊上发表学术论文 7 篇；自 2017 年以来，"水分传导式精准型沙漠植苗工具""草方格沙障用刷状网绳的生产装置"等 4 项发明分别取得国家实用新型专利并投入应用，大幅提高治沙造林效率，降低治沙造林成本，累计节省资金 6000 余万元，沙漠造林成活率提高了 25%。

沙漠中的播绿者

—— 记宁夏回族自治区中卫市西郊林场场长　唐希明

中卫市地处腾格里沙漠东南缘、三北工程六期黄河"几字弯"攻坚战区的重点治理区，是黄河上中游及华北、西北地区的重要生态屏障，自20世纪50年代初就开启了防沙治沙征程。

1991年，唐希明从西北林学院（现西北农林科技大学）毕业就奔赴腾格里沙漠，接过老一辈治沙人的"接力棒"，成为第三代治沙人的代表。腾格里沙漠核心区域位于长流水村，距市区约40千米，自然条件十分恶劣。他不畏严寒酷暑，每日往返沙区，时常风餐露宿，在30余年的艰苦斗争中，始终执着坚守、矢志不渝，展现出共产党员的精神风骨和意志品格，被人们称为"沙漠播绿者"。在唐希明的带头下，治沙队伍和当地群众先后实施三北防护林、中德财政合作中国北方荒漠化综合治理、银行贷款宁夏黄河东岸防沙治沙、"蚂蚁森林"合作造林等一大批生态项目，治理西风口、北干渠系、葡萄墩塘等八大沙区73.07万亩，占市域内168万亩沙漠的43%，在前人努力的基础上，将沙漠治理率提高到90%。

做技术创新的带头人

"10年前，我在中卫沙坡头区长流水村造林，那里干旱少雨，需要从40多千米外的地方拉水灌溉，造林速度慢、成本高、成活率还很低。"唐希明每天都在思考提高树苗成活率的方法。

"有一天我实在走不动，就找了根木棍拄着，没想到这一拄，迸发出发明造林'神器'的灵感。"唐希明说正是棍子在沙漠里扎出的一个个洞，启发我发明出一种"干"字形铁制植苗工具，在使用时，用工具卡口卡住树苗根系，双手扶好，用脚一踩，将根直接送入50厘米深的湿沙层，几秒钟就能栽好一棵树，也无需额外灌水。办法虽"土"，成效却不小。这一工具使造林成活率达85%以上，比过去提高了25%，造林效率提高了1倍，为国家节省资金超6000万元。2017年，这一工具被命名为"水分传导式精准型沙漠植苗工具",避免了用铁锹挖沙造成水分流失,并获得国家实用新型专利。在治沙实践中,唐希明注重治沙经验技术传承,他吸纳当地农民组建了一支300余人的治沙队伍,通过技术培训,不断提高专业化水平,在治理宁夏沙漠的同时,远赴内蒙古、甘肃、青海等地治沙造林并传播技术,为西北地区荒漠化治理做出了贡献。

为彻底解决劳力用工难的问题,2021年,技术团队共同研发了"草方格沙障用刷状网绳的生态装置"实用新型专利,通过试验,极大节省了防沙治沙成本。

老一辈治沙人发明的麦草方格治沙,虽然取得了固沙成果,但经过风吹日晒,3年后导致草方格风化,沙丘裸露,失去了固沙的作用,只能重新扎设草方格,增加了固沙成本。为解决这一难题,唐希明经过两年实验观测,在扎好的草方格中播撒耐旱沙蒿、沙米、沙大旺等草种,通过风的作用力把种子旋到草方格的四周,通过降雨,种子发芽生长形成植物草方格,达到了永久固沙效果,有效提高了植被覆盖度。目前,这一治沙造林模式已大面积推广应用。

唐希明在查看沙区植被（摄影：王卫东）

做业务精湛的排头兵

唐希明坚持防沙治沙科学研究，不断实践摸索，先后组织参与了西北干旱地区林业防风固沙作用、抗旱造林技术等多项课题研究。2020 年，中卫市将南山台山坡绿化工作纳入山水林田湖草沙综合保护修复重点任务，可由于其地质构造特殊，绿化技术要求高、施工难度大、次生地质灾害风险高，先后制定的绿化方案均未成功，所种树木部分已枯死，是一块难啃的绿化硬骨头。破解南山坡绿化难题迫在眉睫，他巧妙利用爬山虎善于攀缘的植物特性，创新开展南山坡绿化试验，1 万多株爬山虎、柠条和花棒扎根南山坡。经过精心管理，爬山虎长势良好，平均高度1.4 米，成活率达 90% 以上，为这处高 86 米、坡度 60 度、长 1500 米的山坡身披绿装，成功破解了中卫南山坡地区特殊地质构造下的绿化难题，使得生态景观得到明显改观。

唐希明以恒心坚守初心，用奋斗践行使命，在防沙治沙事业中兢兢业业奋斗30 余年，多次被国家、自治区和中卫市林业部门评为先进个人和优秀共产党员。他自信地说，中卫没有治不了的沙漠。这份自信源于他对这片沙漠的熟悉，源于他对自己治沙技术的信赖，更源于他对这片土地的热爱。他说，从讨厌沙漠到爱上沙漠，从亲历者成为了沙漠播绿者。他看见了绿洲，更看见了希望。

（撰稿：黄波、杨晓静）

木合塔尔·扎热

　　男，维吾尔族，1980年4月出生，中共党员，博士，新疆维吾尔自治区林业科学院副研究员，新疆维吾尔自治区园艺学会理事，研究方向涉及新梅、梨、红枣等新疆特色林果树种的栽培、营养、逆境生理等方面。2021年入选自治区"天山英才计划"第三期培养人选。先后主持或参与了30余项国家级、自治区级自然科学基金、重大专项、重点研发及科技推广项目，发表论文50余篇，其中2篇获得"新疆维吾尔自治区自然科学优秀论文奖"；获国家发明专利5项，实用新型专利23项，软件著作权17项；作为主要参与人完成良种审（认）定3项，编著5部，制定（修订）新疆地方标准4项，参与推广林果优良品种2个。

论文写在果园里，成果留在果农家

——记新疆维吾尔自治区林业科学院　木合塔尔·扎热

位于我国西北部的新疆维吾尔自治区，是久负盛名的"瓜果之乡"，尤其是南疆地区集聚了全自治区85%以上的特色林果资源，林果业在促进农民增收和脱贫攻坚中的地位和作用十分特殊。2018年，新疆维吾尔自治区林业和草原局、中共新疆维吾尔自治区委员会农村工作领导小组办公室和自治区"访惠聚"驻村工作领导小组办公室共同组织了"南疆特色林果业提质增效助力脱贫攻坚林果技术服务工程"。当时，木合塔尔·扎热听到消息后，第一时间积极报名科技服务团队，到现在为止，他一边承担科研项目，一边深入田间调研实验，每年坚持参加"南疆特色林果业提质增效助力脱贫攻坚林果技术服务工程""自治区农牧业专家下村助力'访惠聚'促进乡村振兴专项行动""万名农业科技人才服务乡村振兴行动"等多种科技服务活动，为彻底解开林农固守传统经营模式的"心结"贡献科学力量。

踔厉奋发，从"三味书屋"到片片果园

木合塔尔·扎热出生于南疆的普通农民家庭，田间耕作的辛苦对他而言是一种特别的苦中作乐。学生期间，他乐此不疲地参加一次次农业技术培训活动，依据自己记录到的"幼树标准化栽培管理技术"管理自家红枣园。自此这片红枣园便是他"一展身手"的试验地。木合塔尔·扎热为了向父亲证明"科学技术并非纸上谈兵，成果效益定能落实田间"，他牺牲玩耍时间、压缩课程作业时间，一点点记录的栽培技术、一次次提高的管理能力，似乎让果树开始变得"听话"，枣树长势不断转好，每亩提产150千克，平均每亩多挣2000元。于是，木合塔尔·扎热在心里埋下一颗种子："农民增收致富必须靠技术，好好上学将来当一名林果技术人员，传授科学知识、科技助农、提产兴农。"

2009年，新疆农业大学成为木合塔尔·扎热培育"梦想种子"的理论之地。他勤奋刻苦，积极参加实践培训活动，努力汲取充满营养的理论知识。抱着"世上无难事，只怕有心人"的坚定意志，一步步掌握专业知识，攻读果树学硕士、博

士。木合塔尔·扎热说："我对农林业的眷恋，是需要更多的科学技术、更丰厚的理论知识，去为林农服务。"

2012 年，新疆维吾尔自治区林业科学院成为木合塔尔·扎热培育"梦想种子"的丰沃之土，工作后他实现了当一名专业技术人员的梦想。为解决果农急难愁盼的生产技术问题，木合塔尔·扎热扎根林果业生产一线，每年有三分之一的工作时间扑在田间地头。他说："农林人应当始终坚持全心全意为广大果农服务，担当新疆林果业高质量发展的使命，结合科研和技术推广项目，开展形式多样的科技培训及技术指导，推广、普及林果业新品种、新技术和新方法，不断帮助果农提高现代林果种植管理水平，为新疆特色林果助力脱贫攻坚、巩固脱贫攻坚成果、社会主义新农村建设、乡村振兴战略及林果业高质量发展方面做出一份贡献。"

面向基层，从果农中来到果农中去

工作以来，木合塔尔·扎热先后前往阿克苏、喀什、和田、哈密及克孜勒苏柯尔克孜自治州等 20 多个市县开展了新梅、红枣、梨、核桃、杏、葡萄等果树的整形修剪、科学水肥管理，突破了促花保果、病虫害防治、低产林改优、农家肥沤制等关键技术。与此同时，积极深入技术推广，已开展林果技术科普活动 200 余场，

木合塔尔·扎热（右二）给果农讲解新梅结果枝培养技术（摄影：司马依江·马木提）

受益果农达 20000 多人次，平均每年坚守生产一线开展林果技术服务天数不少于120 天，开展的各项技术培训和技术指导工作得到了当地政府和果农的充分肯定和一致认可。培训活动中，他不顾烈日炎炎，爬树、施肥，耐心讲解修剪技术，果农看到他满头大汗，纷纷递送纸巾，并说道："太热了，在树荫下讲吧，脸和胳膊已经晒黑了，回家时可能家人都认不出来您"！他开玩笑说："晒黑是农林果业技术在我身上留下的印记，作为农林技术从业者，太阳下工作是一种满足和幸福。"

2023 年 6 月，木合塔尔·扎热潜心科研、扎根基层，身体亮起"红灯"，免疫力下降感染带状疱疹，但他坚持技术研发和服务，曾向医生、家人提出：将办公室搬到病房来，把田间地头搬进手机里去！住院期间，他接听有关咨询林果业相关技术问题的来电、微信视频通话经常超过 2 小时，遭到了负责医生及爱人的批评，但他说"我只是果业技术研发推广战线上的平凡一员，虽然生病了不能够下基层，但也要以农时、农民的需求为准绳，尽可能随叫随到"。

踏实为民，科技助力"授人以渔"

木合塔尔·扎热在从事林果科研工作的十几年实践过程中，始终秉持"把论文写在果园里、把科技成果留在果农家"的工作理念，重视解决生产中果农遇到的实际问题。

2014 年 10 月初，新疆维吾尔自治区林业科学院经济林研究所红枣团队在阿克苏调研时发现，当地红枣因白熟期多发阴雨天气，裂果、腐烂问题严峻，减产近1/3，造成严重的经济损失。木合塔尔·扎热和团队成员以解决裂果难题为导向，设置试验地块、反复试验、多方查证，研发出"防止枣裂果的方法及其应用"综合技术，并申报国家发明专利，有效提高了红枣成熟率和保存率，为阿克苏枣农林农增产增收做出了应有贡献。

2017 年，在和田开展科技服务时枣农反映，近几年红枣价格不理想，且枣园投入成本逐年增高，尤其是间作模式下的枣园整形修剪用工成本高，红枣经济效益下降，严重影响枣农增收致富。针对此问题，木合塔尔·扎热与团队成员在南疆多地开展红枣不同整形修剪树形模式培养试验，通过多轮数据收集、采样检测、调查验证，最终筛选出符合间作栽培模式且管理简便的红枣树形，申请了国家专利"间作模式柱状树形的整形修剪方法"。

2019 年，在喀什地区伽师县执行 2018 年中央财政林业改革发展资金项目（林业科技推广示范补助）"西梅优良品种推广及标准化管理技术示范"过程中，项目组成员发现，'新梅1号'品种若以桃树作砧木，虽然其树体幼树期的生长发育速度快、结果期树冠较大、果实个头大，但是后期长势过旺，整形修剪难度增大，且易发生叶片黄化病；若以酸梅作砧木，虽然能有效避免以桃树作砧木存在的缺点，但由于酸梅根蘖能力比较强，在犁地或挖坑施肥时，易萌出很多根蘖苗，既难以铲除，又造成土壤养分的流失浪费。项目组以此生产问题为研究导向，研发出种新梅中间砧的"嫁接西梅及其繁育方法"，并申请了国家专利。

一分耕耘，一分收获。木合塔尔·扎热始终以林业科技创新、技术储备、技术推广为己任，辗转于田间地头。工作之余，他乐于研发各种利农小型生产工具，其中"开角器及农具""环割条以及环割器""一种劈开工具""一种果树侧枝开角器""树枝弯曲圈器""树枝开角器""拉枝固定辅助工具""枝接专用套袋"等20余项研发成果获取了实用新型专利，解决了果树整形修剪过程生产中的拉枝、开角、环割、别枝、嫁接等方面的技术难题，帮助果农克服了急难愁盼问题，有效提升林果业田间科学管理水平，得到了相关专家及果农的高度认可和欢迎，被当地果农誉为"增收致富的金钥匙"！

木合塔尔·扎热常说，搞林果技术须得离开案头、深入田头、不怕日头，"风里去、雨里行，雨天一身泥、风天一身土"。只有实实在在做给果农看、扎扎实实带着果农干，才能不忘初心，为新疆林果产业发展奉献自己的光和热。

（撰稿：张杰）

　　男，汉族，1975 年 1 月出生，中共党员，农业技术推广研究员，现任新疆生产建设兵团第二师林业工作管理站站长。曾获评兵团三区科技特派员，兵团"十二五"全民科学素质工作先进个人，库尔勒香梨产业技术体系虫害团队主要成员。获得兵团科学技术进步奖二等奖 5 项、三等奖 3 项，师市级三等奖 2 项。长期从事林果栽培、病虫害防控、退化防护林修复、沙生种草养等林下经济技术研究与示范推广工作，先后主持和参与林草科技项目 23 项，参与编著《库尔勒香梨》等著作 4 部，发表科技论文 46 篇，授权"一种光肩星天牛疫木处置装置"等实用新型专利 10 项，参与制定《库尔勒香梨省力化栽培技术规程》等地方标准 2 项；举办技术培训班 47 期，累计培训技术骨干 500 余人次，职工 6.2 万人次，林果技术推广 42 万亩。

在沙漠中书写绿色人生

——记新疆生产建设兵团第二师林业工作管理站站长 王小兵

塔克拉玛干沙漠边缘生长着很多胡杨，新疆生产建设兵团第二师林业工作管理站站长王小兵就工作在这里。胡杨的绿色为黄色的沙漠带来了生机。"生一千年不死，死一千年不倒，倒一千年不朽"的胡杨深深地震撼了他。从事林业工作就用这种胡杨精神在沙漠边缘护绿、增绿、管绿、用绿、活绿。王小兵怀着"造林为民、大地常青"的初心，用双手在沙漠中书写绿色人生。

聚焦生态治理

科技是生态治理之要。王小兵始终坚持"生态治理，科技先行"的理念。作为新疆生产建设兵团科技特派员，他不断探索制约林草发展的瓶颈并尽快攻关，哪儿有急需解决的林草问题，那儿就有他的身影，那儿就是他的焦点。2020 年，他在焉耆垦区和库尔勒垦区示范推广高标准造林技术，提前一年准备，认真准备林床，苗木质量严格把关，全部实施地面覆膜等技术，当年干旱盐碱区造林成活率达 92% 以上，加强更新造林管护，3 年树体高度达 8 米左右，起到了很好的防护效果；在 34 团及干旱沙区抽取地下苦咸水、33 团引用农排水种植梭梭、红柳发展生态示范；引种示范密胡杨、竹柳、泓森槐、北抗杨、榛子、大果沙枣、大果榛子等树种，推广密胡杨 3.6 万株，积极探索 8 种防护林营造混交林模式和天牛抗性树种，作为优选树种在焉耆垦区的城镇绿化和防护林广泛种植，提高防护林的生态安全。指导团场通过更新造林、补植补造、加强灌水和主要病虫害防治，2021—2023 年共有效修复退化防护林 9.55 万亩，林分得到有效提高。

助力产业发展

香梨是第二师的特色产业。为了让香梨种植管理再上新台阶，王小兵于 2015—2017 年制定并完善香梨主干结果模式及技术方案并全面推广应用，试验总结出浅宽沟滴管种植模式、单芽嫁接等一套系统的关键技术并全面推广，累计建设香梨示范园 3400 余亩，在当地累计推广 7.2 万亩。负责的香梨新模式示范园（第 4 年）亩产突破 3.4 吨，商品果率达 90% 以上，亩产值达 1.2 万元以上，脱萼率 98% 以上，果品综合品质显著改善，2017 年获得新疆生产建设兵团科学技术进步奖三等奖；推广果树树盘铺设地布技术 2000 亩；引进迷向丝防治梨小食心虫累计示范推广 5.1 万亩，防效达 94.3% 以上。同时引进扩繁 3 种优良果树，包括引种玉露香梨、山农酥建立采穗圃 52 亩，推广玉露香梨 1.17 万亩，推广七月鲜红枣 560 亩。

他注重示范推广。示范种植甘草、梭梭（嫁接肉苁蓉）、甘草、板蓝根、罗布麻等沙生中药材，引导职工大力发展林下经济，实现防护林和退耕还林可持续发展与林业职工持续增收。在 34 团、36 团、37 团和 38 团累计推广种植梭梭嫁接大芸 1.63 万亩，嫁接翌年亩产达 200 千克以上，亩产值 3000 元以上。2023 年推广林下种植发展林药、林草、林菜共 7.5 万亩，总产值达 6659 万元。

为了林果业健康发展，他通过 QQ、微信、现场会、专题讲座等和直播等多种

王小兵（前一）现场讲解库尔勒香梨夏季修剪技术（供图：王小兵）

途径开展培训，技术人员和职工都积极参与交流。2010 年开展了历时 16 天的"万名红枣职工大培训"，采用直播建园，嫁接当年平均亩产鲜枣 542 千克，5 年间全师发展红枣 23.2 万亩，职工走上了富裕路；深入基层培训香梨和红枣栽培理论和修剪技术，师市推广香梨主干结果模式 4.69 万亩，实现早果优质丰产，新模式累计新增效 1.56 亿元，该技术辐射库尔勒、阿克苏和喀什等其他地区，累计推广 20 余万亩；培训杨圆蚧壳虫和光肩星天牛等林业病虫害防控、退化防护林修复和林下经济等技术；推广和完善打孔注药、飞机防治技术和示范营林新模式等综合防控天牛，有效降低了虫口基数。探索天牛抗性树种和混交林营造模式，共示范推广了 5 种营林新模式，提高了生态安全；积极到 223 团和 37 团开展科技特派员服务活动，每年至少有 20 天在基层进连、入户、到园，推广稳产增产增效和抗灾减灾技术，提高了职工的实际操作技能，突出技术引领和先导示范作用。开展培训 47 场次，累计培训技术骨干 500 余人次，职工 6.2 万人次。

2022 年 8 月，在团场检查工作历时 16 天，他在第 14 天时病倒了。紧急时刻，他被连夜送到库尔勒师医院抢救。5 天后，他又出现在地头，继续和职工探讨果树优质丰产栽培技术。

推动科技应用

引进示范推广林果新机械。引进河北石家庄的中农博远农业装备有限公司的果园弥雾机、割草机、枝干粉碎机、施肥机、采摘平台等多种新机械，果园全程机械化水平大幅提升；实施了气爆式施肥机科研课题，实现了同步进行土壤深松和施肥作业，降低了施肥劳动强度，提高了施肥效率，节本增效 150 元 / 亩。"一种改良式 E 字形果树开角器"专利因对果树枝条开张角度使用便捷、成本低、功效高，被广泛应用于库尔勒、阿克苏等红枣、香梨和苹果生产中，累计推广 13 万亩，节本增效 1560 万元。

2018 年至今，不断引进和完善直升飞机防治林草病虫害作业技术，作业效率和防效明显提高。他总结出了本地干旱区域飞机作业防治林业虫害的各项技术参数并推广，已累计推广作业 52.9 万亩次，虫口减退率和保叶率均在 85% 以上，未成灾。

全面试验总结和推广光肩星天牛防治技术，成效明显。2003 年以来，积极开展了天牛性诱剂防治、药剂筛选、打孔注药、抗性树种引种筛选等试验示范，总结出"沙枣 + 青杨"的混交营林措施开展天牛防控。沙枣作为新疆本土优良抗性树种，对光肩星天牛充分发挥了沙枣高效诱引和完美绝杀天牛的作用，2023年他与北京林业大学教授联合开展技术攻关与示范推广，推广混交林，种植沙枣3200亩。该成果已被国家林业和草原局领导批示列入三北工程重点项目，并要求加大推广力度；创造性试验推广树干吊瓶注药防治天牛，避免药剂对林木组织损害、难以到达林木顶端和吸收率不高的问题，大幅度降低了对环境的影响，有效提高了防效，2023年推广吊袋防治天牛1760亩；及时连片采伐更新发生危害较严重的防护林，采取综合化学防控措施，大幅降低了虫口基数，有效控制天牛进一步蔓延。

他不断探索制约林草发展的瓶颈并尽快科技攻关，主持和参与了库尔勒香梨气调储藏技术项目、库尔勒香梨密植高效省力栽培技术研究与示范、杨圆蚧生物特性研究与综合防治技术示范等23个项目的研究与推广应用，共获得科学技术进步奖10项，加强了林草科技对现代林果业发展的支撑作用。

"只有荒凉的沙漠，没有荒凉的人生"。他凭着自己对工作执着的追求和不断努力创新，全面提高了本领担当和履行能力，坚持把论文写在大地上，将自己的专业知识转化为推动当地林草业又好又快发展的有效方法和措施，提高自身攻坚克难的毅力和本领，努力解决生产上重大技术瓶颈。

（撰稿：巴玲军）

最美林草科技推广员

谢锦忠

男，1966年12月出生，九三学社社员，中国林业科学研究院亚热带林业研究所研究员、博士研究生导师，兼任中国林学会竹子分会副理事长兼秘书长，中国林学会青年工作指导委员会秘书长，中国林业产业联合会林下经济产业分会副秘书长，《竹子学报》和《国际竹藤通讯》编委。获2020年中国林业科学研究院科技扶贫先进工作者、2021年浙江省农业科技先进工作者、2022年国家林业和草原局"最美林草科技推广员"等荣誉称号。从事竹子栽培和竹子林下经济（竹基食用菌）研究，主持国际合作、国家重点研发子课题、行业专项、省重点等项目40多项，获成果15项，其中获国家科学技术进步奖二等奖1项，省（部）级科学技术进步奖二、三等奖各1项，以及梁希林业科学技术奖一等奖1项、二等奖3项。出版专著6本，发表论文80余篇。

推广新技术，深耕竹产业

——记中国林业科学研究院亚热带林业研究所 谢锦忠

一项林业新技术带来的经济效益令竹农惊喜不已。

浙江安吉余村"两山"示范区、宁波四明山区、杭州市富阳区大源镇，安徽岳西菖蒲镇和广西昭平五将镇等地的竹农们，通过使用中国林业科学研究院亚热带林业研究所竹类专家谢锦忠开创的栽培新模式，仅发展竹下食用菌亩产值就超过 5 万元，亩利润超过 2.5 万元。

我国大部分竹林分布在经济欠发达的山区，竹林经营是这些地区农民增收致富的重要途径和主要经济来源。在竹林经营研究领域深耕 36 年的谢锦忠始终坚信，林下经济蕴藏巨大潜力和发展空间，要不断探索和研究，让更多实用生产技术在竹农手中落地生根，惠及万家。

20 世纪 90 年代初，竹荪大田栽培技术实现突破，使竹荪进入寻常百姓的餐桌。但由于种植竹荪的基质是木屑、棉籽壳、谷壳等混合物，且部分种植地的重金属含量较高，使一些竹荪产品的氨基酸、多糖和微量元素等含量降低，品质变差，市场价格走低，菇农种植积极性受挫，竹荪产业日渐萎缩。

如何破解竹荪发展难题？谢锦忠想到了竹产区随处可见的竹屑。

在多次实地调研和反复研究中，谢锦忠及团队发现竹荪大田栽培不用竹屑作基质的主要原因是竹屑基质化处理技术不过关、工序复杂等问题。经过反复试验和技术攻关，谢锦忠及团队研制了竹屑发酵技术，使之成为竹荪、大球盖菇、姬松茸、羊肚菌等栽培的主要原料，扩大了竹屑的利用范围，提高了竹屑的经济价值，同时节省了竹农种植竹荪的成本。

谢锦忠认为，科学技术不能只是花拳绣腿，要讲实效，要到生产一线发现问题、解决问题，推动技术创新。

2007 年，谢锦忠赴重庆参加科技下乡服务时得知，西南林区一些退耕还林发展起来的笋用麻竹林，由于经营效益低下，严重挫伤了竹农种植和经营竹林的积极性，有些竹农甚至有了挖竹种粮的想法。

通过查阅大量文献和实地调研，谢锦忠发现在麻竹林下发展食用菌特别是竹荪菌，是快速提高麻竹林经营效益的有效途径。为此，谢锦忠带领团队开始竹林下竹荪仿野生栽培技术研究，开创了以竹材和竹林废弃物为基质的"竹荪 + 大球盖菇"一年两季栽培新模式，有效解决了因竹荪种植必须轮休导致的基础设施利用率较低问题。

此后的十几年间，谢锦忠及团队采用"边研究、边总结、边推广"模式，将竹荪仿野生栽培技术从重庆、四川等省市，逐步推广到福建、浙江、湖南、湖北等11 个省份 30 多个县。目前该技术已累计推广超过 1.2 万亩，直接经济效益超过 2.4 亿元。

常年在竹区服务的谢锦忠坦言，竹农目前最缺的还是技术和市场。"我们不仅要指导竹农种植，发挥示范带动作用，将技术输出到更多需要的地方，更要帮助他们对接销售渠道，获得更多效益。"谢锦忠说。

2019 年，谢锦忠在浙江开化桐村成立了中国林业科学研究院亚热带林业研究所谢锦忠专家工作站。目前已帮助桐村建立竹林下竹荪仿野生菌栽培技术示范林

谢锦忠查看宁波大竹海基地羊肚菌生长情况（供图：谢锦忠）

30 亩，产值超过 90 万元。在广西昭平县，谢锦忠为其发展林下食用菌提供技术支撑，自 2019 年以来现场指导四溢香菇种植专业合作社等发展林下竹荪、大球盖菇100 余亩，平均亩产值超过 3.5 万元，专业合作社增加收入 180 余万元。

在谢锦忠的技术支持下，安徽岳西县菖蒲镇发展竹荪、大球盖菇、羊肚菌等林下食用菌种植基地 40 余亩。通过多年发展，菖蒲镇林下食用菌种植项目实现产值102 万元，带动村集体增收 23.2 万元，直接带动竹农竹园租金收入 5.2 万元，增加群众务工收入超 30 万元。

谢锦忠每年都会为竹农开展技术培训 20 余次，近 5 年累计培训 5000 余人次。如今，他已将竹林下竹荪和大球盖菇仿野生栽培技术推广到浙江安吉、宁波，广西罗城，贵州赤水，重庆荣昌、梁平、涪陵，湖南永州、炎陵，江西井冈山、铜鼓，安徽岳西，广东蕉岭、广宁等地，巩固了当地脱贫成果，推动了乡村振兴。

谢锦忠还发挥兼职中国林学会竹子分会秘书长的优势，广泛争取业内院士、知名专家和学者的支持，数十次深入我国南方竹产区基层和企业调研对接，探索建立了中国竹产业"产、学、研、科、工、贸"一体化协同载体新模式——中国（上海）国际竹产业博览会（上海竹博会）。

上海竹博会 2017 年开办以来，已举办 4 届，累计参展商 1000 多家，展品 2 万余种，成为竹业新技术、新产品的重要发布地。谢锦忠说："我希望借助这个平台，通过技术交流和竹制品商贸活动，促进和带动竹加工业、竹林资源培育产业发展，为竹农带来更好的效益。"

（撰稿：李娜、楼暨康）

最美林草科技推广员

韩贵杰

男，汉族，1969 年 2 月出生，中共党员，高级工程师，大兴安岭林业集团新林林业局生态修复管理科科长。2022 年被国家林业和草原局评选为"最美林草科技推广员"，2023 年荣获大兴安岭林业集团公司"兴安生态工匠"称号。长期从事西伯利亚红松引种工作，同时，还积极与大专院校和科研院所协作，参与了"林木抗逆基因工程及细胞工程育种研究""典型森林生态系统结构及功能优化技术集成与示范""重度退化生态系统恢复与重建关键技术研究与示范"等多项林业科研项目，参加的"大小兴安岭森林分类经营技术集成与示范"课题获得了 2021 年梁希林业科学技术奖二等奖。发表了《新林地区西伯利亚红松引种造林研究》《保证高寒地区绿化大树移栽成活的技术措施》等多篇论文。

为西伯利亚红松寻找第二故乡

——记大兴安岭林业集团新林林业局　韩贵杰

西伯利亚红松可耐零下 67 摄氏度低温，是少数进入北极圈的树种之一。黑龙江大兴安岭地区与西伯利亚红松分布带的气候、土壤条件接近，引种西伯利亚红松对丰富大兴安岭地区树种组成，改善森林品质，提高生态、经济和社会效益有着深远意义。

为实现引种目标，20 多年来，大兴安岭新林林业局生态修复管理科科长韩贵杰与一批批林草科技人，在引种西伯利亚红松、优化大兴安岭林木结构研究中不断探索和实践，终于使新林成为西伯利亚红松的第二故乡。

用严谨精神做好基础研究

这棵树在韩贵杰的林草科技工作中占据着重要位置。

1990 年，东北林业大学立项研究引种西伯利亚红松，新林林业局争取到参与项目试验的机会。高级工程师张美钧和林淑云夫妇主持试验项目，营林技术力量比较雄厚的碧洲林场负责试验项目落实。

为更好地推进项目建设，新林林业局在碧洲林场成立了科研小组，为张美钧和林淑云夫妇配备了 3 名助手，其中一名助手就是大学毕业不久的韩贵杰。韩贵杰说："可能这就是我和西伯利亚红松的缘分吧。从那时开始，我跟随张美钧高工开展西伯利亚红松引种试验项目工作，即便在森工企业困难时期，我也没动过放弃的念头。"

在西伯利亚红松引种试验工作中，韩贵杰秉持着严谨的科研态度。

韩贵杰担负起实验组织实施工作，从西伯利亚红松播种育苗、种源试验，到适应性试验等，他都会根据张美钧的要求，提前做好试验设计、种源配置等工作。为防止栽植中把苗木种源弄混，他既当技术员又当造林工，自己直接调配种源编号，再把苗木一株一株交给造林工人，并仔细交代栽植注意事项。有的工人抱怨他太认真，不懂变通，韩贵杰说："这些树苗关系着大兴安岭林木更新的希望，不能有一丝一毫的马虎。"

为引种推广西伯利亚红松，韩贵杰跑遍了碧洲林场的地块，千方百计寻找适合西伯利亚红松的造林地。在西伯利亚红松引种观测工作中，他与同事每天骑车10余千米往返各试验地间，积累了大量的原始数据。通过分析总结，他在《林业科技通讯》发表了论文《新林地区西伯利亚红松引种造林研究》，较系统地对西伯利亚红松引种工作进行了阶段性总结。

2001年，韩贵杰精心组织项目申报材料，为西伯利亚红松引种工作顺利列入"948"项目创造了条件。按照西伯利亚红松"948"引种项目要求，他远赴俄罗斯实地学习考察西伯利亚红松培育技术。当看到一株株高耸入云的西伯利亚红松和俄罗斯令人震撼的原始森林时，他更感到肩上的责任重大。在俄罗斯学习考察期间，他每天坐车奔波几百千米，到苗圃、西伯利亚红松原始林开展科学研究，积累了大量第一手资料。他还系统地考察了西伯利亚红松的生长和分布情况，与俄罗斯有关专家进行了学术交流，成功引进了种子、苗木和接穗技术。回国后，他及时进行苗木和种子培育，进一步推动西伯利亚红松引种工作，该项目于2007年顺利通过了国家林业局验收。

用不懈努力实现引种目标

因为工作需要，韩贵杰调任新林区营林处负责种苗和科技工作。虽然岗位有变化，但他对西伯利亚红松引种研究工作没有丝毫懈怠。

针对天然林资源保护工程实施及林区面临的林分质量下降的现状，韩贵杰在前期研究的基础上制定了《新林林业局西伯利亚红松推广栽植方案》，为扩大西伯利亚红松苗木培育及造林规模、试验地管护等工作奠定了技术基础。

同时，他每年都和协作方保持联系，投入资金从俄罗斯购入种子进行苗木培育，较好地解决了西伯利亚红松造林苗木自给问题。2018年，根据管护区经济果材兼用林建设要求，韩贵杰制定了《新林林业局2019—2023年果材兼用林发展规划》，对西伯利亚红松种子购进、苗木繁育及栽植培育等进行了科学规划。

经过多年努力，韩贵杰总结形成了涵盖整个生产过程的比较成熟的生产管理技术，新林区西伯利亚红松引种工作取得阶段性成果。20多年来，新林林业局先后在局属各林场栽植西伯利亚红松7000余亩30余万株，现苗圃培育西伯利亚红松140余万株。

在六支线 200 林班,一株株挺拔的西伯利亚红松傲然耸立着。第一批于 1995—1996 年栽植的西伯利亚红松小苗已经长成五六米高的大树,2019 年开始陆续开花飞粉即将进入结实期。经东北林业大学专家实地考察认证,西伯利亚红松在大兴安岭引种获得成功。

用林草技术服务生产

不断提高森林品质才能更好地为大兴安岭生态建设服务,韩贵杰在林草科技一线不停地探索。

在从事西伯利亚红松引种研究工作的同时,韩贵杰还与大兴安岭林业科学技术研究所、东北林业大学等单位开展协作,参与了"白桦林复合经营研究""落叶松边缘效应造林试验""林木抗逆基因工程及细胞工程育种研究""主要树种耐寒基因工程育种研究""典型森林生态系统结构及功能优化技术集成与示范""重度退化生态系统恢复与重建关键技术研究与示范"等多项林业科技项目,在生产实践中定位营林科研的研究方向,较好地解决了一些生产中的难题。

韩贵杰(右二)在苗圃进行苗木生产情况调查(供图:韩贵杰)

在从事林草科技工作的同时，韩贵杰还一直负责营林生产管理工作。

春季造林季节，韩贵杰每天早出晚归，没有休过一个星期天。当时恰逢国家开展森林抚育补贴试点项目，韩贵杰从营林计划落实、生产设计、生产管理、内业建档到生产验收都亲力亲为，既做到生产组织得力，又保证了生产作业质量，两年来共完成60万余亩试点任务，森林抚育试点整体工作在全区名列前茅。天然林资源保护工程二期以来，新林林业局累计推广人工造林1.6万亩，补植补造27.86万亩，森林抚育417.33万亩。

韩贵杰交出了一份亮眼的林草科技工作答卷。

韩贵杰参加的"大小兴安岭森林分类经营技术集成与示范"课题，获得2021年梁希林业科学技术奖二等奖。他先后在期刊发表《保证高寒地区绿化大树移栽成活的技术措施》《外来有害植物的危害及防控对策》《天牛的发生与防治技术》《大兴安岭低质落叶松林补植改造后土壤肥力的综合评价》等论文。

多年来，韩贵杰多次荣获大兴安岭地区绿化奖章，2022年荣获大兴安岭林业集团公司"兴安生态工匠"称号。为了让西伯利亚红松遍布大兴安岭，韩贵杰一直在探索和实践，正如他所说："作为一名林业科技工作者，这是我的无悔追求！"

（撰稿：王辰、楼暨康、李冰）

最美林草科技推广员

任学勇

男，1987年11月出生，中共党员，博士，北京林业大学副教授、硕士生导师。担任国家林业和草原局科普专家库专家、中国林学会科普报告团专家和中国科学技术馆专家志愿者，兼任中国林学会青年工作委员会常务委员、中国林产工业协会木炭产业分会副会长、生物质能源与材料专委会副秘书长。入选国家林业和草原局"最美林草科技推广员"、国家林业和草原局青年拔尖人才、北京市优秀人才和北京市科协青年托举人才等。在园林绿化垃圾、林果废弃物等林木废弃物绿色低碳循环利用领域的科技推广、成果转化和科学普及等方面取得系列成果，荣获全国科学实验展演二等奖、梁希科普奖、中国专利优秀奖、教育部技术发明奖、北京市科学技术奖和梁希林业科学技术奖等多项奖励。主持承担各类林草科技推广和技术服务项目20余项，完成国家林草科技推广成果库入库成果多项，起草了国家、行业和团体标准6个，发表科技论文80余篇，获得授权发明专利20余件。

"两翼齐飞"实现林业废弃物科学处置利用

——记北京林业大学　任学勇

　　金秋时节，枯枝坠下、树叶飘落，"枯枝落叶"这些再平常不过的绿化植物废弃物（以下简称"绿废"），在任学勇博士的眼中却是好东西，是大有用途的"零碳"资源，是林业助力"双碳"战略目标实现的重要抓手。多年来，针对国家和行业对园林绿化废弃物、经济林修剪剩余物和森林抚育剩余物等林业废弃物的资源化利用的科技需求，他一直用心、用情、用力认真做好林草科技推广和技术服务工作，积极搭建科技推广平台，注重通过科技创新和科学普及"两翼齐飞"来合力推动绿废科学处置利用，用绿色科技来实现林业废弃物"变废为宝"，助力林业产业绿色低碳高质量发展。

　　任学勇是北京林业大学副教授，乐于奉献、甘于付出，倾心林草科技推广事业。他参与创办国家林业和草原局科技大讲堂品牌活动。他主创和编导的科学实验展演作品《枯枝落叶变形记》荣获科技部和中国科学院主办的第五届全国科学实验展演汇演活动二等奖，并受邀在 2022 年全国林业和草原科技活动周主会场启动仪式和中国科技馆联合中国林学会 2023 年"美丽中国"主题活动上展演展示；他开发出 10 余个绿废资源化新产品和多台新装备，在北京、河北、河南、山东、浙江、福建、江西、广西、四川等地近 10 个省份的 20 多家林场林企等单位推广使用，为林农林企累计创造新增经济效益 3000 多万元。

潜心研究绿废循环利用新技术

　　绿废综合利用是任学勇多年来一直用心钻研和用力推广的专业技术领域。他面向产业科技需求来开发实用技术和装备产品，积极培育开发林业废弃物资源化利用先进实用成果。

　　围绕绿废资源化利用，他先后开展了典型绿废资源特性、热解转化设备与工艺技术、绿废转化产物生态应用等方面的科技创新研究工作。针对绿废原料分散、成分复杂等特点，他带领团队开发了基于清洁热转化的高值转化方法——可连续进料高效处理的流态化快速热解新技术。围绕不同的原料处理规模创制了固定式和移动式低碳热解装备，将能量密度低的绿废原料快速高效地转化为高能量密度、易于储存运输和规模化使用的热解炭材料、生物油和可燃气体等清洁产物。针对城市园林绿化和国土科学绿化事业需求，他们还开发了绿废有机覆盖垫和土壤改良剂等新产品，实现了园林绿化废弃物的绿色低碳循环利用。以绿废快速热解生产的生物油为主要原料所制备的生态环保型有机胶黏剂，与绿废树枝粉碎料按一定比例混合后，通过现场铺装或者预制成型后，可以作为裸土覆盖的有机覆盖垫，起到抑制扬尘、保持土壤水分、防止杂草和美化环境等作用。以绿废清洁热解生产的生物炭为主要原料所制备的炭基肥，应用于城市绿地土壤改良后，可以起到改善土壤结构、提升有机质含量、增加微生物活性等作用，是提升绿地土壤质量和维持城市生态系统碳平衡的重要途径。

他带领团队与承德林业和草原技术推广总站合作承担了中央财政林业科技推广示范项目"林果废弃物热裂解炼制活性炭技术推广示范"，并连续两年举办项目培训班，累计为承德地区培训林草科技人员150余人。培训班围绕林果废弃物产生、收集、炭化处理与利用技术展开，详细培训了经济林果采摘和剪枝，以及废

任学勇（讲台处）在河北承德市项目培训班进行技术授课（供图：任学勇）

弃物收集、粉碎、运输和预处理过程的机械设备原理和操作技术，对林果废弃物肥料化、基质化、材料化和能源化利用的关键技术原理、关键工艺和主要产品进行了系统培训。

为满足山区林草科技需求，任学勇还坚持"送科技上门"，他带领研究生到河北邢台地区进行林果废弃物热裂解技术服务，推广项目技术成果，指导农村生物质清洁能源利用。邢台前南峪和岗底两个村庄都有数千亩的苹果、板栗、核桃等经济林，是太行山上的新愚公——李保国教授生前一直服务的地方，依靠林果产业实现了乡村振兴。任学勇带领团队先后来到邢台市信都区浆水镇前南峪村、内丘县侯家庄乡岗底村，围绕果木剪枝热裂解集中供气项目进行技术服务，与两地气化站工作人员进行现场交流，解答技术疑问，围绕运行过程中面临的原料预处理和安全存储、热解炉效率提升、设备管道堵塞、生物燃气除焦油等工艺设备问题进行了现场指导。针对热解气化副产物利用，结合当地林果产业情况，任学勇团队提出了生物炭改良果园土壤应用、木醋液调配用于果树病虫害防治，以及焦油的生态化利用等技术建议，开拓了林农对果木剩余物热裂解综合利用的思路。

针对绿废资源的深加工利用，任学勇与河北某绿色化工企业合作获批河北省专精特新"小巨人"企业科技特派团项目，指导企业开展林木生物油改性酚醛树脂项目中试和技术推广应用，通过可控聚合、分段投料和分子催化等工艺技术来实现热解油的绿色树脂化，生产新型绿色功能性酚醛树脂，从而用于木竹材胶黏剂、保温材料和生态修复材料等，助力实现林木废弃物资源的精细化和高值化利用，也为河北绿色化工产业提供新的生物基原料。

聚力服务国家林业和草原局事业和首都绿色发展战略需要

任学勇曾在国家林业和草原局科技管理战线上工作过一年。他在国家林业和草原局科技司指挥带领下积极整合全国优质林草科技和人才资源，参与创办国家林业和草原局科技大讲堂，在疫情防控特殊背景下，为广大林农提供高效、便捷科技服务。他主笔起草《国家林业和草原局科技大讲堂管理办法》，规范大讲堂筹备工作流程和工作要求。先后举办 17 期大讲堂培训直播活动，组织百余位专家云上授课，累计 460 多万人次收看、新媒体播放 1000 万次以上，受到广大林农群众认可和好评，国家林业和草原局科技大讲堂品牌活动荣获梁希科普奖，被中宣部党史学习教育领导小组办公室选为"科技赋能"典型案例，被国家林业和草原局机关党委选为"我为群众办实事"先进典型，被人民网、新华网、央视网等中央媒体广泛关注报道。

近年来，国家高度重视绿色低碳循环发展，任学勇带领团队主动对接国家战略，成立北京市首家以绿废科学处置利用为主线的专家工作站，专家站为总书记首都植树现场提供绿废有机基质产品，还为北京世界园艺博览会提供绿废有机覆盖物新产品。绿废专家站主要开展绿废科学处置利用领域的科技服务、技术培训、人才培养、集成示范和科学普及等工作，加快推动绿废的高效清洁收运和资源化利用，将绿废加工成土壤改良剂、生物质能源等生态产品，在西城区400万平方米林地绿地打造"黑土计划"科技示范区，引领和支撑全市实施园林绿化"沃土工程"，改善首都园林绿地土壤碳库、增强土壤碳汇能力，加快园林绿化绿色低碳高质量发展，助力绿色北京建设和双碳目标实现。

用情开展绿废科学普及，促进绿废科技成果宣传推广

科学技术普及是国家和社会普及科学技术知识、推广先进适用科技成果的重要活动，是实现创新发展的重要基础性工作。任学勇团队一直注重积极发挥科普对科技成果转化的促进作用，饱含激情开展绿废科学普及工作。

任学勇先后受聘为国家林业和草原局原科普专家库专家、中国林学会科普报告团专家和中国科学技术馆专家志愿者。他带领团队通过科学展演、展览互动、科普讲座和科普撰文等方式开展了大量科普工作，努力提升公众对绿废处置利用的科学认识和生态环保意识，主创和编导的科学实验展演作品《枯枝落叶变形记》，生动形象地向公众展示了城镇园林绿化废弃物处置利用进程的科学原理和生态价值。

2022年和2023年连续两年在全国林草科技活动周期间，任学勇团队受邀进行绿色科学处置利用的专题展览，展出了绿废移动粉碎收集车，绿废有机覆盖垫、植材砼、生物炭和有机基质等产品，设计开展了"园林绿化废弃物变身有机基质DIY"的公众互动体验活动，受到社会公众的关注和好评。

他带领团队入选北京市委教育工委和市教委2023年首都高校师生服务乡村振兴行动计划，在北京顺义李桥集体林场开展绿废"科技小院"建设、绿废科学处置利用技术培训和示范、绿废科学普及活动等，传播以绿废科学循环利用为核心的绿色低碳理念，推广绿废资源化利用的实用绿色科技，助力林场高质量发展，绘就乡村振兴的美丽画卷。

（撰稿：楼暨康）

最美林草科技推广员 **郝明灼**

男，1973 年 8 月出生，无党派人士，博士，南京林业大学副教授，加拿大 UBC 大学访问学者，国家林业和草原局冬青工程技术研究中心副主任，江苏省省级林木良种基地冬青良种基地负责人，江苏省组织部"三区"人才，南京市市级高层次创业人才，江苏省和福建省科技特派员。主要研究方向为观赏园艺和经济林果栽培，主讲经济林栽培学、景观植物配置设计、花卉栽培学、观赏植物栽培学、茶学概论等课程。2021 年获第三届三农科技服务金桥奖个人优秀奖，2022 年被国家林业和草原局评为"最美林草科技推广员"，2023 年获梁希林业科学技术奖二等奖 1 项。主持或参加国家和省部级科研项目 20 余项，出版专著 3 部，发表文章 50 余篇，获国家专利 20 余项、审认定江苏省林木良种 12 个，植物新品种权 2 个，先后主持或参加林业基地建设、森林公园林相改造、道路水系绿化、美丽乡村规划等项目 30 余项。

"冬青专家"的民生情怀

——记南京林业大学 郝明灼

"豪爽热情，衣着朴实"，南京林业大学的郝明灼给和他一起翻山越岭、一起到田间劳动过的农民朋友们留下了难以磨灭的印象。"科技特派员""驻村教授""技术顾问"，郝明灼身拥多重身份，但他对自己的定义却极为简单。"我是一名普通的高校老师，一个踏实勤恳的林业工作者。"郝明灼说，作为一名走出校门的高校科研工作人员，他只是做了自己该做的，能做到的事。

把脉问诊，与百姓结下深厚友谊

2009年1月，受南京林业大学科技处指派，郝明灼担任了江苏省科技特派员，自此他便开启了与盐城阜宁县农民朋友长达9年的情缘。到田间地头为农民解决生产问题，深入车间为企业把脉问诊，9年来，郝明灼不仅为当地老百姓带来了实际的技术，还和他们结下了深厚友谊，许多农民朋友都喜欢和这位皮肤黝黑，性格憨厚的教授相处。

每次现场授课，房间里都挤满了人，经常多达上百人，课间还有一大群人围着郝明灼热切地问这问那，回到南京，他还经常接到农民朋友的微信或电话。每一次培训或电话，都为农民朋友解决实际生产技术问题。2017年，盐城阜宁县的一些冬桃和苹果栽培大户，他们的园地里出现了果实开裂、轮纹病、溃疡病、炭疽病等问题，造成了大面积减产或绝收，经营着120亩桃园的种植大户殷友富就是其中之一。

"您在羊寨讲课，我是您的学生了。"9月27日晚10点，郝明灼收到了"学生"殷友富发来的短信，并开启了长达一年的线上远程"授课"。水分管理、病虫害防治、栽培技术指导，他剥丝抽茧，对症下药，当年就使这些种植户减少经济损失200余万元。"殷友富的果园大丰收了，还说要寄桃子给我。"郝明灼笑得开怀，他说能帮农民赚到钱，就是最令他自豪的"教学成果"。

2017 年 12 月，郝明灼结束了在阜宁的科技特派工作，因工作表现突出，2018 年 8 月至 2019 年 12 月，他又被江苏省委组织部选派为"三区"人才，到江苏滨海县开展科技扶贫，他在滨海的工作，同样得到当地科学技术局的肯定和认可。

2021 年至今，郝明灼的科技特派员工作又转战福建省，并作为团队负责人，为福建武平县的种苗花卉产业发展和乡村振兴出谋划策。在武平县，郝明灼送品种、送技术、送种苗、实地指导、举办培训班，带领武平县的相关人员考察长三角地区的优秀种苗花卉企业和美丽乡村，为他们开拓视野、拓展产业知识搭桥铺路。郝明灼还与武平县科学技术局、林业局、文化和旅游局、千鹭湖湿地公园、梁野山国家级自然保护区的相关人员进行了交流对接，带动及服务武平县花木种植基地 1000 多亩，培训指导 100 多人次。2022 年，福建省科学技术厅对郝明灼予以通报表扬。

自 2009 年开启科技特派员工作以来，郝明灼为江苏和福建两地基层百姓赤诚指导，为当地的强农富民工程做出了突出贡献。14 年来，他累计为当地老百姓培训 30 余场，授课人员达 4000 余人次。他的课精彩纷呈，激情澎湃，由他主讲录制的《现代化果树建园栽培模式》等线上课程入选江苏省乡村振兴在线课程。郝明灼的学生不仅在南京林业大学的课堂里，田间地头上更有他培育出的片片桃李。

郝明灼（手持话筒者）在高素质农民培训班现场授课（供图：郝明灼）

全心服务，助力百姓驶上致富快车道

郝明灼为南京林业大学林学院副教授。为发挥专业所长，促进研究成果转化，2016年，他在南京市栖霞区建立了南京林业大学观果树种科研工作基地。通过2年多的艰苦努力，使基地面貌焕然一新，一棵棵体态优美、苍翠欲滴的冬青昂然挺立，前来考察学习者络绎不绝，在当地拥有了一定的知名度，收到了良好的经济效益和社会效益。

2019年，鉴于郝明灼科研成果产业化的显著成绩，他被聘请为南京市栖霞区八卦洲街道外沙村"驻村教授"。成为了"驻村教授"后，他不辱使命，与外沙村委会合办社区农民学校，手把手为当地农民讲授苗木栽培、养护、管理技术，赠送当地贫困村民冬青苗木10000株，盆景桃苗2000株，这些苗木经济价值达100多万元。

外沙村来了一个"送技术、送苗木"的教授，郝明灼的事迹很快便在当地传扬开来，当地政府和百姓给予他很高的赞誉，他的事迹也被《新华日报》和南京市栖霞区政府网站宣传报道。

2020年，江苏省宜兴市太华镇石门村获低收入村集体经济项目支持。郝明灼又被聘为"乡村扶贫对口专家"。为此，他经常来到石门村，为他们做项目规划，送技术、送服务、送种苗。一年后，该村美化绿化建设面貌焕然一新，花卉苗木基地建设卓有成效，并成功入选"江苏省特色苗木示范村"。

2022年7月至2023年5月，郝明灼受南京林业大学科技处委托，根据江苏省援疆指挥部安排，前往新疆克孜勒苏柯尔克孜自治州（以下简称克州）开展科技服务工作。他带领冬青科研团队的老师和研究生，帮助新疆克州林业和草原局建立生态经济植物引种驯化研究试验基地，为当地林场引进经济植物优新品种20余个。不仅如此，不到一年的时间里，他在当地的田间地头，实地开展技术培训20多次，并为克州平原林场的职工与领导举办了2场讲座，向他们系统推广了保水剂、缓释肥、水肥一体化、电热温床、电磁场栽培等现代化林业新技术。

援疆时间紧任务重，又面临语言不通与缺乏技术人员两大难题，郝明灼事事亲力亲为，一边为当地百姓干实事，一边教几个新疆小伙学技术。"电热温床的每一个关键结点都是我接上的。"郝明灼介绍说，当地没人会组装电热温床，而学校又安排隔日返程，他心急如焚，亲自操刀进行组装，一直忙碌到晚上11点才安心睡下。郝明灼既干实事又没架子，短短10个月，他在新疆又有了好几个"学生"，他还说其中一个叫阿布力克木的小伙最为好学，经常在微信上请教冬青栽培相关问题。

长期送科技下乡，送服务到基层，为一个个企业走向了致富的快车道，一个个百姓脱贫致富，郝明灼先进事迹先后被《人民日报》《科技日报》、南京市栖霞区人民政府工作网、交汇点新闻、武平县城厢镇人民政府、齐鲁晚报德州在线等媒体和政府网站报道 20 多次，2022 年获评国家林业和草原局"最美林草科技推广员"。

绿中寻金，推动形成亿万冬青产业

冬青为我国常见的庭园观赏树种，盛产于我国南方地区，其四季常青、枝叶优美，且具有较高的药用价值和经济价值。长期以来，对于这个常绿乔木的研究和开发，郝明灼情有独钟。

要培育开发好一个树种，建立种质资源基因库是关键。为了建立一个完善的冬青种质资源基因库，2015 年以来，郝明灼不远万里，从美国、荷兰等国家引进新优冬青品种 60 余个，不畏艰辛地收集国内特有的冬青种或品种 40 余个，建成了国内最丰富的冬青种质资源基因库。郝明灼说，野外考察不是"游山玩水"，他曾因大巴抛锚被困在荒郊野岭近 6 个小时，冒着雨在武夷山上徒步 15 千米。"有意外，有危险，但为了冬青产业的长久发展，一切都值得。"谈到冬青，郝明灼眼神瞬间亮了起来。

凭借着自己建立的种质资源库，郝明灼共培育了新品种苗木 200 余万株，并在山东、福建、安徽、浙江、河南、江苏等省份推广冬青新品种、新技术示范基地 2 万多亩，创造经济效益 3 亿多元，极大地推动了我国冬青产业的发展。由他创建的江苏青好景观园艺有限公司基地，先后将江苏省省级林木良种基地、江苏省外国专家工作室、溧水区科普教育基地、溧水区农业产业化龙头企业、第三届三农"金桥奖"、南京市第五届农村创业创新大赛优秀奖等一批荣誉和奖项纷纷收入囊中。

2018 年 10 月，国家林业和草原局冬青工程研究中心成立，郝明灼出任中心副主任。作为国内冬青研究的权威专家，郝明灼深知自己有责任有义务把自己的所学惠及需要的企业和百姓。

为了冬青绿遍祖国大江南北，让一个个企业和老百姓在"绿中寻金"，助力冬青种植地区乡村振兴，多年来，他辗转于江西、山东、江苏、河南、安徽、福建、浙江等省份，自驾前往为当地的企业和农户实地进行冬青种植技术指导。2020 年至今，郝明灼自驾行程超 18 万千米，平均每天约 120 千米。郝明灼的努力没有白费，不少农业企业都将冬青视为"掌中宝"。据了解，目前江苏黄海农场推出"三品一核"计划，而那"核心"便是冬青产业。

"冬青出了问题，就找南林大的郝明灼老师。"这种共识纷纷在国内业界传为美谈。

江苏省内有 20 余家农业企业长期聘请郝明灼作为"技术顾问"。仅在 2019—2021 年，全国各地的政府工作人员、企事业单位人员、高校研究生和大学生、农民群众到郝明灼冬青种植基地参观学习的人数多达数千人。

在福建作科技特派员期间，郝明灼带领科研团队对武平县野生冬青种质资源进行了野外考察，并开办冬青栽培技术培训班。除此之外，他多次赠送福建武平县金树枝珍稀花卉有限公司冬青种苗 5000 余株，帮助该公司申请获得了国家林业和草原局植物新品种'金山'冬青，还把 10 个冬青新品种带到了武平，并针对当地冬青生产技术和栽培模式中存在的问题提供了解决办法，突破了多种优良花木品种的育苗和人工栽培技术难题。

郝明灼一直以来都坚守着林业人的初心。在未来前行的路上，他将继续在一个个的绿色故事中诠释着他的民生情怀、家国情怀。

（撰稿：湛红桃）

最美林草科技推广员

蓝增全

男，1963 年 5 月出生，无党派人士，硕士，西南林业大学教授。长期从事古茶树资源保护与可持续利用研究与教学。2022 年获国家林业和草原局"最美林草科技推广员"称号。遍访古茶树资源省份，连续两年发布《中国古茶树资源状况（白皮书）》；创新提出"澜沧江孕育茶文明"，并由中国林业出版社出版同名专著。2020 年建成"世界茶树原产地古茶树资源馆"，系统展示了中国古茶树资源的分布格局和古茶树生态系统以及相关成果，广泛宣讲，接待万余人次，2022 年被命名为"省社科普及基地"；主持完成了省重点科普项目并出版《古茶树世界》；主持编制《古茶树》（LY/T 3311—2022）林业行业标准，国家林业和草原局 2023 年公告实施。带领团队起草《云南省古茶树保护条例》，2023 年已颁布实施。主持搭建了中国古茶树大数据平台框架和茶生态实时监测系统。

让古茶树长青，致富更多茶农

——记西南林业大学 蓝增全

西南林业大学教授、古茶树保护与可持续利用国家创新联盟秘书长蓝增全，坦言自己与茶结缘有些偶然。说偶然，是因为机缘巧合，他才被茶叶专业录取，从此开始了他的"茶叶之旅"。

蓝增全长期专注古茶树资源保护与可持续利用、茶产业可持续发展等方面的研究，并将多个科研成果无偿运用到生产实践中，为古茶树资源保护与利用夯实基础的同时，促进了茶区群众增收致富。

推动规范制定，助力古茶树保护

云南是茶树起源地和种质资源多样性中心，是全球独一无二的"古茶树王国"。古茶树资源是国家重要的种质资源，从古茶树分布看，云南拥有全国 95% 以上的古茶树资源。尤其野生茶树群落，是现今世界仅存于云南的以茶为特征树种的森林生态系统，不仅是茶树原产地、茶树驯化和规模化种植发源地的"活化石"，也是未来茶叶发展的重要种质资源库，是极为珍贵、独特的生物资源和茶文化资源，一旦毁损则不可再生。

古树茶在茶产业中占有重要的位置，尽管其产量比例较小，但处于金字塔尖的古树茶在生态、文化价值及种质资源价值上占据重要地位，引领着产业的发展。近年来，古树茶概念逐渐为市场所追捧，但很多古茶树及其群落却没有得到妥善保护。为追求产量，出现了掠夺性采摘或只采不养的现象，这种"只让马儿跑，不给马儿吃草"的方式，最终将导致古茶树早衰早亡。更有甚者，部分地方出现了移栽古茶树的情况，而过度移栽将导致古茶树资源的消失。

为推动古茶树保护，蓝增全希望建立一个可持续发展的产业模式，促进古茶树资源的保护与利用。2019 年，他主持编写的林业行业标准《古茶树》（LY/T 3311—2022）建立了古茶树的分类分级技术体系，已由国家林业和草原局正式颁布实施。

蓝增全团队还受云南省人民代表大会和云南省林业和草原局的委托，协助起草古茶树保护的相关立法草案。2022 年 11 月，云南省人民代表大会通过《云南省古茶树保护条例》，明确规定加强对树龄在 100 年以上野生茶树和栽培型茶树的保护。这些措施对于古茶树资源保护和产业可持续发展有着重要的意义。

据相关数据统计，截至 2022 年年底，云南省茶叶种植面积、产量均居全国第一，茶叶全产业链产值超过千亿元，古茶树是云南茶产业发展的重要资源基础，在促进茶产业可持续发展中持续发挥着不可替代的重要作用。

担任宣传员，营造古茶树保护氛围

在蓝增全看来，古茶树资源保护与利用工作就像爬山，必须脚踏实地，一步一个脚印，才能不断前进。

据蓝增全的研究生陈洪宇回忆，2019 年 11 月，他跟随蓝教授到普洱市镇沅千家寨考察古茶树，由于保护区内不能开车，于是他们从海拔 1000~2600 米的目的地都是走步行梯，非常耗费体力。蓝教授虽然年过半百，但他一直咬牙坚持，直到整个考察工作结束。正是这种坚持不懈、不断登攀的精神，使得他的研究成果不断积累。

蓝增全（左四）考察临沧香竹箐茶树王（供图：蓝增全）

蓝增全团队的骨干之一陶燕蓝老师回忆说："野外调研经常需要徒步，远的地方要走六七个小时，近的地方也要走1~2小时，往往要很晚才能回到驻地。我们回来后还须把当天采集的标本压好并进行登记，蓝教授会和我们一起压标本、测量记录数据，经常是工作到凌晨一两点。他的睡眠时间比我们少，第二天起得却比我们早……这种对工作的热爱与执著，深深地感染着我们，也完美诠释了'乐山乐水、无怨无悔'的西林精神。"

只有让更多人了解古茶树，才能更好地开展古茶树资源的保护与利用。

2020年，西南林业大学成立了世界茶叶图书馆，筹建"世界茶树原产地古茶树资源展"，蓝增全及其团队成了古茶树的代言人和义务宣传员。自展馆开展以来，已有1万多人次参观，包括国内外的专家学者、企业家、学生、茶农和茶企等。为进一步推进古茶树资源的保护和可持续利用及古茶生态文化的传播，蓝增全团队通过视频号"小曼约茶"进行网络直播，吸引了超过30万人次的受众。在蓝增全的带领下，团队通过宣传，传递云南茶产业健康、可持续发展的精神和保护理念。

蓝增全认为只有培养更多的古茶树保护力量，扩大古茶树资源保护与产业发展的受众，让更多的人认识古茶树和古茶生态文化，才能更好地保护古茶树，促进云南茶产业健康发展。

发挥技术专长，服务茶农增产增收

茶产业市场需求巨大，提高生产中的科技含量，有助于提高茶农的经济效益。蓝增全及其团队长期致力于为古茶树资源保护和茶产业发展提供科技支撑。

2017年9月至2018年8月，蓝增全带领团队6次到保山市昌宁县漭水镇进行现场考察指导，并为肥培、保水、修枝、采摘和加工等各环节提供了有针对性的指导，漭水镇的干茶产量逐年稳定增长。2017年，为推进昭通市大关县安乐村的脱贫攻坚工作，蓝增全及团队提交了"森林茶"打造和低产茶园提质增效的方案。2018年，安乐村推出的第一批"安乐森林茶"品质上乘，村民通过茶鲜叶的采摘获得收入，安乐综合服务中心通过收购、加工、销售获得收入，初步显示了"森林茶"作为安乐扶贫特色产业的成效。2020年，茶产业因新冠疫情等多种原因遇到困难，蓝增全及团队积极联系相关公司，组成专家企业联合小组，对西双版纳基诺山司土老寨茶叶种植户进行技术指导和培训，帮助村民解决困难，促进企业与村寨合作，为开春头茶带来市场"春意"。

近年来，蓝增全及其团队服务了超过60家茶企，其中涉及古茶相关茶企36

家，开展技术培训 32 期，帮助 2 万多人实现人均增收 3000 元以上，帮助 600 余户建档立卡户脱贫。蓝增全通过自己的技术专长，以及和茶农手挽手、肩并肩的方式，为古茶树资源保护、茶产业健康发展、茶区群众增产增收做出了积极贡献。

"中国是茶的故乡，学茶、研究茶、传播茶文化，我们义不容辞。我们还应在林业科技前沿上做出更大贡献，为茶文化、茶产业、茶科技融合发展提供更有力的支撑。"蓝增全坚定地说。

（撰稿：王辰、楼暨康）

韩 刚

男，1972年8月出生，九三学社社员，博士，副研究员、硕士生导师，西北农林科技大学新疆昌吉现代农业试验示范站（南疆经济林果示范园）站长。国家林业与草原局枣工程技术研究中心、陕西省红枣工程技术研究中心专家，国家技术标准创新基地（旱区农业）沙漠红枣栽培技术标准创新团队首席专家，新疆红枣产业技术体系岗站专家，陕西杨凌示范区新疆阿克苏红枣基地首席专家。曾2次获西北农林科技大学科技推广工作先进个人，2次获杨凌示范区农业科技示范推广先进个人。主持与参与科研推广项目16项，发表论文30余篇，参编著作1部，审定红枣新品种1个，制定红枣相关团体标准6项。获陕西省农业技术推广成果奖一等奖1项、三等奖1项；国家林业和草原局、中国林学会梁希林业科学技术奖二等奖1项；陕西省科学技术进步奖三等奖1项。

勇为新疆种新枣

——记西北农林科技大学　韩刚

　　新疆凭借丰富的光热资源、干旱少雨、昼夜温差大及土壤适度盐碱化等得天独厚的自然条件优势，成为中国乃至世界上最大的优质干枣生产基地。红枣产业已然成为新疆农民增收、农业增效的主导产业之一。

枣窝子里引新种

　　新疆红枣产量约占全国红枣产量的一半以上，品质上乘，风味独特，枣树成了当地农民的"摇钱树"。然而大产量的背后，品种结构单一成为新疆红枣生产中存在的严重问题，当地主栽品种只有骏枣和灰枣两个品种，随着产能持续增加，市场供大于求，价格已呈急剧走低的趋势，当地急需引进优良红枣品种进行更新换代。

　　自2014年以来，依托西北农林科技大学在新疆建立的试验示范站，韩刚便以区域特色红枣产业为切入点，在新疆红枣产业一线从事科技推广工作。

　　作为一名红枣专家，韩刚时刻留心发现好的品种，并把最好的品种进行推广。由他参与选育的'七月鲜'是一个优良鲜干兼用的红枣良种，抗逆性强，耐寒耐盐碱，开花早，易结果，好管理，丰产稳产，2013年12月通过国家林业局品种审定。该品种自2005年开始，陆续在新疆的昌吉、石河子、伊犁、阿克苏、喀什、和田等地引种试栽，生长表现良好，枣果鲜食及制干品质均极为优异，成为极具潜力的推广品种，对于促进新疆红枣产业的健康发展具有重要意义。

让'七月鲜'红遍新疆

　　从2015年开始，在新疆指导农户红枣种植的韩刚开始全面推动'七月鲜'在新疆的示范推广应用。

　　为了让社会和种植户认识了解这一品种，他带着资料和产品，大量走访企业、枣农，并与政府、兵团进行沟通，当年就与新疆生产建设兵团第一师二团及南疆3

家红枣龙头企业签订了'七月鲜'红枣新品种示范推广合作协议，还带动一批枣农开始种植，并为他们提供专业技术服务，仅2015年就在新疆南疆建成'七月鲜'优质高效栽培示范园560亩，推广'七月鲜'7190亩。

当年建成的'七月鲜'枣园，平均亩产干枣100千克以上，其中经筛选清洗烘干的优质枣最高售价每千克可达80元以上，而直接从枣园就被收走的通货基本上以每千克10元以上的价格售出，每亩最低产值为1000元。若按新疆主栽品种骏枣和灰枣，当年嫁接几乎是没有任何收入的，因此这1000元就是当年每亩增加的综合效益，而根据'七月鲜'结果特性，第2年可亩产干枣300千克以上，进入盛果期更可达800千克以上。

经过韩刚持续的努力，8年间，'七月鲜'的推广步伐不断加快，仅到2020年，在新疆累计推广7.21万亩，基本辐射全疆枣区，成为新疆第三大主栽枣品种，增加综合效益2.1亿元以上，带动了当地红枣品种结构的优化。

《人民日报》于2016年11月27日以《'七月鲜'让新疆枣业更红火》为题，报道了以韩刚为代表的西北农林科技大学研究人员在示范推广红枣新品种'七月鲜'所做的工作，充分肯定了其对新疆红枣产业发展的促进作用。

韩刚（右三）在枣园指导少数民族群众枣农（摄影：靳军）

来一场种植革命

在新品种的推广过程中，针对南疆枣区采取的传统矮化密植栽培模式，管理难，人工投入大，产量难以提高，病虫害频发，枣果品质低劣等突出问题，韩刚结合一线推广经验，摸索创建了适应机械化作业的南疆枣宽行栽培模式，采取隔行、隔株间伐，使株行距达到（1.0~2.0）m×（3.5~4.5）m，降低栽植密度，从而增加通风透光，提高单株营养利用率，并实现大部分的机械化操作，便于管理，减少了投入，降低重大病虫害风险，提高了枣果品质。相比于传统密植栽培模式，平均提质 18.22%，平均增效 93.95%。

同时，在这种模式的基础上，他还提出了树行铺设地布防草、树形优化调整、枣草间作增效、土壤增施有机肥与放线菌修复及病虫害综合防治等配套栽培关键技术，再次降低人工投入、减少化肥农药，并从根本上改良土壤，从而进一步达到提质增效的目标。

采取以新品种促新模式和关键技术应用的推广模式，枣宽行栽培模式及其栽培关键技术在新疆得到有效的推广，面积达 64 万亩，增加综合效益 2.7 亿元以上，带动了当地红枣栽培技术的提高。

2018 年年初，韩刚还牵头成立了'七月鲜'红枣联盟，与来自疆内外 20 余家涉枣经营主体，共同推动形成新疆'七月鲜'红枣产、供、销及加工的全产业链平台。

2019 年，韩刚在新疆开展的枣良种'七月鲜'与枣宽行栽培模式及其栽培关键技术的科技推广工作，作为"西北旱区枣品质提升关键技术及集成示范"成果的重要内容，获梁希林业科学技术奖二等奖（排名第 3）。然而工作仍在继续，2021年，由韩刚主持制定的《枣品种 七月鲜》《七月鲜枣栽培技术规程》《七月鲜枣果实质量等级》等团体标准通过新疆红枣协会发布。

在 8 年的一线科技推广工作中，通过会议、观摩及现场指导等多种形式，开展技术培训累计 150 余次，培训农技人员及职业农民 3000 余人次；长期指导企业、合作社、家庭农场及种植户达 30 余家；2016 年还专门建立了新媒体微信公众平台"西农大新疆红枣微服务"开展线上技术服务；特别是 2020 年为应对突如其来的疫情，针对每月枣树栽培管理要点专门推出了汉维双语版，在助力少数民族枣农稳定生产中发挥了极其重要的作用。

韩刚克服路途遥远、远离亲人、条件艰苦、语言障碍、新冠疫情等诸多困难，

8年来，年均3个月以上在新疆红枣产业一线开展红枣新品种、栽培新模式及新技术的推广工作，足迹遍布大疆南北，促进了新疆红枣产业的健康持续发展，并通过服务于新疆少数民族枣农增收，维护了民族地区安定团结。

在新疆开展工作，不论是语言、距离还是生活习惯都需要面对更多的困难和问题，需要付出更多的努力和汗水，韩刚说："农民们丰收的笑脸，就是对我勇往直前最大的支持。"

（撰稿：杨远远）

附　件

国家林业和草原局办公室关于公布
第二批"最美林草科技推广员"名单的通知

办科字〔2022〕35号

各省、自治区、直辖市、新疆生产建设兵团林业和草原主管部门，国家林业和草原局有关直属单位、大兴安岭集团：

为贯彻落实习近平总书记关于科技成果转化的重要指示批示精神，健全林草科技推广体系，选树林草科技推广先进典型，加强乡村振兴人才供给，促进林草科技成果转移转化，2021年8月，我局组织开展了第二批"寻找最美林草科技推广员"宣传活动。在各地推荐人选基础上，我局组织专家遴选出100名"最美林草科技推广员"，现予以公布。

希望入选"最美林草科技推广员"的同志珍惜荣誉、再接再厉，切实增强责任感和使命感，以促进林草科技成果转化为己任，充分发挥示范带动作用，在林草科技推广转化工作一线勇争一流、再创佳绩。全国广大林草科技工作者要以"最美林草科技推广员"为榜样，立足岗位，勇于担当，与时俱进，开拓创新，积极投身林草科技推广转化事业，促进林草科技成果向现实生产力转变，为推动乡村振兴重点任务的落实和林草事业高质量发展作出新贡献。

特此通知。

附件：第二批"最美林草科技推广员"名单

国家林业和草原局办公室
2022年4月19日

附件

第二批"最美林草科技推广员"名单

序号	地区/单位	姓名	工作单位
1	北京	巢 阳	北京市园林绿化科学研究院
2		颜 容	北京市园林绿化资源保护中心
3		张丽媛	房山区林果科技服务中心
4		赵京芬	丰台区园林绿化局林业工作站
5		宁少华	北京市西山试验林场管理处
6	天津	王 峰	滨海新区农业农村发展服务中心
7		吕宝山	蓟州区林业局林业产业发展服务中心
8	河北	王东晨	河北省林业和草原技术推广总站
9		耿新杰	邢台市林业技术推广站
10		刘晓霞	迁西县林业局
11	山西	孙竹青	管涔山国有林管理局
12		李丽峰	晋中市林业技术推广站
13		刘晓刚	山西省林业和草原技术推广总站
14	内蒙古	辛魏巍	兴安盟林业科学研究所
15		立 平	多伦县林业工作站（林业技术推广站）
16		张志林	乌兰察布市林业保护站
17	辽宁	罗建华	北票市林业技术推广中心
18		严春光	桓仁满族自治县林业技术推广中心
19	吉林	刘玉波	吉林市林业科学研究院（吉林市林业技术推广站）
20		刘学芝	白山市林业科学研究院（白山市林业技术推广站）
21		贾丽伟	长白山森工集团科技产业处
22	黑龙江	刘继锋	宾县万人欢林场
23		杜鹏飞	黑河市林业科学院
24	上海	顾诚洁	上海嘉定工业区农业服务中心

（续）

序号	地区/单位	姓名	工作单位
25	江苏	隋德宗	江苏省林业科学研究院
26		王 辉	句容市自然资源和规划局
27	浙江	吴敏霞	温岭市绿化事务和林业技术推广中心
28		孔 强	乐清市林业技术推广站
29		邵海燕	淳安县营林科技站
30		吴英俊	遂昌县生态林业发展中心
31	安徽	章荣俊	宣城市林业科技推广中心
32		陈发军	全椒县林业科技推广中心
33		魏玉娇	芜湖市林业技术中心
34	福建	方扬辉	福建省航空护林总站(挂职新疆昌吉回族自治州林业技术推广中心)
35		韩国勇	福州植物园
36		叶维忠	泉州市营林发展中心
37	江西	王海霞	江西省林业科学院
38		李桂香	江西省林业科技推广和宣传教育中心
39		彭招兰	吉安市林业科学研究所（市青原山试验林场）
40		杨清心	兴国县林业技术推广站
41	山东	王吉贵	聊城市茌平区国有广平林场
42		曹国玉	烟台市森林资源监测保护服务中心
43		刘 丹	山东省林草种质资源中心
44	河南	周桃龙	淅川县林业局
45		黄旺志	信阳市林业工作站
46		杨振宇	商丘市林业工作站
47	湖北	樊孝萍	湖北省林业科学研究院石首杨树研究所
48		熊冬连	湖北省林业科技推广中心
49		刘乐平	荆门市彭场林场
50	湖南	盛孝前	石门县林业科学技术推广站
51		杨世明	芷江县林业局
52		黄艳君	益阳市林业局

（续）

序号	地区/单位	姓名	工作单位
53	广东	赵丹阳	广东省林业科学研究院
54		张冬生	梅州市农林科学院林业研究所
55		吴毓仪	广州市林业和园林科学研究院
56	广西	黄 东	桂林市林业科学研究所
57		郭 飞	广西壮族自治区国有派阳山林场
58		徐振国	广西壮族自治区林业科学研究院
59	海南	钟才荣	海南省林业科学研究院（海南省红树林研究院）
60		孙建华	儋州市农林科学院
61	重庆	冯大兰	重庆市林业科学研究院
62		李继晖	彭水县林业科技推广站
63	四川	王国良	富顺县国有林场
64		闫利军	四川省草原科学研究院
65		徐志伦	蓬溪县自然资源和规划局
66	贵州	易筑刚	遵义市林业科学研究所
67		杨再珍	西秀区林业局
68		杨铁林	江口县林业局
69	云南	赵菊润	龙陵县石斛研究所
70		黄海平	弥勒市林业和草原科学研究所
71		聂艳丽	云南省林业和草原技术推广总站
72		段丽华	昆明市林业和草原科学研究所
73	西藏	刘 震	墨脱县林业和草原局林业工作站
74	陕西	王 纲	渭南市华州区林业工作站
75		卢军智	宝鸡市林业科技信息中心
76		孟水平	商南县林业综合服务中心
77	甘肃	毛 锦	民乐县林业技术推广站
78		陈小妮	平凉市崆峒区林业技术工作站
79		李元生	武威市林草产业发展服务中心

（续）

序号	地区/单位	姓名	工作单位
80	青海	刘永庆	互助县林业和草原站
81		董艳宏	互助县秀美农林科技有限公司
82		刘国强	西宁市南山公园
83		徐公芳	青海省草原总站
84		刘文义	循化县林草局
85	宁夏	祁　伟	宁夏枸杞产业发展中心
86		牛锦凤	宁夏国有林场和林木种苗工作总站
87		鄂海霞	石嘴山市大武口区林业技术推广服务中心
88	新疆	张　强	喀什地区林业和草原局
89		穆太力普·图尔荪	墨玉县林业和草原局
90		宋　卫	阿克苏地区林业技术推广服务中心
91	新疆兵团	郭建新	第五师83团农业发展服务中心
92	中国林科院	谢锦忠	亚热带林业研究所
93		王利兵	林业研究所
94	竹藤中心	陈复明	竹藤生物质新材料研究所
95	大兴安岭集团	韩贵杰	新林林业局
96	北京林业大学	蒋建新	材料科学与技术学院
97	南京林业大学	郝明灼	林学院
98	西南林业大学	蓝增全	绿色发展研究院
99	中南林业科技大学	王　森	林学院
100	西北农林科技大学	樊军锋	林学院

国家林业和草原局办公室关于公布
第三批"最美林草科技推广员"名单的通知

办科字〔2023〕181号

各省、自治区、直辖市、新疆生产建设兵团林业和草原主管部门，国家林业和草原局有关直属单位：

为贯彻落实习近平总书记关于科技成果转化的重要指示批示精神，健全林草科技推广体系，选树林草科技推广先进典型，促进林草科技成果转移转化，我局组织开展了第三批"寻找最美林草科技推广员"活动。经申报推荐、形式审查、专家评审和社会公示等环节，遴选出 100 名"最美林草科技推广员"，现予以公布。

希望入选的同志珍惜荣誉、再接再厉，切实增强责任感和使命感，以促进林草科技成果转化为己任，充分发挥示范带动作用，在林草科技推广一线勇争一流、再创佳绩。全国广大林草科技推广工作者要以"最美林草科技推广员"为榜样，立足岗位，勇于担当，与时俱进，开拓创新，积极投身林草科技推广转化事业。地方各级林草主管部门要加强林草科技推广队伍建设，积极选树宣传科技推广员先进典型，不断激发基层科技推广员工作积极性和创造性，进一步促进林草科技成果转化为现实生产力，为推进乡村振兴和林草事业高质量发展作出新贡献。

特此通知。

附件：第三批"最美林草科技推广员"名单

国家林业和草原局办公室
2023年12月5日

附件

第三批"最美林草科技推广员"名单

序号	地区/单位	姓名	工作单位
1	北京	周晓然	北京市房山区林果科技服务中心
2		王伯君	北京市野生动物救护中心
3		张永生	延庆区果品产业服务站
4	天津	穆 鹏	天津市北辰区农业发展服务中心
5	河北	胡运彩	邢台市林业技术推广站
6		高剑利	承德市林业和草原技术推广总站
7		孙源蔚	河北省林业和草原技术推广总站
8	山西	李俊楠	山西省林业和草原技术推广总站
9		姚建忠	山西省桑干河杨树丰产林实验局科技服务中心
10		任晓红	安泽县林业局
11	内蒙古	张艳青	内蒙古兴安盟突泉县国有林场事务服务中心
12		樊金富	内蒙古鄂尔多斯市林业和草原事业发展中心
13		韩永增	内蒙古通辽市林业和草原科学研究所
14	辽宁	金 鑫	辽宁省森林经营研究所
15		田丽杰	铁岭市自然资源事务服务中心林业技术推广站
16		白国华	彰武县林草发展服务中心
17	吉林	马晓伟	东丰县林业技术推广站
18		孔淑芬	长春市双阳区林业工作总站
19	黑龙江	黄 宏	大兴安岭地区农业林业科学研究院
20	上海	黄广育	上海市金山区林业站
21	江苏	刘云鹏	江苏省林业科学研究院
22		吴亚萍	盐城市东台市林业中心
23		朱树林	镇江市句容市公益林管理中心
24	浙江	沈 剑	金华市林业技术推广站

（续）

序号	地区/单位	姓名	工作单位
25	浙江	邱智敏	台州市林业技术推广站
26		柳丽娜	安吉县竹产业发展中心
27		俞伟钢	新昌县林业技术推广中心
28		柴茂林	江山市林业技术推广站
29	安徽	冯伟	安徽省林业科技推广总站
30		陈雷	阜阳市林业科学技术推广站
31		李源	霍山县林业科技推广中心
32	福建	蔡守平	福建省林业科学研究院
33		马丽珍	福建省建瓯市林业技术推广中心
34		范小明	长汀县林业局
35		杨旺利	福建省福安市林业科学技术推广中心
36	江西	朱恒	上饶市林业科学研究所
37		罗惠文	赣州市林业发展服务中心
38		徐小军	上犹县林业局
39		刘春	国营江西省新华林场
40	山东	陈兴振	枣庄市林业和绿化局
41		付莹	邹城市林业保护和发展服务中心
42	河南	马淑芳	鹤壁市林业技术工作站
43		昌孝涛	洛阳市林业生态建设发展中心
44		国平和	汝南县林业技术推广站
45	湖北	周忠诚	湖北生态工程职业技术学院
46		吴代坤	恩施土家族苗族自治州林业科学研究院
47		徐丽君	咸宁市林业科学研究院
48	湖南	张晓兰	宁乡市林业技术推广中心
49		何慎	郴州市林业科学研究所
50		全新	沅陵县林业局
51	广东	王立	江门市新会区林业科学研究所
52		叶思群	梅县区林业局

（续）

序号	地区/单位	姓名	工作单位
53	广西	林琼	钦州市浦北县林业技术推广站
54		梁绍煜	柳州市林业技术推广站
55		岑绍荣	百色市林业科学研究所
56		唐遒冥	广西林科院
57	海南	吴海霞	海南省林业科学研究院（海南省红树林研究院）
58	重庆	童龙	重庆市林业科学研究院
59		邓相舜	重庆市彭水县林业局
60	四川	侯学勇	荣县林业事务服务中心
61		孙亮	广元朝天区林业局
62	贵州	侯娜	贵州省核桃研究所
63		罗勇兵	铜仁市林业科学院
64		何平	凤冈县林业局
65	云南	禹朝文	云南省保山市昌宁县林业和草原技术推广站
66		余贵湘	云南省德宏州林业技术推广中心
67		彭吉光	云南省丽江市华坪县林业和草原局
68	西藏	扎旺	日喀则市草原工作站
69	陕西	王锐	陕西省林业科技推广与国际项目管理中心
70		王建新	榆林市林业工作站
71		王洪宽	镇安县林业综合服务中心
72	甘肃	马伟宏	天水市秦州区林业和草原局
73		祁玉娟	兰州市红古区林业工作站
74		唐进年	甘肃省民勤治沙综合试验站
75	青海	卡着才让	河南县草原工作站
76		殷光晶	青海省南北山绿化服务中心
77		邓艳芳	祁连山国家公园青海服务保障中心
78		吕嘉	海西州林业站
79		赵万林	海东市平安区林业和草原站
80		马青山	黄南州林业站

（续）

序号	地区/单位	姓名	工作单位
81	宁夏	何高明	青铜峡市林业和草原局
82	新疆	李斌	伊犁州平原林场
83		丁洪涛	阿克苏地区林业技术推广服务中心
84		木合塔尔·扎热	新疆林业科学院经济林研究所
85	新疆生产建设兵团	王小兵	第二师林业工作管理站
86	中国林科院	张俊佩	中国林业科学研究院林业研究所
87		郭子武	中国林业科学研究院亚热带林业研究所
88		于文吉	中国林业科学研究院木材工业研究所
89	国际竹藤中心	王戈	国际竹藤中心
90		高健	国际竹藤中心
91	大兴安岭林业集团	穆臣伟	大兴安岭阿木尔林业局产业发展科
92	北京林业大学	高强	北京林业大学
93		任学勇	北京林业大学
94	东北林业大学	刘桂丰	东北林业大学
95	南京林业大学	巨云为	南京林业大学
96	西南林业大学	赵宁	西南林业大学
97	西北农林科技大学	韩刚	西北农林科技大学
98		魏安智	西北农林科技大学
99	浙江农林大学	喻卫武	浙江农林大学
100	福建农林大学	林冬梅	福建农林大学